董事责任保险理论与实务

王 民 著

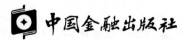

中国金融出版社

责任编辑：吕　楠
责任校对：孙　蕊
责任印制：陈晓川

图书在版编目（CIP）数据

董事责任保险理论与实务／王民著 .—北京：中国金融出版社，2023.3
ISBN 978-7-5220-1899-7

Ⅰ.①董… Ⅱ.①王… Ⅲ.①董事—责任保险—研究—中国
Ⅳ.①D922.291.914 ②D922.284.4

中国国家版本馆 CIP 数据核字（2023）第 022314 号

董事责任保险理论与实务
DONGSHI ZEREN BAOXIAN LILUN YU SHIWU

出版
发行　中国金融出版社

社址　北京市丰台区益泽路 2 号
市场开发部　（010）66024766，63805472，63439533（传真）
网 上 书 店　www.cfph.cn
　　　　　　（010）66024766，63372837（传真）
读者服务部　（010）66070833，62568380
邮编　100071
经销　新华书店
印刷　北京九州迅驰传媒文化有限公司
尺寸　169 毫米×239 毫米
印张　20.25
字数　330 千
版次　2023 年 3 月第 1 版
印次　2025 年 6 月第 3 次印刷
定价　98.00 元
ISBN 978-7-5220-1899-7
如出现印装错误本社负责调换　联系电话(010)63263947

自序　

　　董事责任保险，全称为"董监事及高级管理人员责任保险"（Directors' and Officers' Liability Insurance），简称"D&O 保险"或"董责险"，它是一种特殊的职业责任保险。董责险的保险标的主要是董事个人赔偿责任，即当公司董事、监事及高级管理人员（以下简称董事及高管，或董监高）的工作存在不当行为，其依法应对公司或第三人承担一定的民事赔偿责任。董责险的主要目的是降低董事及高管面临的责任风险，减轻董事及高管不当行为而对公司财务状况的影响，同时也为上市公司投资人提供赔偿保障。

　　董责险在海外市场历史比较悠久，在欧美成熟资本市场上市公司投保率较高，海外学者对其研究比较多。而董责险自 21 世纪初被引入中国市场，发展时间比较短，本地上市公司投保率一直很低，因此国内学者对其理论研究比较少，仅有极少数从法律角度研究董责险的专著，关于董责险实务的专著目前在国内还是空白。从 2020 年年初开始，董责险成为国内财产保险市场的热门话题，这主要是因为我国新修订的《证券法》大大提高了中国上市公司及其董事及高管的诉讼风险，再加上中国式证券集体诉讼制度在司法实践中的落地以及瑞幸咖啡与康美药业等财务造假事件的发酵使董责险成为资本市场与保险市场关注的焦点问题之一。

　　笔者以博士学位论文为基础，结合笔者在保险行业多年的一线工作经验，试从保险学、法学与管理学三个交叉角度对董责险的有关理论与实务进行系统的梳理总结，期望为董责险在中国的健康发展贡献一分力量。本书旨在理论与实务相结合，全书分为理论篇、实务篇与案例篇三部分，一共有十个章节，各篇及其章节内容安排如下：

　　理论篇共有四个章节，第一章是董事责任保险理论基础，主要介绍董责险的含义、性质、价值、发展历史与不同类型；第二章是董事责任保险法律制度，主要介绍与董责险相关的法律制度，在借鉴海外成熟保险市场相关法律制度的基础上，根据中国法律的本土规定与特殊环境，对董事及高管的法定义务、民事赔偿责任、利益保护机制等和董责险有密切联系的法律制度进行分析与论述；第三章是董事责任保险公司治理效应，主要介绍董责险公司治理效应的理论基础与实证研究证据，并从 ESG 的角度分析其与董责险的联系；第四章是董事责任保险需求动因研究，主要介绍董责险需求动因经典理论，并在此基础上以 A 股上市公司作为研究对象对董责险需求动因进行了实证分析，最后根据实证分析结果提出在中国发展与完善董责险制度的几点建议。

实务篇共有四个章节，第五章是董事责任保险市场发展趋势，主要介绍海外与中国董责险目前市场发展情况以及出现的新问题、新趋势，聚焦美股、港股与 A 股三个中国企业的主要上市市场；第六章是董事责任保险条款解读，主要介绍董责险的保单格式、被保险人范围、保险责任、责任免除、赔偿限额与免赔额及其他特殊保单条款；第七章是董事责任保险投保与承保实务，分别从投保人与保险人角度阐述了各自在投保与承保过程中应注意的实务问题；第八章是董事责任保险索赔与理赔实务，主要介绍董责险的索赔与理赔基础、被保险人索赔注意事项、保险人理赔管理实务以及索赔结案方法。

案例篇共有两个章节，第九章是董事责任保险判例研究，主要分析解读国内以往典型董责险合同纠纷的诉讼案例，从中归纳总结重要裁判要旨与风控对策；第十章是董事责任保险视角下的热点事件，结合近几年中国市场出现的十个热点事件，笔者从法律与保险相结合的角度分析了其中可能涉及的董责险问题，为读者理解董责险提供了丰富生动的案例学习素材。

董责险在我国发展历史较短，随着越来越多的 A 股上市公司及其董监高为转移其责任风险而购买董责险，我们预计董责险未来在中国具有很大的发展空间，可以成为我国公司治理的有效组成部分，为中国资本市场的健康发展发挥积极作用。笔者希望本书可以成为董责险投保人、保险人、再保险人、保险中介机构、高校等机构和个人学习董责险理论与实务的一本实用参考工具书。

由于笔者的水平有限，书中难免有错误与不当之处，恳请专家、学者与同行不吝赐教与指正。

王 民

2023 年 2 月于上海

目录 CONTENT

理论篇

第一章　董事责任保险理论基础

理论是实务的基础，要想掌握好董责险的实务知识首先需要具备一定的董责险理论基础。本章是本书理论篇的第一章，主要阐述了董责险的概念、含义、性质、价值、发展历史与不同类型等董责险基础知识。

第一节　董事责任保险的概述

董责险属于一种特殊的职业责任保险。本节以职业责任风险分析与职业责任保险种类为基础，阐述了董责险的含义、性质与价值。

一、职业责任风险与保险

董事责任保险在中国是一个"舶来品"，起源于英美法系国家，其产生的现实基础是董事及高管需要一种保险产品转移其因在履职过程中的不当行为而依法应承担的民事赔偿责任。因此，董责险属于职业责任保险范畴，承保的风险是董事及高管的职业责任风险。而职业责任保险，同样起源于英美法系国家，英文可称为 Professional Liability Insurance，Professional Indemnity Insurance，或者 Error & Omission Insurance，简称 PI 或 E&O。从保险原理的角度来看，职业责任保险是承保专业人士在提供专业服务过程中因其不当行为而依法对其服务的客户或利害关系人的经济损失应当承担的民事赔偿责任风险的一种责任保险。

（一）职业责任风险

"无风险，无保险；无损失，无保险。"损失发生的不确定性风险是保险产生发展的前提，这也是保险风险与投机风险的主要区别，因为投机风险既有损失发生的不确定性，也有获利的可能性。职业责任保险存在的合理性在于专业人士从事其职业时所存在的职业风险，即专业人士可能需要承担的民事赔偿责任风险。专业人士（Professional），是指提供专门技能或知识服务的人员，有别于从事一般职业的人员，典型的专业人士需要首先取得一定的专业资格，例如医生、律师、会计师等，随着社会分工越来越细，专业人士的外延不断扩展，开始包括一些新兴职业，又如，电脑工程师、网络工程师、直播网红等。专业人士在提供专业服务时，无论其如何恪尽职守，损害赔偿事故也是不能绝对避免的，这主要是因为专业人士难免会有疏忽遗漏，职业责任事故的发生具有客观性与偶然性。

职业责任风险主要来自三个方面：（1）违反法律法规，即专业人士在提供服务过程中违反了有关法律法规，例如某上市公司财务总监在准备财务报告时存在虚假陈述违反了有关证券法律规定；（2）违约行为，即专业人士先与客户订立了服务合同，但其在提供服务过程中违反了合同的约定而造成了客户的损失，例如某建筑设计师未能按照设计合同规定的时间完成设计工程，从而造成了客户延期开工的经济损失；（3）过错，即专业人士没有尽到其职业所要求的注意义务导致客户遭受损失，例如某律师没有在上诉期内提起上诉使其客户丧失了获得改判的机会从而导致客户最终遭受经济损失。

（二）职业责任的构成要件

从法律责任的角度来讲，职业责任属于侵权法中的一般过错责任（Negligence），而过错的构成要件一般包括四个要素，即义务、违反义务、损害结果与因果关系。具体而言，首先被告需要对原告负有一定义务，其次被告违反了此义务，再次原告遭受了损害，最后原告遭受损害与被告违反义务具有因果关系。专业人士所需要承担的义务有两种：一种是合同义务，另一种是法定义务。违反合同义务并不必然构成侵权法上的过错，但违反法定义务则是产生过错的前提之一。专业人士仅违反了义务，但没有给客户或第三人造成损害结果，也不构成过错。

因为专业人士具有较高的技能和教育背景，所以他们具有比普通人更高的注意义务（Duty of Care），专业人士对其客户所负有的注意义务是具有类似技能的同业人士在类似情况下所应表现出来的义务标准，不同类型专业人士应具有的注意义务也不同，专业人士是否已尽到注意义务需要具有同样知识水平与技能的同业专业人士来判断。在一些职业责任案件中，有时还需要专家证言来协助法官决定专业人士是否满足了其所应遵守的注意义务标准。注意义务的标准或者简称"专业标准"通常可通过以下来源确定：（1）法律法规，即法律法规明确要求专业人士应做到的注意程度；（2）职业规范与行为准则，即每个专业团体要求其成员需要遵守的职业规范与行为准备，例如律师协会要求每一名律师应做到的保密义务、避免利益冲突与律师执业规范等；（3）行业惯例，即每个行业形成的约定俗成的做法；（4）专业要求，即每个专业领域人士需要具有的符合其专业知识与技能要求的特别注意标准。

（三）职业责任保险的分类

现代保险已有 300 多年的历史，但责任保险的兴起却只是 100 年左右的事情。近代工业革命兴起，先有工业事故，后有交通事故、公害、制造物缺陷等，损害赔偿频率和数额明显增大、赔偿纠纷的增多以及法制的健全催生了责任保险。责任保险始于 19 世纪的欧美国家，1885 年，世界上第一张职业责任保单——药剂师过失责任保险单由英国北方意外保险公司签发。20 世纪 70 年代，美国当时针对专业人士的民事诉讼呈大幅上升的趋势，保险业为此开发了职业责任保险产品，旨在保障不同职业（如律师、会计师、精算师、医生等）面临的民事赔偿责任风险。第一代的职业责任保险是以事故发生制（Occurrence Form）为保单格式，后来随着赔案的陆续出现，事故发生制对职业责任保险人在核保和保费厘定上带来了诸多挑战，特别是因为事故发生的时间与赔款支付的时间间隔往往很长，从而影响了保险人定价的准确性，最终保险行业选择了索赔发生制（Claims-Made Form）为保单格式，这大大降低了职业责任保险人所面临的"长尾风险"（Long-tail Risk）。

2001 年 9 月，在美国佐治亚州立大学风险管理和保险研究中心 William R. Feldhaus、Robert W. Klein 等向职业责任保险承保人协会（Professional Liability Underwriting Society，PLUS）提交的一份题为《新经济时代的职业责任》的研究报告中，按照医疗职业责任保险、非医疗职业责任保险、管理者职业责任保险这样的三分法对职业责任保险进行了分类（见表 1-1）。①

---

① 王伟. 董事责任保险制度研究（修订版）[M]. 北京：知识产权出版社，2016：20-21.

表1-1　职业责任保险三分法

医疗职业责任保险	非医疗职业责任保险	管理者职业责任保险
医师责任保险	会计师责任保险	董事及高管责任保险
医院责任保险	律师责任保险	信托受托人责任保险
联合医疗护理机构责任保险	设计师责任保险	雇佣行为责任保险
医疗费用控制机构责任保险	传媒从业者责任保险	
	技术人员责任保险	
	公共官员责任保险	
	保险代理人责任保险	
	房地产从业者责任保险	
	其他职业责任保险	

按照上述分类标准，职业责任保险的分类可以概括如下：

1. 医疗职业责任保险（Medical Malpractice Liability Insurance）

医疗职业责任保险，也称医疗责任保险、医师执业责任保险，是职业责任保险中的重要险种，保费规模占整体职业责任保险市场比例较高，这一点无论在欧美市场还是中国市场皆是如此。根据被保险人的不同，欧美市场与中国市场区别也比较明显。在英美法系国家，尤其是美国医生一般都是独立执业，对于医疗事故需要自己承担赔偿责任，所以医生为自己购买医师执业责任保险的情况比较普遍；而在中国，因为医生一般都是为医疗机构工作，属于履行职务行为，所以基本不需要对医疗事故承担个人赔偿责任，所以绝大多数情况都是医疗机构来购买医疗责任保险。

2. 非医疗职业责任保险（Non-Medical Professional Liability Insurance）

非医疗职业责任保险，也称为错误与疏漏责任保险（Errros and Omission Liability Insurance，E&O）。非医疗职业责任保险的被保险专业人士主要包括会计师、律师、建筑设计师、工程师、媒体类专业人员、技术类专业人员、公共事务人员、保险代理人、保险经纪人、房地产经纪人等。按照每种专业人员的风险情况，保险公司设计了不同的保险条款以满足其转嫁风险的特殊需要。因此，此类职业责任保险条款在市场上没有所谓的标准条款，各家保险人的条款存在比较大的差异，需要引起投保人的注意。

3. 管理者职业责任保险（Management Liability Insurance）

与其他职业责任保险不同的是，管理者职业责任保险主要承保的是公司管理人员在从事经营管理过程中因其不当行为所产生的民事赔偿责任。从欧美发达市场情况来看，此类职业责任保险主要有以下三种：（1）董事及高管责任保险（Directors and Officers Liability Insurance，D&O），是指以公司董事、监事、高级管理人员承担的民事赔偿责任为保险标的的责任保险；（2）受托人责任保险（Fiduciary Liability Insurance），是以管理人员违反对雇员的退休收入保障义务而应承担的赔偿责任为保险标的的责任保险；（3）雇佣行为责任保险（Employment Practices Liability Insurance，EPLI），是指以雇佣过程中管理人员违反对雇员的保护义务或侵害了雇员的合法权益而应承担的赔偿责任为保险标的的责任保险。

二、董事责任保险的含义

作为管理者责任保险的一种，董事责任保险有广义与狭义之分。狭义的董责险是以公司董事及高管个人需要依法承担的民事赔偿责任为保险标的的责任保险，而广义的董责险不仅包括董事及高管个人责任保障（Side A），还包括公司补偿保障（Side B）与实体保障（Side C，也称为 Entity Cover）。董责险的公司补偿保障是以公司根据法律规定、公司章程或者与董事及高管订立的补偿合同向董事及高管承担的补偿责任为保险标的的责任保险保障。Side A 与 Side B 保障的对象是针对董事及高管个人的索赔，而 Side C 保障的对象是针对被保险公司的索赔，针对上市公司最典型的索赔是上市公司因虚假陈述导致股民向公司提起的证券集体诉讼，这一类诉讼是董责险承保的最高风险类型。下文我们将对三部分的保障内容展开具体分析。

三、董事责任保险的性质

（一）董事责任保险以管理者民事赔偿责任为标的

董事责任保险属于一种责任保险。我国《保险法》第六十五条规定：责任保险是指以被保险人对第三者依法应负的赔偿责任为保险标的的保险。因此，董责险的保险标的应是被保险公司及其管理者依法对第三者应承担的损害赔偿责任，这种法律责任从法律性质上属于民事责任，不包括公司及其管理者应承担的刑事责任与行政责任。董事及高管面临的法律责任风险来源包括企业内部相关方、企业外部相关方与政府监管机构。企业内部相关方主要是指员工与股东，企业外部相关方主要是指顾客与竞争者，而政府监管机构主要是企业行业主管机构与证券监督机构。

董事及高管民事责任的主要法律依据是《公司法》与《证券法》。我国《公司法》第一百四十七条规定：董事、监事、高级管理人员应当遵守法律、行政法规和公司章程，对公司负有忠实义务和勤勉义务。第一百四十九条规定：董事、监事、高级管理人员执行公司职务时违反法律、行政法规或者公司章程的规定，给公司造成损失的，应当承担赔偿责任。此外，《公司法》第二十一条规定：公司的控股股东、实际控制人、董事、监事、高级管理人员不得利用其关联关系损害公司利益；违反前款规定，给公司造成损失的，应当承担赔偿责任。董事及高管不仅对公司应承担一定的赔偿责任，如果其违反法律、行政法规或者公司章程的规定，损害股东利益的，股东可以向人民法院提起诉讼。《证券法》规定主要是适用于上市公司，特别是董事及高管对于上市公司虚假陈述导致投资者损失的需要依法承担连带赔偿责任。我国《证券法》第八十五条规定：信息披露义务人未按照规定披露信息，或者公告的证券发行文件、定期报告、临时报告及其他信息披露资料存在虚假记载、误导性陈述或者重大遗漏，致使投资者在证券交易中遭受损失的，信息披露义务人应当承担赔偿责任；发行人的控股股东、实际控制人、董事、监事、高级管理人员和其他直接责任人员以及保荐人、承销的证券公司及其直接责任人员，应当与发行人承担连带赔偿责任，但是能够证明自己没有过错的除外。结合中外证券市场司法实践来看，董事及高管所面临的最主要的责任风险是证券集体诉讼风险，我们将在第二章中对此进一步展开分析。

责任保险除外刑事责任与行政责任不仅是市场通常做法，也是法律法规的要求。我国《保险法》明确了责任保险的保险标的是民事损害赔偿责任，而2021年1月1日起施行的《责任保险业务监管办法》在重申《保险法》的基本原则基础上进一步列明了责任保险不得承保的"负面清单"，其中就包括刑事罚金与行政罚款。因此，我国除一般责任保险外的任何罚金与罚款。但是，董责险虽然不直接承保刑事责任或行政责任，但是也提供了部分相关保障，包括：（1）为董事及高管面临刑事指控或行政调查时提供法律抗辩费用；（2）在法律允许的情况下，可以赔偿董事及高管应付的罚款，这一点笔者将在第六章进一步展开分析。

（二）董事责任保险与第三人利益密切相关

财产保险在实务中包括很多不同类型的保险产品，但从总体上可以分为第一方保险（First Party Insurance）与第三方保险（Third Party Insurance）。第一方保险一般是指承保被保险人自身财产利益的保险，例如企业财产保险、工程一切险、货物运输险等；而第三方保险主要是指承保被保险人对第三方的责任利益的保险，又如，雇主责任险、产品责任险、公众责任险与职业责任险等。董责险作为一种职业责任保险，属于第三方保险，与第三人利益密切相关。

如上文所述，责任保险是以被保险人对第三者承担的损害赔偿责任为保险标的的一种保险。责任保险赔偿金的给付，与第三者利益有着直接或间接的关系。我国《保险法》第六十五条第1款规定：保险人对责任保险的被保险人给第三者造成的损害，可以依照法律的规定或者合同的约定，直接向该第三者赔偿保险金。在责任保险中，被保险人自身的经济赔偿能力通常是有限的，因此，一旦发生了索赔事件，仅靠被保险人自身的经济实力有时并不能保障受害人的利益。由保险公司承担这种赔偿责任，受害人的利益可以得到有效的保障，而对被保险人来说，未来对他人的损害行为以及经济损失也是比较难预测和估量的，通过责任保险将这种责任风险转移给保险公司，可以在一定程度上降低法律责任危险。上市公司及其董事与高管通过投保董责险将其对第三方的民事赔偿责任转移给保险人，可以保护大量中小股民因上市公司及其董事及高管的不当行为而遭受巨额损失时的正当索赔权利，这一点在证券集体诉讼中的作用尤为突出，董责险可以发挥积极的社会治理作用。

在现代责任保险制度中，第三者受害方甚至可以直接向保险人提出索赔请求权，从而最大限度地保护受害人的利益。我国《保险法》第六十五条第2款规定：责任保险的被保险人给第三者造成损害，被保险人对第三者应负的赔偿责任确定的，根据被保险人的请求，保险人应当直接向该第三者赔偿保险金；被保险人怠于请求的，第三者有权就其应获赔偿部分直接向保险人请求赔偿保险金。由于受害第三者具有向保险人提起诉讼的权利，降低了诉讼成本，节约了诉讼资源。因此，在董责险索赔实务中，如果被保险公司或被保险个人怠于向保险人请求直接向受害人赔偿保险金的，受害人有权直接向保险人请求赔偿保险金，这一点在很多包括董责险在内的责任险索赔案例中比较常见，即受害人通常会将被保险人及其责任险保险人作为共同被告同时起诉到法院，以便最大限度地维护自身的合法权益。

四、董事责任保险的价值

首先，董责险作为一种责任保险，其首要的价值就是可以转移董事及高管面临的民事赔偿责任风险。在公司的日常经营过程中，董事及高管面临着较高的履职责任风险，这一点对于上市公司的董事及高管更为明显，这主要是因为股东诉讼风险，他们的个人资产面临着被强制执行的法律风险，这会严重挫伤董事及高管经营的积极性，最终导致他们在公司经营决策的实施过程中畏首畏尾，丧失大胆决策的勇气与开拓创新精神，从而最终导致企业错失发展的良机。通过投保董责险，董事及高管的个人资产受到一定程度的保护，再加上公司补偿制度，董事及高管就可以积极地履行其职责，基于商业判断规则，大胆决策，为公司与股东争取最大的利益。

其次，董责险是一种有效的公司治理工具，这得到了国内外很多学者的实践证明，下文将对此展开分析。投保公司通过购买董责险可以起到完善公司治理的作用，这主要体现在董责险保险人可以作为投保公司的外部监督者。一方面，在订立董责险保险合同之前，投保公司需要根据保险人的询问如实告知有关重要事项，例如经营情况、雇佣行为、有价证券事项、索赔及潜在索赔情况等，保险人在此基础上对投保公司进行风险调查并做出承保决定。对于公司治理等风险状况较差的公司，保险人可能会大幅提高保险费率或拒绝承保；而对于公司治理等风险状况较好的公司，保险人可能会给予优惠的保险费率，这在一定程度上会激励那些公司治理较差的公司采取一定的措施提高公司的经营管理水平与完善公司治理结构，例如增加独立董事在董事会的占比。另一方面，在订立董责险保险合同之后，保险人还会继续监督投保公司，这主要体现在保险法要求被保险人在保险标的危险程度显著增加时需要及时通知保险人，保险人有权提高保险费或解除保险合同。另外，当第三人向董事及高管提起索赔时，保险人在接到索赔通知后对涉案的被保险人是否存在不当行为进行调查，如果被保险人存在不诚实行为，保险人可以拒绝承担保险责任，因此，董事及高管为了避免用其个人资产承担赔偿责任，他们会有意识地避免实施不当行为，从而在一定程度上降低了董事及高管实施不当行为的概率，这对完善公司治理也具有积极作用。

最后，董责险有助于实现公司的社会责任。公司社会责任理论认为，公司作为一种商业组织，如果想要快速发展，必须有一个稳定的并且具有良好架构的市场环境；在这样的市场环境中从事商业活动，公司不仅仅同自己的股东发生关系，同时还和公司股东之外的债权人、雇员、消费者、公司客户等主体产生密切联系。① 随着公司规模的不断扩大，公司股东、债权人、雇员、消费者、客户、竞争对手等广大社会公众的合法利益就难免会被董事及高管的不当行为所侵害，公司及其董监高应依法承担赔偿责任。当发生巨额索赔诉讼时，例如证券集体诉讼，或者公司及其董监高资产所剩无几无法承担赔偿责任，如果公司购买了董责险，保险人依约承担保险责任，则能在一定程度上弥补社会公众所遭受的损失，从而最终发挥了董责险的社会治理功能。

第二节　董事责任保险的历史

董责险起源于英美法系国家，其历史不足百年，后被引入大陆法系国家。本节主要阐述董责险在以美国、英国与澳大利亚为代表的英美法系国家以及以德国、法国、日本与中国为代表的大陆法系国家的发展历史，并介绍了美国董责险危机的背景、产生的深层次原因、应对措施及对中国的启示。

一、英美法系国家董责险发展历史

董责险起源于美国市场，因此英美法系国家对董责险在全球的发展有深远的影响。英美法系（Common Law System）亦称"普通法系""英国法系""判例法系""海洋法系"，是以英国普通法为基础发展起来的法律的总称，指英国从 11 世纪起主要以源于日耳曼习惯法的普通法为基础，逐渐形成的一种独特的法律制度以及仿效英国等其他一些国家和地区的法律制度。这一法律制度产生于英国，后扩大到曾经是英国殖民地、附属国的许多国家和地区，包括美国、加拿大、澳大利亚、新西兰、南非、印度、巴基斯坦、孟加拉国、马来西亚、中国香港和新加坡等。英美法系是西方国家与大陆法系并列的历史悠久和影响较大的法系，注重法典的延续性，以传统、判例和习惯为判案依据。下文将主要介绍董责险在美国、英国与澳大利亚这三个具有代表性的英美法系国家的发展历史。

---

① 张民安. 公司法上的利益平衡 [M]. 北京：北京大学出版社，2003：5.

（一）美国

保险实务界一般认为，董责险起源于美国并且美国是世界上董责险最主要的市场。世界上第一张董责险保单是由英国的劳埃德保险合作社（以下简称劳合社或 Lloyds）在 1930 年设计并出售给一家美国公司。劳合社当时创设董责险的背景是 1929 年的美国股市大崩盘，当时美国金融市场因金融危机而极度低迷，上市公司丑闻不断。为了更好地规范上市公司的行为，保护中小公司股东的权益，美国先后颁布了 1933 年《证券法》和 1934 年《证券交易法》，加上随后的判例法，共同组成了美国证券法律制度基础。但是，由于金融市场原有的噪声和投资者不合理的行为预期，公司股东很容易起诉。出于平衡权利义务的目的，美国法律逐渐对公司股东的诉讼采取了一些限制措施，允许公司对董事进行补偿或购买责任保险以转移其法律责任风险。此时，投资者很少诉诸证券诉讼作为救援手段，董事和管理层仍未意识到潜在的巨大风险。因此，再加上当时董责险承保范围较窄且保险费比较昂贵，很少有美国公司购买董责险。此后，由于第二次世界大战的爆发，市场对董责险的需求发展缓慢。

20 世纪 60 年代，美国法院对证券法律解释发生变化，随着股东代表诉讼的盛行和证券监管机构处罚力度的不断增强，不仅公司需要承担证券民事赔偿责任，而且董事及高管也很有可能需要承担赔偿责任。因此，董事及高管面临的职业责任风险不断上升，其通过购买董责险转移其自身法律责任风险的需求日益明显。为适应这种司法环境与市场变化，美国保险公司纷纷把董责险作为公司业务发展重点。从 20 世纪 70 年代开始，董责险在美国得到了迅速发展，在 70 年代初期大概有 70% 的上市公司购买了董责险，并且董责险保单开始出现 Side A 与 Side B 两部分保障。20 世纪 80 年代对于美国董责险市场是一个动乱的时代，那时几乎所有的上市公司都购买了董责险，但是随着经济发展而不断增多的公司并购活动导致董责险索赔数量的上升，随着 1987 年美国股票市场危机的发生，董责险市场表现结果不尽如人意，因此相关的再保险承保能力也收缩了。到 20 世纪 90 年代，随着经济的发展、承保条件的收缩以及费率的上升，越来越多的承保能力又回到了董责险市场，公司保障（Side C）在 90 年代末迅速在市场中流行开来，到 2001 年据估计有九成的美国上市公司购买了公司保障。随之而来的问题是，公司保障"稀释"了董责险对董监高个人的保障，因此只保障董

事及高管个人的独立董事责任保险（IDL）、Side A 超赔保险与 Side A DIC
保险应运而生。从 20 世纪 90 年代末开始，针对上市公司及其董事的证券集
体诉讼数量大幅上升，后来 2006 年又发生了"次贷危机"，在法律与监管
不断加强的环境下，美国董责险市场开始变得非常波动与脆弱。

董责险在美国的发展离不开法律支持，为了使公司购买董责险具有法
律依据，美国 50 个州的公司立法都明确规定：公司有权为董事及高管购买
并维持董责险。此外，美国《示范公司法》明确规定：公司可代表担任董
事和经理职务的自然人，或代表在其为董事和经理期间，应该公司要
求，正在供职于其他本州或非本州公司、合伙、合资企业、信托、雇员福
利计划或其他实体，担任董事、经理、合伙人、信托人、雇员或代理人职
务的自然人购买或延续保险，以针对由于其担任董事和经理之权限所招致
的或由此身份所引发的责任，无论依据本节规定，该公司是否有权就所保
险之责任做出补偿或支付预付金。①

（二）英国

虽然英国劳合社在 1930 年签发了世界上第一张董责险保单，但是直到
20 世纪 80 年代之前，购买董责险的投保人主要是注册在美国的公司，这主
要是因为当时的《英国公司法》对董事责任的规定没有美国那么严格。因
此，董事及高管面临的职业责任风险相对较小，购买董责险的需求不足。

随着 20 世纪 80 年代《公司法》《数据保护法》《破产法》以及《金融
服务法案》等一批法律的修改，董事及高管的职业责任不断被强化，公司
对董责险的需求逐渐升温。特别是 1989 年《英国公司法》第 301 条规定：
公司可以行使以下权力——购买和维持担保董事、监事或者会计监察人责
任的保险。但是，公司为董事及高管购买董责险还必须满足两个程序性的
要求：一是公司章程应当明确规定公司可以为董事及高管购买责任保险；
二是投保或续保董责险合同应在公开披露的董事会报告和公司年报中予以
披露。1989 年《英国公司法》第 301 条的规定为董责险制度在英国的实施
扫清了法律上的障碍，自此英国董责险的投保率开始逐年上升。

（三）澳大利亚

澳大利亚的证券法律体系与美国比较相似，董事及高管的法定职责与义务非常严格。根据联邦法和州法的规定，董事及高管在公司的日常经营中必须忠诚、勤勉并尽到合理的注意义务，如果未能履行上述义务，就有可能遭受来自股东、公司雇员以及债权人提起的索赔诉讼。根据澳大利亚相关法律的规定，在索赔诉讼中施行举证责任倒置，即董事及高管必须证明自己的行为并未违反法律规定，否则就要承担相应的法律责任。[①] 根据1994年《澳大利亚公司法》的规定，当一家公司被指控实施证券欺诈行为时，公司中的所有董事及高管都被推定是有罪的，除非他们能够证明自己是无辜的，或者是按照其他人的指示从事该行为，否则就要承担相应的法律责任。为保障股东的诉讼权，《澳大利亚公司法》甚至规定，股东可以运用公司的资金向董事提起诉讼。同时，该法律允许公司可以为董事及高管购买董责险，而在此之前，这是被绝对禁止的。随着法律的修正与诉讼风险的上升，董事及高管购买保险的需求在澳大利亚开始升温，从20世纪末开始，除一些澳大利亚本土的保险公司外，许多美国或英国的国际保险公司也纷纷开始在澳大利亚承保董责险业务。据报道，在证券集体诉讼数量方面，澳大利亚目前仅次于美国，因此超过90%的澳大利亚上市公司购买了董责险以转移其面临的巨额赔偿责任风险。

二、大陆法系国家董责险发展历史

大陆法系（Civil Law System），又称"成文法系"，是指欧洲大陆上源于罗马法、以1804年《法国民法典》为代表的各国法律，所以大陆法系也称罗马法系或民法法系。1896年，德国以《法国民法典》为蓝本，制定了《德国民法典》，该法典以后为一些国家所仿效，故大陆法系又称为罗马—德意志法系。属于这个法系的除法国、德国两国外，还有奥地利、比利时、荷兰、意大利、瑞士、西班牙、明治维新后的日本以及亚洲、非洲、拉丁美洲部分法语国家或地区的法律，中国也属于大陆法系国家。

大陆法系国家和地区的董责险发展历史相对较短，投保率比英美法系国家相对较低，其根本原因在于大陆法系国家的法律制度与英美法系国家

---

① 孙宏涛. 董事责任保险合同研究［M］. 北京：中国法制出版社，2011：12.

存在很大的差别。下文将主要介绍董责险在德国、法国、日本与中国市场的发展历史。

（一）德国

德国是大陆法系的代表国家之一，但是在德国股东控告董事及高管的派生诉讼比美国要少很多，股东派生诉讼的救济也不如美国那样有效。首先，这是因为德国的公司组织结构的特殊性。在德国，公司的经营管理与监督是由不同的机构分别承担的，法律对这两个机构的职责进行了明确的规定。管理委员会（Vorstand）负责公司的日常经营管理，而监事会（Aufsichtstrat）只负责监督管理委员会的工作，并不能介入公司的日常管理决策。监事会的成员也不能同时担任管理委员会的职责，因此，监事会的成员就不必担心由于管理疏忽而遭到股东的起诉。而德国公司的管理委员会有权就某些问题向股东大会申请批准或指导，经过股东大会批准的决议所造成的公司损失管理层不负责任。这样，每当遇有风险大的决策，管理层就会把决定权交给股东大会，这也是德国董事及高管的派生诉讼少的一个原因。其次，与美国律师风险代理收费（Contingency Fee）的规定不同，德国法律禁止律师风险代理，因此律师缺乏诉讼的动力，而小股东由于害怕一旦败诉不但要承担自己的诉讼费，还要额外承担公司与被告的诉讼费，因此，也不会轻易发起诉讼。最后，德国法律赋予管理层更加广泛的自由裁量权，德国人一贯的谨慎作风减少了出错的概率，这可能也是德国股东诉讼少的原因。正是因为董事及高管面临的诉讼风险低，所以董责险保单在德国一直发展缓慢。

德国的第一张董责险保单是在 1986 年签发的，由于该保单的承保范围较狭窄，而且存在诸多的限制性规定，因此市场反应较为冷淡。[①] 1995 年后，德国董责险市场取得了突破性的进展，这主要有两个方面的原因：

（1）德国相关法律制度不断健全，股东、债权人以及监管当局根据《公司法》《环境保护法》以及《产品质量法》对董事提起的诉讼越来越多。1998 年 5 月，德国《公司治理与透明度法》出台，促使上市公司的股权结构与经营活动变得更加透明，从而便于接受投资人的监督。根据这部法律，公司的董事会有义务采取一切措施来预防和应对金融危机，股份公司的监事会对公司的内部审计和管理也要承担广泛的责任。1997 年，德国

---

① 孙宏涛. 董事责任保险合同研究 ［M］. 北京：中国法制出版社，2011：15.

最高法院颁布法令，为了避免公司和股东遭受损失，监事会有义务起诉和解雇那些失职的管理人员。该法令的颁布源于一个判决案例，在该案例中，监事会拒绝起诉一个做出错误投资决定的执行董事，结果导致公司遭受了5000万美元的损失。随着董事及高管面临的诉讼风险的上升，公司如果没有购买董责险，很少有人会愿意担任董事及高管职务。

（2）承保董责险业务的保险人越来越多，提高了市场的承保能力。德国最大的保险公司——Allianz公司从1995年开始销售董责险，之后，又有一批保险人加入德国董责险市场。1996年3月，德国保险联合会（GDV）成立专门工作小组，制定董责险的框架条款，其成员包括很多著名的保险公司和再保险公司，如R+V、安联保险、维多利亚保险公司、A+M、丘博保险、HRV保险、格宁保险、科隆再保险公司、巴伐利亚再保险公司、慕尼黑再保险公司、巴伐利亚保险商会、格洛尼亚、苏黎世、AIG和Albingia保险公司。1997年6月，为监事会成员、董事会成员和总经理提供的财产损失赔偿责任保险的一般条款（AVB-AVG）即董责险的最初模型诞生了，这为保险公司设计了一套非强制性自选条款。① 与此同时，保险公司也在不断扩大董责险的承保范围，例如违反税收义务、内幕交易、产品责任及环境污染责任等导致的董事责任也被纳入董责险的保障范围。到20世纪90年代末，董责险在德国被市场广泛认可，市场需求大幅增加，德国很多大型企业都投保了董责险。

（二）法国

20世纪70年代初期，包括GAN、Concorde以及Preservatrice在内的法国国内保险公司，为了满足《公司法》修正的需要推出了适用于本国企业的董责险保单。在20世纪80年代初期，美国的AIG和Chubb以及英国的劳合社先后进入了法国保险市场并开始销售董责险保单，到90年代初期，法国市场上出现了专业从事董责险业务的保险经纪人，到90年代末期，一些法国国内保险公司，例如Sprinks、Mutuelles du Mans以及GAN公司都开始销售董责险保单。至此，董责险在法国市场上得到了迅速发展，到1992年，法国董责险市场规模已达到1亿法郎。

---

① 孙莉婷. 德国董事责任保险制度设计及运行研究［D］. 吉林大学，2013：19.

（三）日本

20 世纪 90 年代以前，日本法律在董责险问题上，既没有做出明确的许可也没有做出明确的禁止性规定。直到 1993 年，日本政府颁布相关法令，允许国内和国外的保险公司在日本销售董责险。此后，美国 AIG 公司首先开始销售董责险保单，很快其他一些外资保险公司，例如 Chubb 公司等，也开始在日本经营董责险业务，此后许多日本本地保险公司也开始销售董责险保单。日本的董责险保单通常由两部分组成：一部分是普通董责险合同，该部分主要规定了董责险合同的基本条款，包括被保险人、保险责任以及除外责任等；另一部分是特殊董责险合同，该部分主要承保股东代表诉讼风险、美国特定风险等特别风险。在实际业务中，公司必须先购买普通合同之后才能根据需要决定是否购买特殊合同。普通合同的保险费由公司负担，而特殊合同的保险费由董事个人负担。

（四）中国

如前文所述，董责险在全球资本市场发展超过 90 年，已经成为全球上市公司治理的一个重要组成部分，但全球董责险主要保费收入集中在欧美等发达国家或地区。与近 100% 的美国上市公司以及近 90% 的欧洲上市公司的高投保率相比，中国本地上市公司投保董责险的比例一直非常低。根据市场反馈，一直以来只有不到 10% 的中国 A 股上市公司购买了董责险。董责险在中国属于一款比较小众的责任保险产品，从事董责险业务的保险公司也很少。一直以来，比较活跃的市场主体主要是外资保险人与保险经纪人，他们主要服务于海外上市的中国公司，特别是在美国上市的中概股，这主要因为美国资本市场的证券集体诉讼风险很高。

2001 年证监会发布《关于上市公司建立独立董事制度的指导意见》，首次提出上市公司可以建立必要的独立董事责任保险制度。

《上市公司治理准则（2002 年版）》指出，经股东大会批准，上市公司可以为董事购买责任保险。此后，2002 年中国市场才出现第一张中文董责险保单，当年平安保险公司与美国丘博保险公司一起免费为当时万科集团董事长王石出具了此保单。然而，这份保单一年期满后，万科及王石并没有选择续保。

2006 年，国务院颁布的《国务院关于保险业改革发展的若干意见》（以下简称"国十条") 明确，鼓励大力发展包括董事责任险在内的责任保险。

2013 年，"国九条"提出：上市公司退市引入保险机制，在有关责任保险中增加退市保险附加条款，健全证券中介机构职业保险制度。

2014 年，国务院在《关于加快发展现代保险服务业的若干意见》中再次提及加快各类职业责任保险，"充分发挥责任保险在事前风险预防、事中风险控制、事后理赔服务等方面的功能作用，用经济杠杆和多样化的责任保险产品化解民事责任纠纷"。

从 2020 年年初开始，董责险成为国内财产保险市场的热门话题，并且越来越多的 A 股上市公司开始投保董责险，这主要是因为新修订的《证券法》大大提高了中国上市公司及其董事与高管的诉讼风险，再加上证券发行注册制改革的加快推进以及瑞幸咖啡与康美药业财务造假等司法案例的推动作用。自此，A 股董责险市场开启了快速发展的阶段，未来可期。

三、美国董责险危机与启示

(一) 危机产生的背景

20 世纪 70 年代以后，美国董责险的市场需求不断升温，从事董责险的保险人主体越来越多，这使董责险的市场承保能力不断增加。与此同时，董责险市场竞争日益激烈，为争夺市场份额，许多保险人不断降低董责险保险费与扩大保险责任范围。20 世纪 80 年代中后期，随着企业并购、股份公开募集，以及原油、金融机构等部分领域出现问题，引发了董事责任危机，公司股东诉讼的发生频率在 1974 年之后的 10 年间翻了一番。特别是以 Smith v. Van Gorkom 案的判决为开端，董事及高管的个人赔偿责任风险大幅度上升。在这起案件判决中，法院否定了经营判断准则（Business Judgement Rule）对董事及高管的保护原则[1]，提出了"正当程序标准"，对董事及高管履行职责程序的妥当性予以干涉，修正了经营判断准则的合理内核，使董事及高管的经营责任风险急剧增加。此后，董事及高管遭受索赔诉讼的数量不断增加，这导致董责险的索赔数量与索赔金额不断攀升，董责险的承保人开始大幅度提高保险费、增加除外责任或拒绝承

---

[1] 根据经营判断准则，董事和高管的行为被推定为是善意和以适当方式做出的，除非原告能够证明被告是故意或非诚意而不是为了促进公司的最佳利益而行事，董事和高管才承担相应的责任。

保，最终导致20世纪80年代中期索赔的"董事责任保险危机"。许多保险人停止销售董责险，继续销售董责险的保险人都大幅度地提高了保费水平，上涨幅度从200%~2000%不等，同时为了降低赔付风险，保险人在董责险合同中不断增加除外条款，例如，现在董责险市场上比较常见的"被保险人诉被保险人除外条款""并购诉讼除外条款""环境污染责任除外条款"等除外责任条款。

董事责任保险危机对于公司来说，使公司难以获得董责险保障，对其经营活动产生了严重的影响，一方面公司不能通过董责险转移潜在的巨额赔偿责任风险，另一方面因为买不到董责险或者不能获得足额的董责险，公司很难吸引高素质的管理人才加盟。

(二) 危机产生的深层次原因

美国董事责任保险危机的产生从表面上看，是由于法院的判决大幅修正了既有法律原则，不合理地增加了董事及高管的履职风险，从而导致保险人不愿意承保此类责任保险。实际上，危机的产生不是偶然现象，而是多种因素共同作用所导致的。危机更深刻的根源在于无过错法律责任制度的固有弊端，保险企业过分追求营利目标，保险监管环境过分宽松等更深层次的原因。[①]

王伟（2016）认为，以责任保险取代法律责任的趋势是董事责任保险危机产生的最重要根源。在英美法系国家，基于责任保险对社会生活的巨大影响，有无责任保险已经成为判断对受害人给予何种程度赔偿保护的重要根据。这种趋势的发展，使人们更加依赖责任保险对社会利益的保护功能，出现了以保险代替责任的倾向，从而使受害人有更强的动机向保险公司寻求实际赔偿。另外，英美法系国家的诉讼体制也容易助长诉讼的发生，产生大量滥诉的情况。在美国，律师对于侵权案件一般采取"无效果、无报酬"的所谓纯风险代理方式收费，按照这种收费方式，原告败诉，不需要支付律师费用，如果原告胜诉，律师可以从判决的赔偿中拿到1/3或更高的律师费。这种收费方式客观上推动了当事人随意向法院提起诉讼，增加了诉讼发生的可能性。对于董责险来说，影响更加深远的是美国证券集体诉讼制度，使针对上市公司及其董事与高管发起集团诉讼成为可能，基于

---

① 王伟. 董事责任保险制度研究（修订版）[M]. 北京：知识产权出版社，2016：280.

"默示加入、明示退出"原告参与诉讼的机制，证券集体诉讼判决金额因为参与的原告人数众多，法院判决金额往往是上千万美元、过亿美元甚至更高，这进一步提高了董责险的风险敞口，增加了危机发生的可能性。

（三）危机的应对

在美国董事责任保险市场危机爆发后，美国各州政府和投保公司都采取一系列措施来应对董责险市场危机，并试图尽量缓解危机带来的消极影响。综合来看，上述危机应对措施可以分为两大类：制定法的应对方法与非制定法的应对方法。

1. 制定法的应对方法

（1）限制或免除董事责任。为降低 Smith v. Van Gorkom 等类似判决对董责险的消极影响，美国一些州的立法机关在寻找解决董责险危机的方法的同时，也开始重新考虑如何合理地追究董事的职业责任。特拉华州率先在其公司法中规定了免除或限制董事责任的条款，即"限制责任立法"（Limiting Liability Statute）。根据《特拉华州公司法》第 102 节（b）（7）第 8 款的规定，公司可以修改其章程并增加限制或免除董事责任的条款，同时该节还规定了限制或免除董事责任的例外情形，即对于违反忠实义务的行为、恶意的不当行为、故意违反法律的行为以及牟取个人利益的行为所产生的赔偿责任不得限制或免除。此后，其他州也纷纷效仿《特拉华州公司法》的规定，在其公司法中增加了限制或免除董事职业责任的规定。

随着限制责任立法的颁布，董事及高管承担赔偿责任的概率逐渐降低，董责险保险人的赔付风险也进一步下降。因此，保险人随着赔付率的降低开始酌情考虑降低保险费率，同时限制责任立法对于董责险来说也有一定的替代作用，最终在一定程度上缓解了董责险的市场危机。

（2）扩大公司补偿权限。在董责险危机爆发后，美国许多州通过修改它们的公司补偿法律从而扩大了董事及高管接受公司补偿的权利。例如，根据《纽约州公司法》第 721 节规定，只要董事和高级职员实施的行为并非恶意行为、不诚实行为或牟取个人非法利益的行为，公司就可以为其提供补偿。但是，扩大公司补偿权限的做法并不像特拉华州采取的限制董事责任的措施那样对缓解董责险危机有效，这主要是因为扩大公司补偿权限的做法并不能对公司获得董责险提供直接的帮助。随着公司对董事及高管补偿权限的扩大，按照董责险合同的约定，这一部分赔偿责任最终将由保险人承担，这样一来，董责险保险人的赔偿风险也在不断增加，保险人可能会选择提高保险费率或者拒绝承保来规避该风险。

2. 非制定法的应对方法

除制定法的应对措施外，为应对美国董责险危机，许多潜在的投保公司还采取非制定法的应对措施，主要包括以下两个方面：

（1）设立自保公司。当投保公司在董事责任保险市场上很难以合理价格购买保险时，可以通过设立专属自保公司（Captive Insurance Company）来为自己提供董责险保障。专属自保公司的形式有两种：一种是指专属自保公司在其母公司向其投保缴纳保险费后签发保险单，另一种是指先由其他保险人签发董责险保单，然后专属自保公司就全部或部分风险向其他保险人提供再保险。对于董责险而言，专属自保公司的优势包括：第一，专属自保公司可以提供更广泛的保险保障；第二，专属自保公司能够以较低的保费提供董责险保障；第三，专属自保公司可以使母公司能够以较低的成本获得再保险；第四，专属自保公司可以从其自保业务中获得承保利润与经营利润。

尽管设立自保公司有上述优势，但是也同样存在一些问题：第一，专属自保公司与其他保险公司一样，同样面临非常有挑战的诉讼环境且承担着一样的责任风险，由于母公司与专属自保公司存在密切联系，专属自保公司的绝大部分资本来自母公司，因此这种做法实际上是用股东自己的财产来偿还其所遭受的损失；第二，税收上专属自保公司存在不利地位，按照美国国内税收规定，对于母公司向专属自保公司支付的保险费在征税时一般是不会计算扣除额的，而向普通的商业保险公司支付的保险费在征税时通常会计算扣除额。

（2）开展损失预防工作。损失预防是指投保公司在风险识别的基础上通过采取一定的措施来预防损失的发生，虽然不少风险很难预防其发生，但是可以降低其发生的概率。对于董责险来说，投保公司可以对其董事及高管进行培训与指导、改善董事与雇员、客户或消费者的关系，从而降低董事及高管被提起诉讼的概率。

（四）对中国的启示

在上述各项应对措施的共同作用下，美国董事责任保险市场的危机逐渐得到了缓解，1993 年至 1994 年，不少保险人逐渐回到董责险市场，越来越多的保险人重新开始承保董责险业务。① 随着董责险市场主体的增加，董责险的费率和免赔额开始下降，除外责任的数量也逐渐减少，市场危机基本解除。这场危机产生的背景、深层次原因以及应对措施的分析对发展我国董责险市场有着借鉴价值，主要表现在防止证券集体诉讼的滥用上。

虽然现在来看，董责险在我国还处于早日发展阶段，市场还有待开发与发展，但是新《证券法》已建立了中国式证券集体诉讼制度，随着司法实践的发展，如何防止证券集体诉讼被滥用从而造成董责险的危机值得我们提前思考。笔者认为，考虑到中国式证券集体诉讼制度与美国证券集体诉讼制度有着比较大的区别，特别代表人诉讼启动要求较高，发生滥诉的概率较低。虽然如此，为了尽可能发挥董责险的积极作用，尽量避免其副作用，我们可以借鉴上述美国市场所采取的危机应对措施，从制定法与非制定法两个方面做好完善董责险制度的准备与应对预案。

第三节　董事责任保险的类型

本节主要介绍了国内外市场上比较常见的几种董事责任保险类型，包括上市公司董事责任保险、私有公司董事责任保险、超赔董事责任保险、董事个人条件差异责任保险、独立董事责任保险、招股书责任保险与退市保险。

一、上市公司董事责任保险

上市公司一直以来是购买董责险的主力军，这主要是因为上市公司相对私有公司来说面临着较高的股东诉讼风险，因此上市公司董责险承保范围一般都会包括三个部分，即董事及高管个人责任保障（Side A）、公司补偿保障（Side B）与实体保障（Side C），其中实体保障对上市公司尤为重要。此外，上市公司董责险还会包括若干扩展责任，其中比较常见的扩展责任之一是雇佣行为责任扩展，市场上通常称其为 Side D 保障，国内市场也有不少董责险保单直接将其作为基本保险责任之一。在海外市场，特别是北美市场，上市公司董责险保单通常会排除雇佣行为责任，如果需要这一保障，上市公司需要单独购买雇佣行为责任保险（Employment Practice Li-

---

① 孙宏涛. 董事责任保险合同研究［M］. 北京：中国法制出版社，2011：31.

ability Insurance，EPLI）。

二、私有公司董事责任保险

私有公司董责险保单与上市公司董责险保单一样通常也会包括 Side A、Side B 与 Side C 三部分保障，个人责任保障与公司补偿保障对于私有公司与上市公司来说没有太大区别，但是实体保障对于是否为上市公司来说有较大差别。一般来说，私有公司的实体保障范围要比上市公司的实体保障范围更广，上市公司的实体保障只是针对证券类索赔，而私有公司的实体保障承保保单定义的"任何不当行为"导致的针对被保险公司的索赔，除非保单责任免除条款或定义另有规定。尽管如此，由于上市公司面临着非常高的证券诉讼风险，上市公司的董责险通常更贵，而私有公司则更实惠。

在考虑私有公司和上市公司的董责险保单差异时，另一个需要记住的重要考虑事项与保单除外责任有关。综上所述，虽然私有公司董责险保单下的实体保障范围比上市公司董责险保单下的实体保障范围更广，但私有公司保单通常还包括上市公司保单中没有的除外责任。这些私有公司的董责险保单的除外责任有时写得相当宽泛，在许多情况下，它们可以显著减少保单下的实际承保范围。一个典型的私有公司董责险常见除外条款是"反垄断除外条款"（Antitrust Exclusion），它通常排除了针对反垄断和反不正当竞争索赔的保障，不仅可以排除反垄断索赔，还可以排除欺骗性贸易行为、不公平贸易行为或贸易限制等行为。

此外，私有公司董责险保单通常提供"抗辩义务"（Duty to Defend）服务，保险公司选择辩护律师并直接支付律师费，而上市公司董责险保单以抗辩费用补偿为基础，允许被保险人选择律师，但保险人与被保险人之间有时会产生法律费用上的纠纷，这一点将在下文索赔与理赔实务中详细展开。

三、超赔董事责任保险

超赔董责险是一种超赔责任保险（Excess Liability Insurance），可以为被保险人提供在基础层董责险赔偿限额之上的更高限额的保障。投保人可以根据其自身风险转移的需要购买若干层超赔董责险，当基础层董责险保单限额耗尽后，第一层超赔董责险保单被启动，而当第一层超赔董责险保单限额也被耗尽后，第二层超赔董责险保单被启动，依此类推。在实操中，每一超赔层董责险保单与基础层保单一样也有可能由若干家保险人以比例承保（Quota Share）方式共保，每一层会有一家首席保险人。一般来说，超赔董责险的起赔点（Attachment Point）越高，其保险费就越便宜，这是因为其被启动的可能性也越低。

对于被保险人来说，因为保险人的风险偏好与承保能力限制而需要通过"分层投保"的方式购买董责险，所以确保超赔层保单与基础层保单保障范围的一致性就变得十分重要。一般来说，超赔层保单不会提供比基础层保单更广的保障，而是跟随下层保单同样的承保条件，这种超赔保单被称为"跟随式超赔保单"（Follow Form Excess Policies）。然而，在实操中，超赔保单也许并不是完全跟随基础层保单的承保条件，这是因为超赔层保单措辞并不统一而且超赔层保险人并不必然跟随基础层保险人的理赔决定，这需要董责险投保人及其保险经纪人仔细分析超赔层保单条款与基础层保单的差异，以免后续产生理赔纠纷。关于超赔董责险的承保与理赔实务，本书将在下文具体展开。

四、董事个人条件差异责任保险

21 世纪初，一些在美国市场发生的大事件凸显了董事和高管的潜在责任，并大大提升了董责险的知名度。在安然公司和世通公司的失败案例中，外部董事同意自掏腰包支付数百万美元。在 2002 年一个具有里程碑意义的案例中，法院认为，保险公司有权根据首席财务官在投保申请书中的错误陈述撤销一份董责险保单。这些事件，加上公司不法行为和随后的董事诉讼的头条新闻，提高了董事和高管对他们所面临的风险的认识。即使有基础层董责险和超赔董责险，董事及高管在下列情况下也可能得不到保障：董责险保单限额被耗尽、保单被撤销、被保险公司破产、基础层保单下的免责条款、董事的公司对其进行有限赔偿。

从 1985 年开始，董事个人条件差异责任保险（Side A DIC Polices）被推向市场以解决上述问题，如今，该保险已被许多公司董事与高管视为一个必须购买的保险。董事个人条件差异责任保险既提供 Side A 项下的超赔责任保障又提供了更广的保障范围，这一点与跟随式超赔董责险不同。当基础层保单限额被耗尽，Side A DIC 保单被启动并提供 Side A 基础保障；如果基础层保单中的除外责任限制了其 Side A 保障，那么 Side A DIC 保单将下沉（Drop Down）代为提供基础保障。

董事个人条件差异责任保险主要在下列四个方面为董事及高管提供差异化保障：

1. 限额被耗尽

传统提供 Side A、Side B、Side C 保障的董责险保单总是存在保单限额被耗尽的可能性，即使有超赔董责险保单提供了更高限额，董责险保单限额可能因为上升的抗辩成本、证券诉讼和解与股东派生索赔而被快速消耗。如果其他董责险保单限额被耗尽，董事个人条件差异责任保险可以为董事及高管个人责任提供超赔保障。

2. 破产

当投保公司申请破产，它所购买的传统董责险保单可能被视为公司资产而被破产法庭冻结，债权人可能向法院申请获得保单项下的赔款。如果索赔在 Side B 与 Side C 项下提出，那么债权人将获得保险赔款；如果索赔在 Side A 项下提出，那么董事与高管将获得保险赔款。在一些案例中，法庭在分割 Side A、Side B、Side C 项下的保险赔款时比较随意。因为董事个人条件差异责任保险的被保险人只是董事及高管而不包括公司，这张保单通常不被视为公司资产，保险赔款应支付给董事及高管。在董责险保险人申请破产的情况下，如果基础层或某一超赔层保障因保险人无偿付能力而无法实现，那么董事个人条件差异责任保险将下沉为董事与高管提供保障。

3. 基础层保单除外责任或被解除

董事个人条件差异责任保险的除外责任通常比典型的董责险保单要少，通常没有以下除外责任：污染、被保险人诉被保险人、先前或未判决的索赔。即使董事与高管被发现有罪，抗辩费用也属于保险责任。此外，如果基础层保单或任何超赔层保单被解除，大多数董事个人条件差异责任保险也不可以被解除并提供下沉保障。

4. 不可补偿的损失

许多基础层董责险保单约定，保险人假设被保险公司将尽可能补偿其董事，即假设补偿条款（Presumptive Indemnification Clause）。根据这一条款，如果公司能够但不补偿其董事的损失，那么董责险保单不承保这一损失。当公司拒绝补偿董事或者基础层保单不予赔偿，董事个人条件差异责任保险将为董事提供基础层保障。需要再次强调的是，董事个人条件差异责任保险只保障董事及高管个人，不保障公司。

五、独立董事责任保险

独立董事也称外部董事，可在若干个公司的董事会担任职务并用他们的经验与知识为每一家公司服务。如今，独立董事在一个日益复杂的法律与监管环境下工作，面临越来越高的责任风险。因此，有人认为传统董责险保单可能无法为独立董事提供足够的保障，一些海外保险人为了给这些外部董事提供额外的赔偿限额与保护而开始提供独立董事责任保险，英文为 Independent Directors Liability（IDL）Policies。

独立董事责任保险仅为独立董事提供保障，并不承保其他董事及高管，有时也可以承保特定的董事群体，例如审计委员会成员。与董事个人差异责任保险一样，独立董事责任保险提供不可取消的基础保障以及超赔保障，并且是在所有其他保单之外，包括董事个人差异责任保险、超赔层董责险与基础层董责险。当底层保单限额被耗尽或者因为破产而无法获取保障时，独立董事责任保险就能提供超赔保障，并且当损失不被任何其他保单承保时，这一保险或许可以下沉为独立董事个人提供基础保障。独立董事责任保险可以提供比董事个人差异责任保险更宽的保障，因为它的除外责任更少。图1-1展示了以上各类董责险的分层保障。

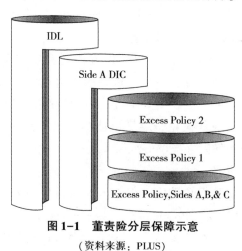

图1-1　董责险分层保障示意

（资料来源：PLUS）

六、招股书责任保险

招股书责任保险，又称证券发行责任保险或 IPO 保险，英文通常为 Public Offering Securities Insurance（POSI）。招股书责任保险承保在保险期限内，被保险个人、发行公司、控股股东和售股股东因其在招股说明书中的不实或误导性声明或信息及疏忽而遭受公开发行类索赔所导致的损失。公开发行类索赔是指针对或关于被保险人由于发行准备或招股说明书做出的不当行为而向被保险人或发行承销商提出的书面要求或书面指控、民事诉讼或仲裁程序、刑事诉讼或程序、正式监管或行政程序或引渡程序。发行准备指任何在招股说明书的递交或发布以前或在证券许可的交易所进入上市以前（以较迟者为准）进行的与发行相关的行为，包括协商、讨论、决策、陈述或巡回路演。

招股书责任保险的保险责任除董责险中常见的 Side A、Side B 与 Side C 三部分保障外，还包括对售股股东与控股股东的保障，有时还可以扩展承保证券承销商的责任，但仅限于上述公开发行类索赔，而不包括承销商的职业责任索赔。招股书责任保险相对于董责险具有以下特点与优势：第一，保险期间可长达 6 年，不需要每年续保，具体保险期间可根据证券索赔所适用的诉讼时效调整；第二，保险费一次性支付，可计入上市成本；第三，赔偿限额可与董事及高管日常管理责任隔离，即 IPO 风险被锁定；第四，可以承保售股股东与控股股东。尽管如此，招股书责任保险可能存在下列两个问题：第一，相对于董责险，招股书责任保险显然更贵，一次性支付保费会影响投保公司的现金流；第二，招股书责任保险与董责险在理赔时可能发生保险责任交叉的问题，如果涉及责任分割问题，可能会给被保险人带来分割举证的隐患。

七、退市保险

退市保险，海外市场英文为"Run-Off Insurance"，是一种专门为退市公司的前董监高个人设计的董责险，其旨在为前董事及高管人员就其在退市之前任职期间发生但尚未实现或尚未向保险公司报告的过往不当行为提出的索赔提供保障。退市保险也常见于公司发生并购或控制权发生变化后保障董监高在并购交易完成前或控制权变化前的不当行为引起的索赔。董责险保单一般都是索赔提出制保单，因此在索赔和/或通知索赔时必须有有效保单。如果保单已经失效或者没有有效保单，它将不会对索赔做出回应，无论不当行为是何时发生的。因此，拟退市的上市公司会在退市前购买一份长期的退市保险，保险期间根据上市地点的诉讼时效确定，一般中概股在美国退市会购买一份长达 10 年的退市保险，澳大利亚的上市公司一般会购买不短于 7 年的保险。

Run-Off 保险与索赔提出制保单中的延长报告期（Extended Reporting Period，ERP）看上去有点儿像，但两者是有区别的，主要有两点不同：首先，ERP 通常是作为续保的一部分，作为到期保单的短期延期，通常只有 60~90 天（不额外收费）或 1 年（额外收费）的选择权，而 Run-Off 保险通常涵盖多年。ERP 条款允许投保人在延长报告期内可以继续向原保险公司报告索赔，而 Run-Off 保险可能由原保险人或者新的保险人提供。其次，当被保险人选择从一个提供索赔提出制保障的保险人变更为另一个提供索赔提出制保障的保险人或其原保险人没有提供续保保障时，经常购买 Run-Off 保障。同时，在一个被保险人被另一个被保险人收购或与另一个被保险人合并或退市的情况下，购买 Run-Off 保障。一般情况下，Run-Off 保费是按原董责险年保费的倍数计算的。例如，保险人可以将一个系数（如 2.5X 或 4X）乘以 D&O 保险单的年度保险费，该系数适用于整个 Run-Off 保险期间。退市保险既可以每年单独购买，也可以连续购买数年。如果是多年期保单，定价通常会随着时间的推移而降低，因为随着交易日期或者退市后时间的延长，索赔发生的风险也会逐年降低。

第二章　董事责任保险法律制度

董责险作为一种主要以董事及高管的民事赔偿责任为保险标的的责任保险，与有关法律制度有密切的联系，特别是《公司法》与《证券法》。本章在借鉴海外成熟保险市场相关法律制度的基础上，结合中国法律的具体规定与特殊环境，对董事及高管的法定义务、民事赔偿责任以及利益保护机制等与董责险有密切联系的法律制度进行分析与论述，以帮助读者理解董责险的法律制度基础。

第一节　董事及高管的法定义务

董事及高管个人承担民事赔偿责任的前提是董事及高管违反了一定的法定义务或信托义务，董事及高管违反法定义务所导致的民事赔偿责任问题及其认定标准是董事责任保险制度的法律基础。一般来说，董事及高管的法定义务通常包括注意义务、忠实义务与披露义务三个方面，本节将主要对上述三大法定义务逐一展开分析。

一、注意义务

董事及高管的注意义务在大陆法系被称为"善良管理人的注意义务"，在英美法系被称为"注意义务"（Duty of Care），也被称为"注意和技能义务"（Duty of Care and Skill）。董事及高管对公司的注意义务要求董事及高管在履行其职责时必须谨慎小心且基于诚信原则，并且合理地相信其是为了公司的最佳利益行事，尽到一个普通谨慎的人在相同情况下所应有的合理注意。

（一）注意义务的衡量标准

从世界范围来看，英美法系国家与大陆法系国家对董事注意义务的衡量标准并不统一，主要有以下三种标准。

1. 主观标准

根据主观标准，判断董事是否履行了其注意义务，应以董事是否尽其最大努力为标准，即以董事实际具有的注意能力为标准。1925 年，英国高等法院大法官罗默（Romer）在审理"城市公正火灾保险公司上诉案"所确立的董事注意义务标准即此标准，在该案中，罗默法官认为：（1）董事在履行其职责时，只要具有与其职位及身份相适应的合理的知识和经验即可，他不必展示出比此更高的水平。（2）董事不必对公司事务给予持续性的注意，只需在定期董事会或董事会下属委员会的会议上履行注意义务，并斟酌情况，尽可能参加会议。（3）考虑到业务需要以及章程细则的规定，可以将董事的职责适当地下放给其他高级职员，除非他有理由怀疑该职员承担义务的能力。客观地讲，上述标准是比较低的，这对公司和股东合法权益的保护极为不利，所以英国法院通过 Dorchester Finance Co. Ltd. v. Stebbing 一案修正了上述标准，特别是加强了非经营董事的注意义务，要求董事必须对公司事务给予相当的关注，不得以不知晓公司实际从事的经营活动为由进行抗辩。①

2. 客观标准

根据客观标准，判断董事是否履行了其注意义务，应以与该董事处于相似地位的普通谨慎和勤勉之人在类似情况下所应尽到的注意程度为判断标准，即以一个具有同样知识和经验的普通谨慎和勤勉之人在同一类公司、同一类职务、同一类情形下所应具有的注意程度、经验、技能和知识水平为判断标准。目前，世界上大多数国家的立法都采取了该客观标准，如《美国示范公司法修正本（1991）》第 8.30 条、《澳大利亚公司法》第 229 条及《德国股份法》第 93 条第 1 款在董事的注意义务上均采取了该种标准。《美国示范公司法》第 8.30 条规定，董事义务之履行必须：（1）善意；（2）以处于相似地位的普通谨慎之人在类似情形下所应尽到的注意；（3）以其合理相信的符合公司最佳利益的方式。该规则要求，董事在履行其职责时应当具有一种负责的态度，考虑到商业活动的复杂性及存在许多不可预测的情况，董事的经营决策是否正确不是其是否履行了注意义务的考察范围。

3. 主客观标准

根据主客观标准，判断董事注意义务的履行情况，应以普通谨慎之董

---

① 孙宏涛. 董事责任保险合同研究 ［M］. 北京：中国法制出版社，2011：51-52.

事在同类公司、同类职务及相似情况下所应有的注意、知识和经验程度作为衡量标准，但是，如果某一董事的知识经验和资格明显高于此标准时，则应当以该董事是否诚实地贡献出其所实际拥有的全部能力作为衡量标准。1986 年《英国破产法》就采用了该种标准。①

4. 中国立法与司法实践

我国学者认为，董事及高管的勤勉义务（注意义务）范围包括两方面：一是决策勤勉；二是监督勤勉。决策勤勉是指董事及高管人员进行决策时应知道相关信息并谨慎决策，具体包括三层含义：一是信息收集；二是信息评估；三是谨慎决策。在知悉相关实质性信息的基础上，本着履行其义务的必要注意而行为。与忠实义务侧重于考察是否存在实体上的利益冲突不同，勤勉义务关注的主要是决策程序。监督勤勉是指董事及高管人员应主动对其他董事、经理层以及员工等人的行为实施监督。②

我国《公司法》（2005 年修正）第一百四十七条首次对董事、监事与高级管理人员的注意义务（勤勉义务）做出了明确规定："董事、监事、高级管理人员应当遵守法律、行政法规和公司章程，对公司负有忠实义务和勤勉义务。"除此之外，公司法并没有对勤勉义务的情形进行列举式规定，而我国法院在司法实践中一般采用客观标准来判断董事及高管是否履行了勤勉义务。从我国公司法所涉勤勉义务的条款内容可知，董事及高管人员的勤勉范围包括决策勤勉和监督勤勉两个方面。但主要是关于决策勤勉的规定，监督勤勉的内容仅涉及很少空间，因此公司法对于监督勤勉的规定明显是单薄的，需要通过立法进一步完善有关董事及高管勤勉义务的判断标准，我们注意到有关立法正在向积极的方向发展。2022 年 1 月 5 日施行的《上市公司独立董事规则》第五条对独立董事的勤勉义务做出明确规定，即"独立董事对上市公司及全体股东负有诚信与勤勉义务，并应当按照相关法律法规、本规则和公司章程的要求，认真履行职责，维护公司整体利益，尤其要关注中小股东的合法权益不受损害"。2021 年全国人大发布的最新《公司法（修订草案）》在对董事及高管的勤勉义务方面规定了较为具体的标准和原则，修订草案第一百八十条明确："董事、监事、高级管理人员对公司负有勤勉义务，执行职务应当为公司的最大利益尽到管理者通常应有的合理注意。"此处对于董事及高管是否履行了注意义务也采用了客观标准。

---

① 孙宏涛. 董事责任保险合同研究 [M]. 北京：中国法制出版社，2011：51-52.
② 张海棠. 公司法适用与审判实务 [M]. 北京：中国法制出版社，2012：329-330.

此外，在我国现行《公司法》对董事及高管的勤勉义务没有明确列举的情况下，公司可以在公司章程中详细规定高级管理人员应如何尽到勤勉义务，以督促高级管理人谨慎、尽责履行公司职务；在其违反公司章程规定的勤勉义务的情形下，公司有权对其进行追责。

（二）经营判断准则

经营判断准则（Business Judgment Rule），又称商业判断准则，它是在英美法系国家通过判例法确定的，目前已得到美国各州法院的认可，其实质是公司法所确立的有关董事做出经营决策时就其过失行为是否承担个人责任的判断标准。经营判断准则产生的主要原因是法官在行使自由裁量权时发现对董事注意义务的衡量是一个相当主观的标准，由于法官并非专业经营管理人员，其判断往往与专业管理人员的判断相差较大。根据经营判断准则，董事及高管应承担个人责任的常见情形为：一是实施明知是错误的行为，如明知被收购公司存在很大财务问题却坚持收购；二是严重失职或其他重大过失行为，如对被投资项目没有开展仔细的尽职调查从而导致公司投资损失。

我国现行立法还没有有关经营判断准则的规定，但司法实践中已有采取或借鉴该原则的先例，法院在审查董事及高管的行为时根据该原则会重点关注下列情形：（1）是否获取了做出决策的足够信息；（2）是否基于公司最佳利益；（3）是否应尊重该经营决策的内部性等。虽然经营判断准则可以在一定程度上为董事及高管大胆履职提供一定的保护，但是作为公司董事及高管应当为公司利益而履职，不能违反法律法规和公司章程，不能超过合理期限和范围，遵守正常的商业道德和职业伦理，维护好公司的实际利益。

二、忠实义务

董事及高管的忠实义务是指董事及高管对公司所负有的对公司忠诚尽力、个人利益服从公司利益的义务。忠实义务源于英美法系的信托法，现在已经成为两大法系共同接受的董事及高管的基本法定义务。董事的忠实义务包含两项不可或缺、相辅相成的内容：一为主观性义务，即董事应当在强行性法律规范与公序良俗允许的范围和程度内，忠诚于公司利益，始终以最大限度地实现和保护公司利益作为衡量自己执行董事职务的标准，全心全意为公司利益服务；二为客观性义务，即董事实施的与公司有关的行为必须具有公平性，必须符合公司的整体利益，在个人私利和公司利益发生冲突时，必须以公司利益为先，不得利用其在公司中的优势地位为自己或与自己有利害关系的第三人谋求在常规交易中不能获得或很难获得的利益。①

我国《公司法》第一百四十七条对董事、监事与高级管理人员的忠实义务做出了明确规定："董事、监事、高级管理人员应当遵守法律、行政法规和公司章程，对公司负有忠实义务和勤勉义务。"第一百四十八条以列举方式对忠实义务进行集中规定："董事、高级管理人员不得有下列行为：（一）挪用公司资金；（二）将公司资金以其个人名义或者以其他个人名义开立账户存储；（三）违反公司章程的规定，未经股东会、股东大会或者董事会同意，将公司资金借贷给他人或者以公司财产为他人提供担保；（四）违反公司章程的规定或者未经股东会、股东大会同意，与本公司订立合同或者进行交易；（五）未经股东会或者股东大会同意，利用职务便利为自己或者他人谋取属于公司的商业机会，自营或者为他人经营与所任职公司同类的业务；（六）接受他人与公司交易的佣金归为己有；（七）擅自披露公司秘密；（八）违反对公司忠实义务的其他行为。"此外，我国《证券法》《刑法》及有关司法解释对董事及高管从事内幕交易行为的法律责任明确予以规定。

董事的忠实义务与注意义务有不同的关注点。履行忠实义务是任何一个董事及高管服务于公司的基本前提，也是董事及高管能否全心全意为公司和股东谋取利益的最基本道德要求，在忠实于公司的前提下，才能考虑董事是否尽到了注意义务。② 如前所述，董责险作为一种风险转移机制，原则上只承保那些诚实善良的董事及高管在履职过程中因违反注意义务的过失行为造成他人损害而依法应承担的赔偿责任，如果董事及高管违反了忠实义务侵害了股东和公司的最佳利益，则其不应受到董责险的保护，否则将鼓励违法犯罪行为的发生，违反了保险不能承保道德风险的基本原理，这也是董责险保单中一般都将被保险人的不诚实行为作为除外责任的根本原因。

---

① 刘俊海. 股份有限公司股东权的保护 [M]. 北京：法律出版社，1997：233.
② 王伟. 董事责任保险制度研究 [M]. 北京：知识产权出版社，2017：93.

三、披露义务

董事及高管的披露义务是指董事及高管应对政府机关、债权人、投资人及潜在投资人揭露公司的重要信息，披露义务主要是针对上市公司及其董事、高管。

除法定义务外，董事和管理层还有信托义务，这一点无论是普通法系还是大陆法系都是一样的。但是，对于董事和管理层是否对公司股东负责存在分歧。在公司法发展之初，严格遵循企业独立人格的基本理论，董事和管理层只对公司承担信托义务。它的关键考虑是，如果董事和管理层不对公司股东负责，显然不利于避免董事和管理层渎职行为的发生，也不利于中小股东权益的保护。因此，在某些特殊情况下，董事和管理层承担的责任义务必须延伸至公司股东。这样，公司股东不仅可以以企业的名义进行派生诉讼，而且在特殊情况下，还可以绕过企业，直接要求董事和管理层承担违反信托义务的法律责任。我国台湾地区和日本是少数明确规定董事和管理层对包括公司股东在内的第三方承担法律责任的国家或地区。

在我国的司法实践活动和法律中，董事以及管理层对公司股东的法律义务也逐步得到确立，其中特别重要的两部法律就是 2003 年 2 月 1 日起施行的《最高人民法院关于审理证券市场因虚假陈述引发的民事赔偿案件的若干规定》（以下简称《虚假陈述旧规》）与《证券法》，这两部法律与司法解释构成了我国董事民事责任的重要法律基础。《虚假陈述旧规》后被 2022 年 1 月 21 日最高人民法院发布的《关于审理证券市场虚假陈述侵权民事赔偿案件的若干规定》（以下简称《虚假陈述新规》）所取代。《虚假陈述新规》全面总结了《虚假陈述旧规》自 2003 年实施以来的市场发展、立法演变和审判工作中面临的疑难问题，根据我国《民法典》和新《证券法》等相关规定，进一步细化和明确了证券市场虚假陈述侵权民事赔偿责任的构成要件及追究机制等各项主要内容。

新《证券法》（2019 年修订）第五章专门对信息披露做出了较为详细的规定，包括信息披露的内容、主体、方式及法律责任等。《证券法》第八十二条规定："发行人的董事、监事和高级管理人员应当保证发行人及时、公平地披露信息，所披露的信息真实、准确、完整。"第八十四条规定："发行人及其控股股东、实际控制人、董事、监事、高级管理人员等做出公开承诺的，应当披露。"从上述法律规定可以看出，证券法下信息披露义务人不仅包括上市公司及其董事与高管人员，还扩展到上市公司的控股股东与实际控制人。因此，董事及高管若违反了法定的披露义务，应承担相应的法律责任。

第二节　董事及高管的民事赔偿责任

如前文所述，公司董事及高管对公司和第三方负有注意义务、忠实义务与披露义务，当他们违反这些法定义务时就很可能遭到起诉而承担相应的法律责任。因此，董事及高管的责任风险主要是董事责任诉讼。对于上市公司来说，董事责任诉讼有一半以上是由股东提起的，因此股东诉讼风险是上市公司董事及高管面临的主要责任风险。股东诉讼中，被诉承担个人责任的主要有公司董事会主席（Chairman）、首席执行官（CEO）、首席财务官（CFO）、首席运营官（COO）、董事会秘书以及其他董事高管人员等。除股东外，董事及高管承担赔偿责任的对象还包括其他利益相关主体，如债权人、雇员、客户、竞争对手、消费者及社会公众等。本节将分别从董事及高管对上述对象的民事赔偿责任角度逐一展开分析。

一、董事及高管对股东的民事赔偿责任

（一）股东诉讼的类型与法律依据

股东诉讼方式分为基于董事信托义务的诉讼和基于证券法律依据的诉讼。根据《公司法》，公司股东诉讼包括股东直接起诉和股东派生诉讼两种方式。股东直接起诉是指公司股东为了更好地维护自己的权益基于公司出资人的身份对公司董事和主要股东就其违法行为提起的诉讼。股东直接起诉的主要目的是更好地保护公司小股东免受控股股东做出错误管理决策的影响。股东派生起诉是指公司大股东、董事和其他高级管理人员损害公司权益，公司拒绝履行对相关工作人员追究法律责任的义务，合格的股东为了公司权益代表公司提起诉讼。股东派生诉讼是为了更好地保护公司全体股东的权益，之所以其常被称为"派生"，因为依据法律规定公司董事仅对公司负责，所以董事被起诉必须是公司提起的，而不能由公司股东直接提起诉讼。但是，董事会是召集公司股东大会的机构。当侵权人是公司的董事、管理层或大股东时，董事会很可能会阻止或延迟基于此类决定的通

过，并且一些公司的股东也可能与董事会串通以阻止此类决定。因此，允许公司股东代表公司向公司董事及高管提起诉讼是合理的。在上述情况下，股东的请求权是基于公司诉权的一种派生诉权。

我国《公司法》第一百四十九条规定了董事、监事、高管人员对公司的损害赔偿责任："董事、监事、高级管理人员执行公司职务时违反法律、行政法规或者公司章程的规定，给公司造成损失的，应当承担赔偿责任。"第一百五十一条对股东派生诉讼做出了明确规定，董事、高级管理人员有本法第一百四十九条规定的情形的，有限责任公司的股东、股份有限公司连续一百八十日以上单独或者合计持有公司百分之一以上股份的股东，可以书面请求监事会或者不设监事会的有限责任公司的监事向人民法院提起诉讼；监事有本法第一百四十九条规定的情形的，前述股东可以书面请求董事会或者不设董事会的有限责任公司的执行董事向人民法院提起诉讼。监事会、不设监事会的有限责任公司的监事，或者董事会、执行董事收到前款规定的股东书面请求后拒绝提起诉讼，或者自收到请求之日起 30 日内未提起诉讼，或者情况紧急、不立即提起诉讼将会使公司利益受到难以弥补的损害的，前款规定的股东有权为了公司的利益以自己的名义直接向人民法院提起诉讼。他人侵犯公司合法权益，给公司造成损失的，本条第 1 款规定的股东可以依照前两款的规定向人民法院提起诉讼。

从相关行政处罚与司法实践来看，董事及高管对股东的民事赔偿责任主要由以下三个方面情形所导致：一是虚假陈述；二是内幕交易；三是操纵市场。在董事及高管从事内幕交易与操纵市场行为中，其主观状态都是故意，因此董事及高管而被股东提起索赔诉讼所遭受的损失，一般不属于董责险的赔偿范围。而在虚假陈述案件中，按照虚假陈述行为人主观心理状态不同可以将其分为基于故意实施的虚假陈述行为与基于过失实施的虚假陈述行为两类。对于董事及高管故意实施的虚假陈述行为导致的赔偿责任，董责险通常会明确除外，但是还需要考虑责任的可分割性问题，这一点将在下文有关董责险保单条款解读中具体展开；而对于董事及高管基于过失实施的虚假陈述行为导致的赔偿责任，一般属于董责险的保障范围。

（二）虚假陈述的范围与归责原则

我国《虚假陈述新规》第 4 条对于虚假陈述界定为："信息披露义务人违反法律、行政法规、监管部门制定的规章和规范性文件关于信息披露的规定，在披露的信息中存在虚假记载、误导性陈述或者重大遗漏的，人民法院应当认定为虚假陈述。虚假记载，是指信息披露义务人披露的信息中对相关财务数据进行重大不实记载，或者对其他重要信息做出与真实情况不符的描述。误导性陈述，是指信息披露义务人披露的信息隐瞒了与之相关的部分重要事实，或者未及时披露相关更正、确认信息，致使已经披露的信息因不完整、不准确而具有误导性。重大遗漏，是指信息披露义务人违反关于信息披露的规定，对重大事件或者重要事项等应当披露的信息未予披露。"

虚假陈述行为违反了法律规定的信息披露义务，包括董事及高管在内的信息义务主体应依法承担相应的赔偿责任。我国新《证券法》第八十五条规定："信息披露义务人未按照规定披露信息，或者公告的证券发行文件、定期报告、临时报告及其他信息披露资料存在虚假记载、误导性陈述或者重大遗漏，致使投资者在证券交易中遭受损失的，信息披露义务人应当承担赔偿责任；发行人的控股股东、实际控制人、董事、监事、高级管理人员和其他直接责任人员以及保荐人、承销的证券公司及其直接责任人员，应当与发行人承担连带赔偿责任，但是能够证明自己没有过错的除外。"

由此可见，新《证券法》确立了董监高对虚假陈述行为导致投资者损失的应与上市公司一起承担"过错推定"的连带赔偿责任。《虚假陈述新规》第13条对上述《证券法》第八十五条中所称的过错明确规定包括以下两种情形：（1）行为人故意制作、出具存在虚假陈述的信息披露文件，或者明知信息披露文件存在虚假陈述而不予指明、予以发布；（2）行为人严重违反注意义务，对信息披露文件中虚假陈述的形成或者发布存在过失；《虚假陈述新规》第14条对于董事及高管主张自己没有过错的司法审查要点明确为："发行人的董事、监事、高级管理人员和其他直接责任人员主张对虚假陈述没有过错的，人民法院应当根据其工作岗位和职责、在信息披露资料的形成和发布等活动中所起的作用、取得和了解相关信息的渠道、为核验相关信息所采取的措施等实际情况进行审查认定。前款所列人员不能提供勤勉尽责的相应证据，仅以其不从事日常经营管理、无相关职业背景和专业知识、相信发行人或者管理层提供的资料、相信证券服务机构出具的专业意见等理由主张其没有过错的，人民法院不予支持。"《虚假陈述新规》第15条明确了发行人的董事及高管人员以书面方式发表附具体理由的意见并依法披露的，人民法院可以认定其主观上没有过错，但在审议、审核信息披露文件时投赞成票的除外。

二、董事及高管对其他利益相关方的民事赔偿责任

董事及高管违反了法定义务，除对股东依法应承担的损害赔偿责任外，还有可能对其他利益相关方依法承担相应的损害赔偿责任，其他利益相关方包括债权人、公司雇员、公司客户、公司竞争对手、消费者以及社会公众等。笔者将在下文中对此做简要论述。

（一）董事及高管对债权人的赔偿责任

传统的公司法通常认为，董事及高管只对公司和全体股东负担受信托义务，董事及高管不是公司债权人的受信托人，没有义务对债权人承担赔偿责任，这符合传统的公司独立人格理论。随着现代公司制度的发展，董事及高管对债权人的赔偿责任经历了一个从不承认到逐渐承认的过程，各国的相关立法开始允许公司董事在某些特殊情况下对公司债权人承担民事义务和赔偿责任，这主要是针对破产程序前董事及高管的欺诈性交易与进入破产程序后董事及高管的不正当交易两类情形。

对于破产程序前董事及高管的欺诈性交易情形主要是由于董事及高管故意实施的行为所产生的法律责任，通常不属于董责险的赔偿范围。我国《企业破产法》第一百二十八条规定："债务人有本法第三十一条、第三十二条、第三十三条规定的行为，损害债权人利益的，债务人的法定代表人和其他直接责任人员依法承担赔偿责任。"此条中规定的董事及高管的欺诈行为包括非法转让债务人财产、对未到期的债务提前清偿、对债权人个人清偿、为逃避债务而隐匿转移财产等情形。从事上述违法行为时董事及高管的主观状态基本是故意，但也有可能被法院认定为是重大过失，而董责险保单不一定除外董事及高管的重大过失行为。《最高人民法院关于适用〈中华人民共和国企业破产法〉若干问题的规定（二）》（以下简称《破产法司法解释二》）第18条规定："管理人代表债务人依据企业破产法第一百二十八条的规定，以债务人的法定代表人和其他直接责任人员对所涉债务人财产的相关行为存在故意或者重大过失，造成债务人财产损失为由提起诉讼，主张上述责任人员承担相应赔偿责任的，人民法院应予支持。"

进入破产程序后董事及高管的不正当交易情形与董事及高管的注意义务直接相关，董事及高管从事不正当交易时的主观状态既可能是故意

的，也可能是过失的。如果董事及高管因过失违反注意义务从事不正当交易行为而被债权人提起索赔诉讼，董责险保险人应当按照保险合同的约定承担保险责任。我国《企业破产法》第一百二十五条规定："企业董事、监事或者高级管理人员违反忠实义务、勤勉义务，致使所在企业破产的，依法承担民事责任。"

（二）董事及高管对公司雇员的赔偿责任

在雇佣关系中雇员在与雇主的关系中往往处于弱势地位，所以各国立法基本加大了对雇员的保护力度，规定雇员可以就雇主拖欠工资、福利待遇以及其他违反劳动合同的行为向董事提起诉讼。在德国，根据相关法律规定，如果董事没有及时扣缴职工的社会保险金，董事应当向职工承担民事赔偿责任。在美国，雇员向董事提起诉讼的最常见理由是董事对公司的养老基金管理不善，盗用养老基金以及不正当解雇员工。[①] 此外，雇员还可能基于年龄歧视、性别歧视、报复以及性骚扰等雇佣不当行为向董事及高管提起诉讼并要求损害赔偿。因此，为分散董事及高管的雇佣不当行为而产生的赔偿责任风险，许多保险人开发了雇佣行为责任保险（EPLI），它既可以作为单独的保险产品，也可以作为董责险的附加险。

与欧美市场不同的是，在中国市场的劳动争议中，比较常见的争议原因包括工资追偿、劳动关系确认、经济补偿金追偿以及违法解除劳动合同赔偿金追偿等，涉及对雇员的歧视与性骚扰等人身权利侵害行为相对较少，最重要的是董事及高管个人一般对于上述劳动争议不需要承担对雇员的赔偿责任，而应由雇主承担相应的赔偿责任。此外，雇员所主张的欠薪与经济补偿金一般也不可保，因此单独的雇佣行为责任保险目前在我国的市场需求较小，常以董责险保单中的扩展责任出现。

（三）董事及高管对公司客户的赔偿责任

董事及高管在履行职务过程中因其不当行为造成了公司客户的损失，这种情况一般由公司对客户承担赔偿责任，但是法定代表人和有故意或重大过失的董事及高管可能会被公司追偿。我国《民法典》第六十二条

---

① Ian Youngman. Directors' and Officers' Liability Insurance（Second Edition）[M]. Woodhead Publishing Ltd. , 1999：10–11. 转引自孙宏涛. 董事责任保险合同研究 [M]. 北京：中国法制出版社，2011：67.

规定了法定代表人的职务行为导致的法律责任承担主体，即"法定代表人因执行职务造成他人损害的，由法人承担民事责任。法人承担民事责任后，依照法律或者法人章程的规定，可以向有过错的法定代表人追偿"。《民法典》第一千一百九十一条规定了用人单位的工作人员因工造成他人损害的责任承担问题，即"用人单位的工作人员因执行工作任务造成他人损害的，由用人单位承担侵权责任。用人单位承担侵权责任后，可以向有故意或者重大过失的工作人员追偿"。海外市场的法律规定与中国市场并不一致，例如1985年《英国公司法》第349条第4款规定，对于公司董事签署的汇票、本票和支票，除非在票据上明确提及公司名称，否则签署该票据的董事对该票据承担全部责任。因此，董事及高管因过失造成公司客户损失而依法应承担的赔偿责任属于董责险的承保范围。

（四）董事及高管对竞争对手的赔偿责任

市场经济的健康发展需要商业主体之间进行公平竞争，为了鼓励和保护公平竞争，制止扰乱市场秩序与损害其他经营责任或消费者合法权益的不正当竞争行为，包括中国在内的很多国家都制定了反不正当竞争法与反垄断法。目前，世界上有80多个国家颁布了反垄断法律，其中发展最完善、最成熟的是美国，美国的反垄断法包括三部法律，即《谢尔曼反托拉斯法》《联邦贸易委员会法》和《克莱顿法》，其中《克莱顿法》明确禁止一名董事担任在同一市场存在竞争关系的两家公司的董事会成员。中国《反不正当竞争法》与《反垄断法》都规定了经营者因从事不正当竞争行为或违反反垄断法给他人造成损害的，应当依法承担民事赔偿责任，董事及高管不对竞争对手的损失承担赔偿责任。然而，也有的国家规定如果董事的行为扰乱了市场秩序，公司的竞争对手可以起诉董事并要求其承担相应的赔偿责任，例如《德国竞争法》规定，如果董事没有采取足够的措施防止公司的其他同事违反相关的竞争法规并损害竞争对手的利益，那么董事也必须承担相应的赔偿责任。

（五）董事及高管对消费者的赔偿责任

包括中国在内的当今世界各国基本制定了保护消费者权益的法律，并且出台了各种保护消费者权益的具体法律法规，形成了比较完善的消费者保护制度与法律体系，其中董事对消费者的损害赔偿责任立法就是其中的组成部分。例如《德国资合公司法》规定，如果公司生产的产品对消费者造成了损害，公司与负有责任的董事应当对消费者的损害承担连带赔偿责任。我国《消费者权益保护法》规定，消费者因购买、使用商品或者接受服务受到人身、财产损害的，享有依法获得赔偿的权利，而经营者是承担赔偿责任的主体，并不包括董事及高管。根据《民法典》的规定，产品侵权责任的承担主体是产品的生产者与销售者，并不包括其董事及高管。从保险的角度来看，通常产品侵权责任风险由产品责任保险承保，董责险并不承担此类责任风险，但是可以提供为董事及高管提供因第三方对其提出的人身伤害或财产损失索赔的抗辩费用补偿。

（六）董事及高管对社会公众的赔偿责任

董事及高管对社会公众的赔偿责任主要是指其在环境法上的赔偿责任。考虑到环境侵权行为会造成不特定多数人的身体伤害与财产损失，立法者认识到只让造成污染的公司承担责任显然是不够的，因此有必要要求有责任的公司董事及高管承担个人责任，以确保有关责任人员能够合理地制定与执行公司相关政策，使公司更加关注环境问题并以一种对环境负责的态度去经营管理公司。从各国环境立法来看，要求董事及高管承担个人责任的主要方式包括：（1）追究当事人的刑事责任，判处罚金或有期徒刑；（2）由行政机关责令个人支付因防范污染或恢复受污染的环境所支出的费用；（3）受害人利用民事救济方式要求控制或拥有污染物并致环境污染的人员承担侵权责任，或支付一定的补偿；（4）社会公众以公益诉讼的方式追究责任人的法律责任。[①] 以美国为例，美国联邦和州的大部分环境保护立法都授权监管机构通过民事或刑事诉讼的方式要求违法的个人承担法律责任，美国司法部曾经认为：要求董事和高级职员承担个人责任是政府在环境保护执法领域的核心措施之一。

我国在环境法律制度方面，对董事及高管的责任只涉及行政责任或刑事责任，没有像美国那样可以由政府直接向造成污染公司的董事及高管个人主张民事赔偿的法律规定。从未来发展的趋势来看，为进一步加强环境保护，我国学者一般都支持立法者借鉴欧美发达国家的先进经验，要求董事及高管在一定情况下承担个人赔偿责任。

---

① 王伟. 董事责任保险制度研究 [M]. 北京：知识产权出版社，2017：116.

第三节　董事及高管的利益保护机制

针对董事和管理层的证券诉讼的存在，对公司董事和管理层形成了法律威慑，可以防止他们滥用职权损害公司、公司股东和社会发展的权益，有利于形成良好的公司治理。但是，过重的个人责任很可能会不利于管理者的开拓进取精神，甚至将那些有能力在董事会工作的人排除在外。从长远来看，这不利于企业管理效率的提高。另外，大家也需要看到，作为公司高级管理人员，董事及高管必须在复杂的经济形势下做出自己的判断和管理决策，错误是不可避免的。尤其是公司独立董事受条件制约，不了解公司内部事务管理。当董事会做出某些管理决策时，他们往往无法尽最大努力提出明确的建议。一旦管理层决定导致不利影响和起诉，独立董事也应承担责任。与极少的报酬相比，独立董事的义务显然太大了，这就需要在客观上对董事进行法律保护。当前，以下三种董事利益保护机制被世界各国通常采用：董事责任限制条款、公司补偿计划与董事责任保险，本节将对此三种董事利益保护机制展开简要分析。

一、董事责任限制条款

董事责任限制条款，英文全称为 Limitation of Liability Provisions（LLPs）。此类条款允许公司可以在公司法许可的范围内通过修改公司章程或有关规定删除那些要求董事在违反谨慎义务时对公司和股东应承担的个人民事赔偿责任。这样，股东就不能依据董事违反了责任限制条款所涉及的义务而提起诉讼。通常，董事责任限制条款可以被公司自由选择是否采用。但是，这类条款对董事的保护不是绝对的，在下列情形下董事责任限制条款可能会无效：（1）董事违反其对公司与股东的忠诚义务；（2）董事的不诚实行为、故意行为或明知违法行为。

二、公司补偿计划

公司补偿计划英文全称为 Corporate Indemnification Provisions（CIPs）。此类条款是指董事及高管在履行职责过程中由于疏忽和失误而被提起责任诉讼时，公司在满足一定的条件时有义务补偿董事及高管支出的一切费用，包括损害赔偿、诉讼费用、罚金以及和解金额等。公司补偿计划分为法定补偿（Mandatory Indemnification）与任意补偿（Permissive Indemnification）两种。

法定补偿是指公司的董事及高管等在履行职务过程中遭到第三人索赔，但有关人员在抗辩诉讼、索赔等事项或诸如此类的行为中依法（on the Merits）胜诉时，则有权要求公司补偿其合理抗辩费用。若公司拒不履行其补偿义务，董事及有关人员可以通过向法院申请强制公司对其做出补偿。法定补偿的基本要件是抗辩成功，一般情况下，只有实践证明自己在促进企业利润最大化方面没有过错的董事和管理层才能获得抗辩费用的补偿。如果诉讼最终通过私下调解解决，则很可能缺乏为公司提供赔偿的强制性权力，尽管和解本身并不一定代表董事的不当行为。

与法定补偿的法律性质不同，任意补偿是指法律法规授权的企业按照一定的行为准则对董事和管理人员进行的补偿。美国的大部分法律法规都允许公司在董事达到某些标准时对其进行补偿，补偿范围包括董事在合理范围内的诉讼费用、判决金额或和解金额以及相关的罚款和罚金等。任意补偿应遵循严格的内部审批程序，并采用个案个议的讨论标准。在任意补偿制度下对董事进行补偿，重要的是要考虑他们是否遵守了相关的行为准则。企业赔偿制度如果操作不当，会削弱法律责任制度的有效性。如果对董事和管理层个人行为的正当性和赔偿的合理化没有相应的判断，将任意危害公司和公司股东的权益。

三、董事责任保险

董事责任险保险人按照保险合同的约定对公司薪酬计划中包含的董事及高管依法应承担的所有相关损失和费用负责。此外，董责险还将赔偿范围扩大到在派生诉讼中被判定有过错的董事及高管。董责险与 CIP 的赔偿范围在一定程度上存在重叠。Romano（1991）认为，董责险在维护董事的权益方面似乎是不必要的。问题的关键是董事的赔偿权不是完全自动获取的。当公司章程中列入补偿制度时，董事是否可以获得补偿，是否可以得到各方面的补偿，需要经过董事会或者公司股东的批准，或者公司的律师和顾问的审核。当补偿是由劳动合同规定时，如果公司拒绝履行补偿义务，董事能否最终获得赔偿，取决于人民法院的判决。然而，大多数董事并不容易选择与他们工作的公司对抗，除非他们准备好不再为公司服务。因为即使他的请求可以被法院支持，他们与公司的合作关系也一定因为诉讼而不再继续。更重要的是，与其他两类董事利益保障制度相比，董责险具有以下优势：

首先，无论是LLP还是CIP，因董事和管理层的过错对公司造成的损害以及由此产生的法律费用最终由个别公司和公司股东承担。在购买董责险的情况下，该损害和费用由公司和公司股东按大数法则来分摊。与基于定价策略转移董事责任损失相比，基于定价策略转移保险费用成本要容易得多。

其次，董责险保险公司可以为董事和管理层提供可靠的第三方保障。即使公司出现财务困难甚至破产，相关董事仍可获得保险公司的赔偿，以防止损害自身权益。

最后，如果法律法规或公司章程不允许公司代表董事和管理层对第三方承担责任，并补偿董事和管理层因此产生的法律费用，则董责险的意义更为重大。正因为如此，董责险在国外发达资本市场得到了广泛的应用。

近年来，全球证券集体诉讼案件呈显著增长趋势，起诉董事的案件呈和解金上升、审理时间延长的发展趋势，导致上市公司应对诉讼的成本大幅上升。此外，由于公司股东派生诉讼占的比重越来越高，公司董事及高管无法根据CIP补偿方案获得赔偿，被迫寻找其他防范风险的方式，董责险更受青睐。

第四节　中国董责险法律制度的完善

在2019年《证券法》修改之前，董责险在中国市场发展中遇到的主要障碍是法律制度的"短板"。过去，中国公司董事和管理层在整个经营过程中所承担的个人责任相对较小，尤其是对第三方的责任，民事赔偿的责任也不大。原《证券法》《公司法》《民法通则》虽然也对公司董事及高管人员的责任做出了一些要求，但它们是零散的、不系统的，缺乏可执行性，受到诸多因素的制约，特别是行政许可的前置程序影响最大。这里的行政前置程序，是指只有中国证监会对证券违法行为做出行政处罚后人民法院才对证券民事诉讼受理立案，这导致我国证券民事赔偿制度长久以来无法真正被确立。因此，我国董事和管理层承担的民事责任风险远小于欧美国家。此外，由于我国在新《证券法》出台前没有建立证券集体诉讼制度，导致我国上市公司和董事及管理层普遍缺乏购买董责险来分散其责任风险的动力和需求。21世纪以来，为了发挥董责险对于上市公司与资本市场的促进作用，中国在发展董责险市场上一直也在不断出台政策支持与完善法律环境。

一、新《证券法》大幅提高了董监高责任风险

2020年3月1日起正式施行的新《证券法》大幅提高了上市公司及其董监高所面临的民事赔偿责任风险，对中国董责险业务的发展具有非常重要的推动作用，这主要表现在以下几点：

（一）全面推行证券发行注册制

证券发行施行注册制是国际资本市场的惯例，而中国资本市场证券发行长期以来施行的是核准制。在总结上海证券交易所设立科创板并试点注册制的经验基础上，新《证券法》贯彻落实党的十八届三中全会关于注册制改革的有关要求和党的十九届四中全会完善资本市场基础制度要求，按照全面推行注册制的基本定位，对证券发行制度做了系统的修改完善，充分体现了注册制改革的决心与方向。同时，考虑到注册制改革是一个循序渐进的过程，新《证券法》也授权国务院对证券发行注册制的具体范围、实施步骤进行规定，为有关板块和证券品种分步实施注册制留出了必要的法律空间。全面推行股票发行注册制，是新《证券法》的核心内容。修订后的《证券法》按照全面推行注册制的基本定位，对于证券发行注册制进行了比较系统完备的规定，包括精简优化证券发行条件、调整证券发行程序、强化证券发行信息披露，并为实践中注册制的分步实施留出制度空间。长期以来，我国股票发行需要事先得到监管部门的核准，审核标准中更加注重盈利的要求。未来，随着注册制的全面推行，企业是否盈利不再是能否上市的必要条件，监管更关注发行人是否合法合理地进行了信息披露，因此，如何借鉴科创板与创业板的信息披露经验合理设定信息披露标准，值得关注。相对于核准制而言，注册制下上市公司及其董监高的信息披露义务更加严格，这也是海外主要资本市场的惯例。

（二）进一步强化上市公司信息披露制度

信息披露既是上市公司与投资者间沟通的重要桥梁，也是投资者投资决策的重要依据。尤其在新《证券法》全面实施注册制的形势下，专章规

定信息披露相关内容，其核心地位不言而喻。新《证券法》中信息披露的地位更高、内容更多、要求更严、处罚更重，对于信息披露义务人提出了更高的要求，主要体现在以下三个方面：

1. 披露要求更加细致严格，首次要求简明清晰、通俗易懂

信息披露义务人特别是上市公司要不断提高信息披露质量，便于投资者阅读和理解。除真实、准确、完整、及时性要求外，新《证券法》对于信息披露义务人的信息披露新增了简明清晰、通俗易懂的要求。同时，大股东权益变化披露频次及内容增多。新《证券法》新增5%以上股东所持有表决权股份每增加或者减少1%，应当在该事实发生的次日通知该上市公司，并予以公告的规定，此项规定大幅提高了大股东权益变动的披露密度。且公告中应当披露的内容新增增持股份资金来源，以及有表决权股份变动的时间及方式等。上市公司的大股东要关注自己的持股变化，及时通知上市公司并配合做好披露工作。另外，新《证券法》将上市公司董事及高管人员对信息披露的保证责任从真实、准确、完整，进一步扩大为保证信息披露义务人及时、公平地披露信息，与所披露的信息真实、准确、完整两个层面，董监高无法保证或者有异议的，应当发表书面意见并陈述理由，发行人应当披露而不予披露的，董监高可以申请直接披露。

2. 信息披露新增数项规定，要求公平、谨慎、履诺

为进一步加强投资者保护工作，新《证券法》中信息披露的规定增多，主要表现在以下三个方面：

第一，信息披露要求公平。新《证券法》首次明确信息披露义务人披露的信息应当同时向所有投资者披露的基本原则，确保公平披露，不得提前向任何单位和个人泄露。任何单位和个人提前获知前述信息，在依法披露前应当保密。

第二，自愿披露要求谨慎，不允许随意披露信息甚至是蹭热点的行为。根据新《证券法》规定，自愿披露的信息必须是与投资者做出价值判断和投资决策有关的信息，而非所有信息都可以不加筛选地全部披露，自愿披露的信息不能保证真实、准确、完整的，同样要承担法律责任。

第三，公开承诺要披露且不履行后果严重。公开承诺的披露与履行也是本次新《证券法》修订新增的内容，新《证券法》明确发行人及其控股股东、实际控制人、董事及高管人员等做出公开承诺的，应当披露，不履行承诺给投资者造成损失的，应当依法承担赔偿责任。

3. 违法责任明显加重，"罚款+民刑责任"双拳出击

新《证券法》将罚款金额提高，根据其第一百九十七条，未按规定报送有关报告或者履行信息披露义务的，信息披露义务人最高可罚 500 万元，责任人员最高可罚 200 万元。报送的报告或者披露的信息有虚假记载、误导性陈述或者重大遗漏的，信息披露义务人最高可罚 1000 万元，责任人员最高可罚 500 万元。相较原《证券法》关于信息披露义务人最高罚款 60 万元的规定，此次修订大幅提高罚款金额，将对信息披露违法行为起到一定震慑作用。

新《证券法》下多种责任叠加，根据规定，信息披露违法致使投资者在证券交易中遭受损失的，信息披露义务人应当承担赔偿责任，控股股东、实际控制人、董事及高管人员和其他直接责任人员以及保荐人、承销的证券公司及其直接责任人员，应当与发行人承担连带赔偿责任，但是能够证明自己没有过错的除外——可见，信息披露违法不但要承担严厉的行政处罚，还要承担民事赔偿责任，另外还会受到失信惩戒约束，涉嫌犯罪的还将移送司法机关追究刑事责任。在新《证券法》框架下，控股股东、实际控制人承担更多的义务和责任，对于控股股东、实际控制人组织、指使上市公司从事信息披露违法行为，或者隐瞒相关事项导致发生信息披露违法行为的，控股股东、实际控制人也应承担相应的法律责任。

（三）建立"中国式证券集体诉讼制度"

新《证券法》建立了适应中国国情的"中国式证券集体诉讼制度"，即"证券纠纷代表人诉讼制度"，它分为普通代表人诉讼与特别代表人诉讼两种类型。根据新《证券法》第九十五条第 1 款与第 2 款的规定，普通代表人诉讼是指投资者提起虚假陈述等证券民事赔偿诉讼时，诉讼标的是同一种类，且当事人一方人数众多的，可以依法推选代表人进行诉讼。对按照前款规定提起的诉讼，可能存在有相同诉讼请求的其他众多投资者的，人民法院可以发出公告，说明该诉讼请求的案件情况，通知投资者在一定期间向人民法院登记。人民法院做出的判决、裁定，对参加登记的投资者发生效力。根据新《证券法》第九十五条第 3 款的规定，特别代表人诉讼是指投资者保护机构受 50 名以上投资者委托，可以作为代表人参加诉讼，并为经证券登记结算机构确认的权利人依照前款规定向人民法院登记，但投资者明确表示不愿意参加该诉讼的除外。投资者保护机构可以作为诉讼代表人，按照"明示退出、默示加入"的诉讼原则，依法为受到损失的投资者提起民事损害赔偿诉讼。这一点与美国证券集体诉讼制度相似，大幅提高了 A 股上市公司及其董监高面临的证券诉讼风险，可以预见的是，在中国资本市场未来巨额证券民事索赔案件与判决将越来越多。虽然新《证券法》建立了"中国式证券集体诉讼制度"，但与美国式证券集体诉讼制度有较大区别（见表 2-1）。

表 2-1　中美证券集体诉讼制度对比

项目	中国（共同诉讼）	美国（集体诉讼）
参与方式	默示加入、明示退出（Opt-Out）	默示加入、明示退出（Opt-Out）
扩张效力	全体（经中证登确认）	全体（无论登记或确认）
授权方式	50 人以上明示授权	全体默示授权
授权范围	当事人同意（民诉法）	法定（限定诉请及和解）
参与主体	投资者保护机构（代表人）	原告律师（代理人）
诉讼费用	高诉讼费、低律师费	低诉讼费、高律师费

二、新司法解释提高证券民事索赔的"可诉性"

新《证券法》实施后，最高人民法院先后出台了一系列重要的司法解释，其中最重要的是 2020 年 7 月 31 日施行的《最高人民法院关于证券纠纷代表人诉讼若干问题的规定》（以下简称《代表人诉讼规定》）与 2022 年 1 月 21 日施行的《虚假陈述新规》，这两部司法解释作为新《证券法》的配套法律规定，进一步提高了证券民事索赔的可诉性。下文将对这两部司法解释的亮点做简要分析。

（一）《代表人诉讼规定》亮点解读

《代表人诉讼规定》（以下简称《规定》）的亮点主要包括以下几点：

第一，降低维权成本，便利投资者提起和加入诉讼：《规定》明确了代表人请求败诉的被告赔偿合理的公告费、通知费、律师费等费用的，人民法院应当予以支持。

第二，提升诉讼效率，促进证券群体纠纷多元化解：《规定》明确普通代表人诉讼和特别代表人诉讼均采用特别授权的模式。

第三，践行正当程序，重视当事人诉讼权利的保护：《规定》注重妥善保护投资者的诉讼权利和程序利益，包括表决权、知情权、异议权、复议权、退出权和上诉权等。

第四，强化实体审查，发挥司法权的监督制约作用：为缓解代表人特别授权与投资者诉讼权利之间的张力和冲突，《规定》进一步明确了司法权对诉讼活动的监督管理职能，包括权利范围的先行审查、对代表人选任的监督、对调解协议的审查及对重要诉讼事项的审查。

第五，明确取消行政处罚前置程序，降低民事索赔的启动门槛：为满足代表人诉讼的条件，原告可以提交有关行政处罚决定、刑事裁判文书、被告自认材料、证券交易所和国务院批准的其他全国性证券交易场所等给予的纪律处分或者采取的自律管理措施等证明证券侵权事实的初步证据，行政处罚决定书不再成为法院受理立案的唯一证据。

(二)《虚假陈述新规》亮点解读

从董责险角度来看，《虚假陈述新规》的亮点主要包括以下几点：

第一，取消了原虚假陈述司法解释规定的行政刑事前置程序，及时全面保障受损投资者诉权。《虚假陈述新规》第2条规定，原告提起证券虚假陈述侵权民事赔偿诉讼符合《民事诉讼法》第一百二十二条规定，并提交以下证据或者证明材料的，人民法院应当受理：(1)证明原告身份的相关文件；(2)信息披露义务人实施虚假陈述的相关证据；(3)原告因虚假陈述进行交易的凭证及投资损失等相关证据。人民法院不得仅以虚假陈述未经监管部门行政处罚或者人民法院生效刑事判决的认定为由裁定不予受理。

第二，明确了虚假记载、误导性陈述、重大遗漏、未按规定披露等虚假陈述行为的界定，规定了预测性信息安全港制度，对虚假陈述认定中实施日、揭露日、重大性和交易因果关系等关键内容进行了优化完善，有利于司法实践操作。

第三，细化了对董监高和其他直接责任人员、独立董事、保荐承销机构、证券服务机构等主体的过错认定标准及免责抗辩事由，回应市场关注并稳定市场预期。《虚假陈述新规》第14条进一步明确，要在考察董事及高管人员和其他直接责任人员的地位、作用、勤勉尽责的程度等因素的基础上，认定其是否存在过错；同时，第15条还对董监高可能滥用《证券法》第八十二条第4款的"异议规定规避责任"的情况做了专门安排，董监高以书面方式发表附具体理由的意见并依法披露的，可以认定其主观上没有过错，但在审议、审核信息披露文件时投赞成票的除外。

第四，强化了控股股东、实际控制人责任以实施精准"追首恶"，规定了重大资产重组交易对方的责任以规制"忽悠式"重组，追究帮助造假者责任以遏制虚假陈述行为的外围协助力量，阻却保荐承销机构等补偿约定以促成其全过程勤勉尽责，压实相关责任主体的责任。《虚假陈述新规》第20条规定，发行人的控股股东、实际控制人组织、指使发行人实施虚假陈述，致使原告在证券交易中遭受损失的，原告起诉请求直接判令该控股股东、实际控制人依照本规定赔偿损失的，人民法院应当予以支持。

第五，优化了基准日及基准价制度，在传统诱多型虚假陈述的基础上补充规定了诱空型虚假陈述的损失计算方法，规定了多账户交易损失计算的处理方法，明确了损失因果关系认定相关内容，系统完善损失认定规则。

三、司法实践进一步推高证券诉讼风险

如上文所述，新《证券法》及相关司法解释明确了董事及高管在证券法下的民事赔偿责任，并创设了"中国式证券集体诉讼制度"，使 A 股上市公司及其董监高面临前所未有的诉讼风险。在新《证券法》施行后不久，第一例证券特别代表人诉讼就被启动，使诉讼风险落地为巨额赔偿。2021 年 11 月 12 日，广州市中级人民法院对全国首例证券集体诉讼案做出一审判决，责令康美药业股份有限公司因年报等虚假陈述侵权赔偿证券投资者损失 24.59 亿元，原董事长、总经理马兴田及 5 名直接责任人员、正中珠江会计师事务所及直接责任人员承担全部连带赔偿责任，13 名相关责任人员按过错程度承担部分连带赔偿责任。此案是新《证券法》确立中国特色证券特别代表人诉讼制度后的首个案件，是迄今为止法院审理的原告人数最多、赔偿金额最高的上市公司虚假陈述民事赔偿案件。

对康美药业及其实控人、董监高的赔偿责任，广州市中级人民法院认为，康美药业在上市公司年度报告和半年度报告中进行虚假陈述，造成了证券投资者投资损失，应承担赔偿责任。康美药业董事长、总经理和实控人马兴田与康美药业副董事长、副总经理和实控人许冬瑾等组织策划财务造假，应对投资者实际损失承担 100% 的连带赔偿责任。部分公司高管及几名独立董事虽未直接参与造假，但签字确认财务报告真实性，应根据过失大小承担部分（5%~20%）的连带赔偿责任。此判决尤其对独立董事群体

触动很大，很多 A 股上市公司独立董事与高管纷纷辞职，这进一步提升了上市公司董事及高管群体的风险意识，从而推动了很多上市公司开始购买或考虑购买董责险以转移责任风险并作为挽留与吸引董事和高管人才的工具。

毫不夸张地说，康美药业案判决标志着中国 A 股董责险市场开启了一个全新的发展阶段！

第三章　董事责任保险公司治理效应

董事责任保险与公司治理有着密切的互动联系，一方面公司治理风险是董责险保险人关注的重要核保信息，因为它直接影响公司及其董监高所面临的诉讼风险；另一方面董责险可以完善公司治理，国内外学者普遍认为董责险是一种有效的公司外部治理机制。当前，ESG 得到了很多国家与企业的重视，它与公司治理及董责险也有密切联系，需要我们深入研究这一新问题。本章将首先介绍公司治理的内涵与外延，在此基础上阐述董责险公司治理效应的理论基础，接着总结国内外有关董责险公司治理效应的实证研究结果，最后对 ESG 与董责险的联系这一前沿问题做初步探讨，为后续深入研究董责险公司治理效应提供一定的方向。

第一节　公司治理概述

本节主要介绍了公司治理的基本概念以及内部公司治理与外部公司治理的联系与区别，从而为下文介绍董责险的公司治理效应提供一定的理论基础。

一、公司治理的基本概念

公司治理实践是随着公司制组织形式的出现而产生的，如果以东印度公司 1600 年的设立作为标志，公司治理实践已经有 400 多年的历史。1776年亚当·斯密在《国富论》中对两权分离下股份公司及其董事行为的分析，实际上已经触及公司治理问题。1932 年伯利和米恩斯在《现代公司与私有财产》中，首次对所有权和控制权这一公司治理核心问题进行了论述，被学术界认为是公司治理产生的标志。1937 年科斯的《企业的性质》一文的发表，推动了新制度经济学的兴起，为后续公司治理的研究奠定了扎实的理论基础。在科斯研究的基础上，威廉姆森在 1975 年出版的《市场与层级制：分析与反托拉斯含义》中提出"治理结构"的概念；并于 1984

年直接以"corporate governance"为题对公司治理进行了较系统的分析，并指出公司治理的研究经过了漫长的沉寂，最近正在复兴，导致这种沉寂僵局出现的一个重要原因是缺乏一个公司治理经济的微观分析。从这个意义上来说，公司治理实践是一个老话题，但理论上还是一个新兴的领域。不得不提的另一位较早对公司治理进行研究和界定的是英国的特里克，他在1984 年出版的《公司治理》一书中认为，公司治理包括董事和董事会的思维方式、理论和做法。公司治理涉及的是董事会和股东、高层管理部门、规制者与审计员，以及其他利益相关者的关系。因此，公司治理是对现代公司行使权力的过程。特里克把公司治理归纳为四种主要活动：战略制定、决策执行、监督和问责。他还认为，公司治理与公司管理是不同的概念。①

　　在中国，对于公司治理问题的研究是 20 世纪 90 年代伴随我国企业改革而展开的，对于什么是公司治理，国内学者观点并不统一。目前，被广为接受的是李维安（1998）在日文著作《中国的公司治理研究》中对公司治理的定义，所谓"公司治理"，是指通过一套包括正式或非正式的、内部或外部的制度或机制，来协调公司与所有利益相关者之间的利益关系，以保证公司决策的科学化，从而最终维护公司各方面利益的一种制度安排。李维安第一次明确指出，公司治理涉及治理结构和治理机制两个层面的问题，其目标是实现公司决策的科学化而非相互制衡。此后出版的《公司治理》《公司治理学》等著作和教材均沿用这一定义。

　　公司治理体系是一个内外部治理体系组成的有机系统，公司治理体系健康运行不仅依赖结构科学、运行高效的内部治理体系，还受到内部治理机制运作的环境即外部治理的制约。以公司内外部利益关系网络为基础，着眼于内外部治理机制的协调运行，学者开展了多种形式的内外部治理交叉研究。李维安提出的公司治理定义属于广义上的公司治理，从公司治理的环境和运行机制来看，它包括内部公司治理与外部公司治理。公司治理解决的是两方面问题：一是解决制度安排，即公司是谁的，向谁负责；二是治理机制，要使利益相关者互相制衡，保证决策科学。

二、内部公司治理

　　内部治理涉及股东（大）会、董事会、监事会和经理层等组织边界内部的治理主体之间权责配置和相互制衡安排，是一般公司治理的核心要素。

---

① 李维安，等 . 公司治理研究 40 年：脉络与展望 [J]. 外国经济与管理，2019，41（12）.

狭义的公司治理往往就是指公司的内部治理。内部治理的主要要素包括股东治理、董事会治理、监事会治理、高管治理以及内部非正式制度。

(一) 股东治理

股东是出资设立公司并对公司债务负责的人。股东向公司投资，从而持有公司股票，并且凭借持有的股票行使其权利，享受法定的经济利益，并承担相应的义务。股东既可以是自然人，也可以是各种类型的法人实体。股东与其所持股的公司互为独立的法律人格并互为权利义务关系，是相互独立的两个民事主体。依据《公司法》及公司章程的规定，股东拥有公司，公司拥有法人财产，因而二者之间存在互动关系，股东可以分为普通股股东和优先股股东。普通股是股份公司发行的无特别权利的股份，也是最基本、最标准的股份。一般情况下，股份公司只发行一种普通股，所有的普通股股东都享有同样的权利和义务。普通股股东享有的权利包括剩余收益请求权和剩余财产清偿权、监督决策权、优先认股权及股票转让权。优先股制度是有关优先股的一系列规范安排。优先股的根本特征在于优先股股东在公司收益分配和财产清算方面比普通股股东享有优先权。与这种优先权相伴随的是，优先股股东一般不享有股东大会投票权。

一般来说，股东主要是通过其参与股东大会来行使权利。股东大会具有两个基本特征：一是公司内部的最高权力机构和决策机构；二是公司的非常设机构，除每年的例行年会和特别会议外，股东大会并不会在公司出现。根据《公司法》的规定，公司实行权责明确、管理科学、激励和约束相结合的内部管理体制。公司设立由股东组成的股东会（股东大会），股东大会是公司的权力机构，行使决定公司重大问题的权力，决定公司合并、分立、解散、年度决算、利润分配、董事会成员等重大事项。

(二) 董事会治理

董事会是由股东大会选举产生的，负责公司及其经营活动的指挥与管理。它对股东大会负责，既是股东大会闭幕期间公司常设的权力机构，也是集体行使权力的机构。我国《公司法》第四十六条规定：董事会对股东会负责，行使下列职权：（1）召集股东会会议，并向股东会报告工作；（2）执行股东会的决议；（3）决定公司的经营计划和投资方案；（4）制订公司的年度财务预算方案、决算方案；（5）制订公司的利润分配方案和弥补亏损方案；（6）制订公司增加或者减少注册资本以及发行公司债券的方案；（7）制订公司合并、分立、解散或者变更公司形式的方案；（8）决定公司内部管理机构的设置；（9）决定聘任或者解聘公司经理及其报酬事项，并根据经理的提名决定聘任或者解聘公司副经理、财务负责人及其报酬事项；（10）制定公司的基本管理制度；（11）公司章程规定的其他职权。

董事会依法由一定数量的董事组成。董事是指由公司股东大会选举产生的具有实际权力和权威的管理公司事务的人员，是公司内部治理的主要力量，对内管理公司事务，对外代表公司进行经济活动。担任董事职位的人既可以是自然人，也可以是法人。但法人充当公司董事时，应指定一名有行为能力的自然人为代理人。董事按照其与公司的关系分为内部董事与外部董事。内部董事也称执行董事，主要指担任董事的本公司管理人员，如总经理、常务副总经理等。外部董事是指不在公司担任除董事之外的其他职务的董事，如其他上市公司总裁、公司咨询顾问和大学教授等，独立董事就是典型的外部非执行董事。为提高自身的独立性和对管理层的制衡能力，董事会中通常会设置一定比例的非雇员型的外部独立董事，通过对公司的各个环节发表独立意见行使监督和治理作用。

（三）监事会治理

尽管各国公司治理结构中都有履行监督职能的机构或人员，但是这些机构或人员是设在董事会内部，还是在董事会之外另设专门的监督机构，在国际上并无统一的模式。是否设立这一机构，与一国董事会的模式和构成有十分密切的关系。依据董事会的模式，监事会的设置在国际上有以下三种类型：（1）公司内部不设监事会，相应的监督职能由独立董事发挥。以美国为代表，在这种模式下，董事会既有监督职能又有决策职能。（2）设立监事会，且监事会的权力在董事会之上，这种董事会模式又名为双层董事会。以德国为代表，在这种模式下，监事与董事不能兼任，从而使监督权与执行权从机构上明确分开，而且监事会具有任命和监督董事会成员的权力。（3）设立监事会，但监事会与董事会是平行机构，也叫复合结构。这种董事会模式以日本最为典型，在我国大陆和台湾地区、韩国以及东南亚的一些国家或地区也采取类似模式。这种模式下的董事会具有决策职能，但由于董事会大多由执行董事构成，因此同时具有执行职能。为了避免监督者监督自己，法律规定由股东大会选举法定审计人或监事，对董事和经理层进行监督。

根据我国《公司法》第五十三条的规定，监事会、不设监事会的公司的监事行使下列职权：（1）检查公司财务；（2）对董事、高级管理人员执行公司职务的行为进行监督，对违反法律、行政法规、公司章程或者股东会决议的董事、高级管理人员提出罢免的建议；（3）当董事、高级管理人员的行为损害公司的利益时，要求董事、高级管理人员予以纠正；（4）提议召开临时股东会会议，在董事会不履行本法规定的召集和主持股东会会议职责时召集和主持股东会会议；（5）向股东会会议提出提案；（6）依照本法第一百五十一条的规定，对董事、高级管理人员提起诉讼；（7）公司章程规定的其他职权。《公司法》第五十四条进一步规定：监事可以列席董事会会议，并对董事会决议事项提出质询或者建议；监事会、不设监事会的公司的监事发现公司经营情况异常，可以进行调查；必要时，可以聘请会计师事务所等协助其工作，费用由公司承担。

（四）高管治理

经理是公司日常经营管理和行政事务的负责人，由公司董事会聘任，在法律、法规及公司章程规定和董事会授权范围内，代表公司从事业务活动的高级管理人员，实践中一般指公司总经理与副总经理等公司管理人员。传统经济学观点认为，高管是追求自身利益最大化的经济人。作为股东财富的受托人，高管履行受托责任必须进行一定的激励，以弱化其自利动机，实现激励相容，并最终降低委托代理成本和实现股东利益的最大化（吴联生等，2010）。随着公司治理的研究发展，学者的关注视角从管理层整体开始转向管理者个人，研究视角更加倾向高管行为背后的复杂行为特征及其经济后果。

关于高管的职权，我国《公司法》第四十九条规定如下：有限责任公司可以设经理，由董事会决定聘任或者解聘。经理对董事会负责，行使下列职权：（1）主持公司的生产经营管理工作，组织实施董事会决议；（2）组织实施公司年度经营计划和投资方案；（3）拟订公司内部管理机构设置方案；（4）拟定公司的基本管理制度；（5）制定公司的具体规章；（6）提请聘任或者解聘公司副经理、财务负责人；（7）决定聘任或者解聘除应由董事会决定聘任或者解聘以外的负责管理人员；（8）董事会授予的其他职权。公司章程对经理职权另有规定的，从其规定。经理列席董事会会议。

三、外部公司治理

公司治理体系是一个内外部治理体系组成的有机系统，公司治理体系健康运行不仅需要结构科学、运行高效的内部治理体系，还受到内部治理机制运作的环境即外部治理的制约。相对于公司治理的内部直接作用机制，外部治理机制是针对公司内部治理机制间接发挥公司治理作用。外部公司治理机制主要包括利益相关者治理、信息披露、媒体治理以及外部监管等其他因素。

（一）利益相关者治理

公司是众多资源所有者之间的契约联结，传统的以股东利益最大化为中心的公司治理机制设计具有狭隘性。随着企业经营环境的变化，中小股东、债权人、雇员、消费者、供应商、政府、社区居民、自然环境的权益受到企业经营者的关注。公司治理也转变为利益相关者的"共同治理"（Blair 和 Kruse，1999）模式。利益相关者治理的相关研究主要集中在企业社会责任、投资者权益保护、债权人治理、其他利益相关者参与治理等方面。

企业社会责任是指企业在追求利润目标之外还应当承担的促进社会长期发展的责任。Blair（1995）认为，公司应该是一个承担社会责任的组织，公司的存在是为社会创造财富。在我国，自 20 世纪 80 年代以来，企业社会责任问题逐渐被人们所认识，到 90 年代中期形成了企业社会责任运动。学术界对社会责任的研究也逐渐从投资者、债权人、消费者等直接利益相关者拓展到社区、环境等间接利益相关者。

投资者是企业物质资本的重要来源，企业永续发展离不开投资者的支持。投资者和企业构成了资本要素市场的供需双方。正如产品市场需要限制公司不正当竞争侵害消费者权益一样，为实现资本市场的有效运行和企业可持续发展，也需要完善投资者保护机制。

公司的融资结构对公司治理具有重要的影响，在某种程度上，是决定治理结构模式的重要因素。与欧美国家直接融资占较大比重不同，我国公司融资结构中间接融资比重较大，以银行为主的债权人在公司治理中发挥关键作用。我国金融体制特征使债权人参与治理机制设计成为化解债务风险和改善债权人保护的关键。①

(二) 信息披露治理

信息披露是上市公司的重要外部治理机制。充分的信息披露既可以使投资者在投资前对投资对象进行合理的判断，也有利于投资者在投资后对管理层进行监督。投资者所处的信息劣势地位使一般投资者难以掌握公司内部充分而真实的信息或者无力支付了解这些信息所需的成本而难以实现对代理问题的有效监督。通过透明的信息披露缓解信息不对称，投资者在购买股票时会要求一个较低的风险溢价，从而降低公司治理成本。正如前文所述，上市公司及其董监高依法负有向投资者就公司经营的真实情况进行披露的义务，如果违反了法定的披露义务，所有的披露义务人应依法承担相应的法律责任。

在信息披露治理中，审计机构作为一个重要的第三方服务机构，通过提供审计服务和出具审计报告能够产生重要的公司治理效应，对公司的信息披露水平起到监督作用，其出具的审计报告是投资者评价公司治理水平的重要依据，有助于增强投资者对目标公司的信息解读能力，有效改善上市公司与投资者之间的信息不对称（张学勇等，2014）。因此，有学者认为，较高的审计质量也是提高资本市场资源配置效率的有效外部监督机制（王艳艳、陈汉文，2006）。

(三) 媒体治理

媒体关注作为外部监督力量，有利于规范公司治理行为，提升公司内在价值。实务界的许多案例表明，媒体的监督职能可能为约束和防范公司败德行为发挥举足轻重的作用。部分学者的研究肯定了媒体在公司治理方面发挥的积极作用。李培功和沈艺峰（2010）认为，媒体关注可以提高公司治理水平、保护投资者权益；于忠泊等（2011）研究发现，媒体关注通过资本市场对管理者造成市场压力，从而发挥媒体的公司治理功能；徐莉萍和辛宇（2011）考察媒体所发挥的治理职能，发现媒体关注程度会影响股改过程中的中小流通股股东的实际对价；王云等（2017）认为，媒体关注会增加企业的环保投资。然而，也有学者发现媒体会发挥负面效应。如

---

① 李维安，等. 公司治理研究 40 年：脉络与展望 [J]. 外国经济与管理，2019，41（12）.

方军雄（2014）研究了 IPO 预披露制度对 IPO 有偿沉默行为的影响，并以此为基础进一步分析了媒体的负面效应；才国伟等（2015）实证研究了企业在股权再融资过程中存在的媒体合谋行为；王木之和李丹（2016）实证检验了资本市场关注的媒体公关中"IPO 有偿沉默"现象；杨道广等（2017）认为，媒体所形成的市场压力容易造成经理人短视，从而抑制企业创新。最后，还有学者认为，媒体的积极作用和负面效应是同时存在的。熊艳等（2011）通过案例研究的方法，分析了媒体的"双刃剑"功能：一方面，媒体的外部监督有助于完善资本市场的外部环境；另一方面，媒体出于自利动机所制造的"轰动效应"也可能会扰乱资本市场秩序。孔东民等（2013）进一步分析了媒体对公司行为的影响，发现媒体监督具有显著的治理功能，但在某些特定情况下，也会和当地企业合谋而造成媒体偏差。①

（四）外部监管治理

公司外部监管是外部公司治理的重要组成部分，这一点对于上市公司而言尤为重要。从监管部门角度看，对公司进行监管有利于协调代理问题，降低信息不对称程度；而从被监管企业角度，遵守监管规定的合规行为是公司权衡监管规定和自身得失之后的行为反应。顾小龙等（2016）指出，对于违规的监管不仅可以通过揭示公司的异质性信息来降低股价同步性，还能降低市场噪声，削弱信息不透明对股价同步性的负向影响；沈洪涛和周艳坤（2017）发现，环保约谈对被约谈地区企业的环境绩效有显著的促进作用；陈宋生和童晓晓（2017）研究了财政部和证监会双重监管对公司治理效应的影响，发现双重监管并没有改善公司治理绩效，反而增加了公司的转换成本和学习成本。

第二节　董责险公司治理效应理论基础

自董责险问世以来，关于其公司治理效应的研究一直存在争议，在理论界逐渐形成了管理层激励、外部监督、信号传递、道德风险四大理论假说。本节将就这四大理论逐一展开介绍。

---

① 李维安，等. 公司治理研究 40 年：脉络与展望 [J]. 外国经济与管理，2019，41（12）.

一、管理层激励理论

所有权与控制权的分离奠定了现代企业发展的基础，但同时引发了"代理冲突"这个世界性难题（Jensen 和 Meckling，1976）。与公司股东不同的是，大多数管理者无法通过多元化分散投资风险，其资产回报往往以公司绩效为基准。当管理者决策失败导致股东利益损害时，其不仅须承担自身股权损失，还可能招致股东诉讼索赔的执业风险，经理人的职业生涯也会因此蒙黑（Agrawal 和 Mandelker，1987）。因此，管理者在执业过程中往往倾向于风险厌恶和职位固守。Core（1997）认为，管理者厌恶风险是公司购买董责险的一个重要动机。董责险本质上将可能面临的大额索赔损失风险转化为可接受的保险费用，可平滑管理者职业风险及资产回报的波动性（Griffith，2006）。作为管理层的一项激励机制，董责险鼓励以公司利益为目的的积极行为，使管理者不需要过度担心决策失败导致的损失，从而可以缓解公司治理过程中的代理问题（Jensen，1993）。此外，引入董责险作为管理层的激励机制还可以在一定程度上甄别和吸引优秀的经理人（Priest，1987）。董责险在美国已成为优秀经理人职位要求的必需条件之一（Rosh，1988）。

二、外部监督理论

与公司的无限存续期相比，管理者的职业生涯相对较短，这导致公司管理者可能更多关注能为公司带来短期而非长期效益的投资项目。另外，由于管理者薪酬多与公司短期绩效相关，这可能导致管理者背离公司长期目标实施机会主义行为。尽管公司所有者推出了一系列激励约束相容机制以期最大化管理者与所有者目标效用函数，如终身聘用制、股权激励等，但实际效果并不明显。① 近年来，董责险作为管理者行为的外部监督机制逐渐被上市公司所采纳。企业购买董责险不仅可以保护管理者及股东的利益，还能够引入保险公司作为新的外部监督者，从而约束管理层的机会主义行为。不同于其他监督，董责险保险公司充当公司外部监督者具有以下优点：第一，保险公司通过具体的免责条款可在一定程度上限制管理者的投机行为，相对于其他监督者，其目的更加明确且更富有效率（O'Sullivan，1997）；第二，保险公司在承保董责险的过程中，会对投保公司过去、

---

① 胡珺，等. 董事高管责任保险的公司治理效应：理论综述与研究展望 [J]. 财务研究，2016（6）.

现在和将来的营运风险做整体评估并量化为保险费用，相对于其他监督者，其更具有比较优势（Core，2000）；第三，因为保险公司须为投保管理者损害股东利益行为的诉讼索赔买单，作为管理者行为后果的间接承担者，相对于其他监督者，保险公司更有动机履行监督权力（Baker 和 Griffith，2007）。

三、信号传递理论

根据 Ross（1977）提出的资本结构信号传递理论，在信息不对称条件下，企业管理者所拥有的内部信息将通过其对激励制度和资本结构的选择等行为把信息传递给市场，投资者根据管理者向市场传递的信息间接了解和评价企业的价值和经营状况。学者（Core，2000；Griffith，2006；Gupta 和 Prakash，2012）认为，购买保险也是管理者根据其掌握的内部信息做出的行为决策，可以作为一种传递信息的信号工具，并且其传递的信号是多方面的。首先，Rothschild 和 Stiglitz（1976）预测优秀的经理人将通过购买较少的保险来传递关于他们能力的信息，而 DeMarzo 和 Duffie（1991）以及 Bessembinder（1991）则认为，有才干的管理者更加懂得利用保险工具规避各类风险。Griffith（2006）研究发现，公司选择的保险方案类型中包含着购买动机等相关信息，并且通过动机的推测能够判断出公司组织内部代理成本的大小。因此，购买保险的决策行为、保险的范围将在一定程度上反映公司治理水平以及管理者的风险偏好、经营风格等个人信息（Gupta 和 Prakash，2012）。其次，在保险合同签订过程中，能够准确了解公司内部信息的不仅是管理者，作为保险合同的相对人，保险公司有权力对潜在被保险对象进行尽职调查，通过评估潜在保险对象的公司治理水平，向被保险对象收取合理的保费。因此，保险费率的高低能够传递有关公司治理水平等多方面的信息。

四、道德风险理论

根据道德风险理论，董责险因为对管理层提供风险保障而在无形中可能诱发或加剧管理者包括机会主义行为在内的一系列道德风险问题。Parsons（2003）从直接参与者的角度将责任保险可能招致的道德风险分为四类：投保人的道德风险、索赔人的道德风险、法律庇护的道德风险以及承保人的道德风险。他认为，由于无后顾之忧，投保人可能会改变谨慎的处事方式，导致一系列不可取的行为，产生投保人道德风险。相比于其他三类，这是责任保险可能招致的最突出的道德风险，也是责任保险被人诟病的主要原因。事实上，由于董责险内涵中的"勤勉义务"过于晦涩，这导致除非公司董事触犯法律法规，董责险都有必要提供风险保障义务。但是，由于董事"勤勉义务"的法律标准难以判断，导致董责险可能招致潜在的机会主义行为（孙宏涛，2010）。因此，理论界许多学者也认为，董责险其实是一把"双刃剑"，在不同情境下对公司的治理效果不同，这也是董责险的治理效应在理论界一直存在争议的原因之一。

第三节 董责险公司治理效应实证证据

上述董责险公司治理效应理论都在已有文献中被不同程度地得到实证证实，本节分别从公司绩效、投资行为、资本成本、盈余管理等方面梳理和介绍中外学者对董责险公司治理效应的经验证据。

一、董责险与公司绩效

中外学者一般从董责险的管理层激励、外部监督和道德风险三个角度来论证董责险与公司绩效的关系。从已有文献来看，海外学者的经验证据基本支持道德风险理论，认为董责险保险人对被保险人潜在责任风险的"兜底"效应，增加了管理层的机会主义行为，从而对公司绩效造成损害。Chalmers 等（2002）以 1992—1996 年在美国 IPO 的 72 家上市公司为研究对象，发现这些公司 IPO 后的市场价值与 IPO 时购买的董责险的保单限额呈负相关，并由此推断购买高额董责险增加了 IPO 公司管理者的股权内幕交易行为。Boyer 和 Stern（2014）的研究也支持了这一观点，其发现购买董责险的保险费越高，投保公司 IPO 一年之后的股票收益越低。Fung 和 Yeh（2018）利用加拿大上市公司的样本实证发现：（1）当我们忽略外部董事获得的信息时，董责险保障的变化对投保公司的后续价值没有净影响；（2）当外部董事信息灵通时，董责险保障的增加会提高公司的后续价值；（3）当外部董事信息不足时，董责险保障的增加会降低公司的后续价值。造成这一效应的主要原因是董责险促使外部董事没有尽职履责，当外部董事信息不足时，董责险的道德风险更加严重。

与海外学者的实证结果不同的是，大多数国内学者研究发现，董责险有助于提升公司绩效。许荣和王杰（2012）以中国沪深上市公司为样本，发现董责险的激励效应可以降低代理成本，提高公司治理水平；胡国柳和胡珺（2014）的研究表明，董责险存在管理层激励和外部监督效应，提升了公司价值和盈利能力；胡国柳和宛晴（2015）、Yuan等（2016）基于股价崩盘风险的视角，发现董责险与股价异质性波动显著负相关，支持了外部监督理论。吴勇等（2018）以2007—2015年我国沪深两市A股上市公司的数据为样本，发现无论以财务还是以会计绩效衡量，购买董责险均能够显著提升公司价值，能有效完成对董事及高管的激励和对企业发展的监督，支持了管理层激励与外部监督理论。凌士显和刘澳（2020）以2007—2017年沪深A股上市公司为研究样本，发现引入董责险对于企业创新产出具有显著的促进作用，并且引入时间越长越有利于企业的创新，他们进一步检验发现，董责险对于企业创新产出的提高不是通过创新投入渠道实现的，而是促进了创新效率和创新质量的提高。周杰怡和殷炼乾（2021）以近15年A股制造业的上市公司为样本，发现董责险对企业创新的促进作用也很相似，其实证结果表明，投保了董责险的制造业企业拥有更高的企业创新倾向和创新投入水平，原因在于董责险具有对管理层的"激励效应"与"监督效应"，能够缓解由于风险厌恶而造成的投资动机约束，具有风险转移的作用。

二、董责险与公司投资行为

关于董责险对投保公司投资行为影响的实证研究，国内外学者主要关注两个方面，即董责险对公司并购行为与投资效率的治理效应研究。

从并购行为的角度来看，Towers-Watson（2014）发现，相对于没有购买董责险的公司，购买了董责险的公司的并购行为持续偏高，这意味着董责险显著增加了公司并购行为。但是，对于董责险与公司并购绩效的关系，Lin等（2011）却发现，由于隔离了管理者代表公司利益的执业责任和财务风险，董责险会导致管理者的并购更多趋向于机会主义行为，并购行为体现出低宣告、负协同效用的特征。Chi等（2012）从公司多元化经营的角度进行研究，发现董责险加速了投保公司的多元化尤其是非相关多元化，但这种多元化并非基于风险分散的考虑，更多在于追求私人利益最大化；因此他们推断，董责险可能招致管理者的道德风险。国内学者的研究结论与国外的实证结果基本一致，如郝照辉和胡国柳（2014）采用2008—

2012 年沪深 A 股上市公司的数据实证发现，购买董责险加剧了管理者为了满足私有收益而推动的并购行为，公司管理者在并购行为中获得了更多的在职消费。此外，更多的并购行为会导致公司及管理者被小股东索赔的风险上升，从而反过来会推动董责险的索赔概率上升，这一点将在下文有关董责险核保实务中再展开论述。

另外，从投资效率的角度来看，学者也发现了董责险对于投资效率的治理效应。胡国柳和李少华（2014）以 2006—2012 年中国沪深上市公司为样本，发现董责险能够显著抑制过度投资，但不能缓解投资不足，即董责险对公司非效率投资具有外部监督作用。但是，Li 和 Liao（2014）以 2008—2010 年我国台湾地区上市公司为样本，发现董责险加剧了公司过度投资问题，并且公司代理问题越严重这种负面影响越严重，说明董责险诱发了管理层的机会主义行为，存在道德风险效应，支持了道德风险理论。赵杨（2018）以 2002—2013 年 A 股上市公司为研究样本发现，高质量外部审计在董责险与企业投资效率的关系中发挥中介效应，即董责险对非效率投资的改善作用可以部分地被高质量审计监督加以解释，此外，赵杨（2018）还发现，董责险对于非效率投资的缓解主要通过抑制过度投资实现。

三、董责险与资本成本

资本成本是企业财务管理中的重要概念，是指企业为筹集和使用资金而付出的代价。广义的资本成本指企业筹集和使用任何资金，无论短期的还是长期的，都要付出代价。狭义的资本成本仅指筹集和使用长期资金（包括自有资本和借入长期资金）的成本。资本成本又可以分为权益资本成本与债务资本成本两种。权益资本成本是指企业通过发行普通股票获得资金的成本，它等于股利收益率加资本利得收益率，债务资本成本是指企业借款和发行债券的成本。根据前文中所述的信号传递理论，董责险的认购决定在一定程度上可以反映公司的风险水平，具有信息传递的功能。信息不对称是资本成本定价过程中的影响因素，因此董责险对融资的资本成本具有重要影响。[①]

国外学者对董责险与资本成本的实证发现，主要以加拿大上市公司为

---

① 胡珺，等. 董事高管责任保险的公司治理效应：理论综述与研究展望 [J]. 财务研究，2016（6）.

研究对象，这主要是因为加拿大上市公司购买董责险的数据可以公开获取。Lin 等（2013）以 1996—2008 年加拿大上市公司为样本实证发现，当公司投保董责险的保费与保额上升时，银行或债权人会把其视为企业风险增加的一种信号，从而加大对投保公司的贷款利差或债券利差，由此导致投保企业的债务资本提高；作者进一步检验还发现，公司在投保了董责险后，管理层倾向于采用激励的财务政策，公司所面临的财务风险增加，而公司进行财务重述的可能性也在加大，这在一定程度上说明董责险存在道德风险效应。Chen 等（2016）以加拿大 2007—2009 年非金融类上市公司为样本发现，企业的股权融资成本显著受到董责险对管理者庇护程度的影响，具有较高董责险保障的公司股权融资成本更高；他们进一步对内在机理检验发现，过高的董责险保障降低了公司现金流和市场价值，说明这种正相关关系并不是由于最优的风险承担水平导致的，而是在于被庇护管理层的机会主义行为。这一实证证据与如下假设一致，即董责险弱化了股东诉讼的约束作用并导致融资成本的上升。

国内学者陈险峰等（2014）从再融资能力的角度研究了董责险与资本成本的关系，他们以 2002—2012 年中国上市公司为样本实证发现，董责险认购决定增加了公司股权融资成本，进而降低了公司的再融资能力。也就是说，资本成本在董责险与再融资能力中充当了中介角色，外部投资者认为在董责险庇护下管理层的道德风险增加，从而相应地提高了风险溢价成本。冯来强等（2017）从信息质量的角度出发，以 2007—2015 年 A 股上市企业为样本，实证研究了董责险对公司权益资本成本的影响及作用机制，发现公司购买董责险的行为与权益资本成本显著正相关；进一步分析其作用机理后发现，购买董责险的公司，财务信息质量更低，资本市场信息不对称程度更高、投资者分歧更大。结论表明，在法律体系与诉讼制度尚未完善的资本市场中，董责险并没有激发出更多的股东诉讼，反而使股东诉讼对管理层的监督惩罚效应下降，降低了公司的信息质量，提高了公司的融资成本。陈文涛（2020）以 2008—2018 年沪深 A 股上市公司为样本实证发现，企业购买董责险能够有效降低规模较大企业的债务资本成本，这主要通过缓解两类代理冲突达到：第一，董责险可以缓解第一类代理冲突。由于保险公司具有监督权，进而会抑制企业投资决策中的高风险行为，减少企业遭受重大损失或破产的可能性，降低债权人承担的企业破产进而无法收回贷款的风险，缓解债权人与企业所有者之间的代理冲突，起到抑制企业债务资本成本的作用。第二，董责险能够缓解第二类代理冲突。引入保险公司这一外部监管者，能够抑制管理者机会主义行为，降低代理成本；董责险能够激发管理层投资及决策的积极性，有利于引入优秀的企业管理人才，对提升公司治理水平起到积极作用；董责险购买行为向市场传递公司治理水平更高、信息不对称程度更低的信号，提升债权人对企业的信任程度，从而降低债务资本成本。对于规模较小的企业，其生存能力较弱且风险较高，资本市场尤其是银行等稳健型投资者，在信贷决策上视规模较小的企业为高风险选项，利率政策弹性较低，除非其基本面明显改善，否则微观上的行动如购买董责险，难以降低其债务资本成本。

四、董责险与盈余管理

美国会计学者斯考特（Scott）在其所著的《财务会计理论》一书中认为，盈余管理是会计政策的选择具有经济后果的一种具体表现。他认为，只要企业的管理人员有选择不同会计政策的自由，他们必定会选择使其效用最大化或企业的市场价值最大化的会计政策，这就是所谓的盈余管理。真实盈余管理是指管理者出于资本市场动机、契约动机或个人收益动机对公司的生产经营活动进行销售操纵、生产操纵以及酌量性费用操纵（Roychowdhury，2006），是管理者误导利益相关者的风险性行为。董责险为董事与高管的不当决策提供保障，势必会对真实盈余管理这一激进的风险性行为产生影响。在机会主义效应下，一方面，董责险为高管的非故意不当行为埋单，且公司的真实盈余管理具有复杂程度高及隐蔽性强的特点，当高管因真实盈余管理引发中小股东的诉讼时，外部难以界定这是不是管理层不遵守勤勉、忠实义务的故意行为，保险公司赔付的概率越高，高管的免责效应越强，真实活动操纵这一激进行为的成本大大降低，进而会诱发真实盈余管理；另一方面，就董事治理而言，董责险降低了董事监督不尽责的风险水平，削弱了独立董事的监督积极性，对高管不当行为的牵制变少，真实盈余操纵更为便利。

国外学者 Boubakri 等（2008）的研究发现，董责险的保费和保额越高，公司盈余管理程度越大；Cao 和 Narayanamoorthy（2011）以美国上市公司数据研究发现，董责险与公司管理者的盈余预测质量存在密切关系，当管理层的责任风险保障程度更高时，他们对公司坏消息的盈余预测更加准确，且盈余预测的区间更小、预测发布时间也相对更快；Cao 和 Narayanamoorthy（2014）的研究进一步表明，董责险对管理层的保障程度越高，公司盈余质量较低、进行盈余重述的可能性也越大。

国内学者贾宁和梁楚楚（2013）对中国上市公司的研究表明，与没有购买董责险的公司相比，购买了董责险的公司对盈余操纵的程度更高。他们进一步研究发现，董责险与盈余质量的关系取决于公司所处的市场环境，当公司在我国内地和香港同时上市时，董责险与公司盈余管理程度负相关；而当公司仅在内地上市时，董责险与公司盈余管理程度正相关。胡国柳和赵阳（2017）选取 2002—2014 年中国 A 股上市公司为样本，研究发现，董责险引入与公司盈余管理水平正相关，董责险的引入加剧了公司的盈余管理行为，他们还发现公司治理水平的提高能够改善董责险的作用机制，董责险引发的企业盈余管理行为得到抑制。方拥军等（2021）以 2020—2019 年沪深 A 股上市公司为样本，研究发现董责险与真实盈余管理正相关，说明董责险助长了高管的机会主义行为；董责险的"兜底"效应诱发高管更多的冒进行为，提高了企业风险承担水平，进而加剧了真实盈余管理，即风险承担在二者之间发挥中介效应。刘欣柯（2022）以 2008—2019 年我国 A 股上市公司为研究样本，考察董责险的参保行为、盈余管理和审计费用之间的关系，研究结果表明，购买董责险会增加审计费用并提高企业盈余管理水平，盈余管理水平的提高又会导致审计费用的增加，且盈余管理在董责险和审计费用之间起着部分中介作用。

第四节　董事责任保险与 ESG

本节首先通过追溯 ESG 起源来明确 ESG 的内涵，其次比较 ESG 与 EHS 及 CSR 的区别，然后从公司治理角度讨论 ESG 信息披露问题及相关责任风险，最后探讨 ESG 与董事责任保险之间的联系。

一、ESG 的内涵

ESG 是环境（Environmental）、社会（Social）和治理（Governance）三个英文单词的简写，是一种备受全球关注的非财务性价值评估体系，上市公司的 ESG 评估、投资、信息披露三个环节紧密联系，推动企业从单一追求自身经济利益最大化到强调企业关注与社会、环境的协调发展，追求企业发展稳定性和可持续性。

ESG 体系最早是在 20 世纪六七十年代自发性的群众运动推动下形成。20 世纪 70 年代发达国家因早期"重经济轻环境"的发展模式，产生了严重的环境问题，美国发生了空前的环境保护运动。与此同时，全世界对种族隔离政权的日益憎恨，导致商界连续为其发声，如美国通用汽车公司起草了一份与南非贸易合作的行为准则，根据该准则投资人可以按照道德性准则选择性从南非撤资，这给南非政府放弃种族隔离制度施加了较大的压力。至此，利用资本可以更广泛地影响社会和环境的意识逐渐形成。

2005 年联合国环境规划署将 ESG 问题纳入投资分析。随后，联合国全球契约（UN Global Compact）、联合国环境署金融倡议组织（UNEP FI）及联合国责任投资原则（PRI）开始构建 ESG 相关原则和框架，并推动各国证券交易所采用 ESG 披露标准。至此，ESG 主要的评价指标分别被确定为：

"环境"（Environmental）主要关注企业碳及温室气体排放、环境政策、废物污染及管理政策、能源使用与消费，自然资源（特别是水资源）使用和管理政策、生物多样性等。

"社会"（Social）主要关注性别平衡政策、人权政策及违反情况、社区（或社团）、健康安全、管理培训、劳动规范、产品责任等。

"治理"（Governance）主要关注公司治理、贪污受贿政策、不正当竞争、风险管理、税收透明、公平的劳务实践环境、投资者关系、合规性问题等。

二、ESG 与 EHS 及 CSR 的区别

EHS，即环境（Environment）、健康（Health）和安全（Safety），是一种结合环境保护、可持续发展及职业安全理念为一体的企业管理体系，旨在督促企业遵守法规、满足安全生产需求、保护员工，从而提升企业的社会声誉，达到持续经营的目的模式。EHS 有时也被称为 HSE，其实两者没有本质区别，更多的是叫法不同，一般认为 EHS 是欧美一般制造企业对环境、健康、安全的叫法，HSE 是石油化工行业对该领域的习惯叫法。无论是 EHS 还是 HSE 抑或 SHE 是不同国家或集团针对健康、安全、环境工作，有不同理念及不同风险着重点，从而有不同的排序。这也和国家法规的强制性及罚则有关，比如美国公司多称该项工作为 EHS，因为环境导致的罚款巨大，所以以环境为重心和推手。与 ESG 对比，EHS 比较关注"安

全"内容，旨在通过系统化的预防管理机制，彻底消除各种事故、环境和职业病隐患，以便减少事故、环境污染和职业病的发生。因此，我们认为EHS 概念包含在 ESG 概念的环境（E）与社会（S）两个组成部分中，它可以被视为是 ESG 制度的重要组成部分。

CSR，即企业社会责任（Corporate Social Responsibility）。自 20 世纪 20 年代 Sheldon 提出企业社会责任这一概念以来，学术界不断就社会责任的研究提出新问题，开拓新领域，但对于企业社会责任的内涵并未形成一致观点。但笔者比较认同，与自然人一样，企业也是公民，享受法律赋予的权利，也承担相应的义务，企业应履行社会法律责任和道德责任，为创建稳定和谐的社会做出贡献。[1] 有学者认为，ESG 是指企业和投资者如何将环境、社会和治理问题整合到他们的商业模式中；CSR 是指企业在承担更多社会责任，成为更好的企业公民。这两个术语之间的区别是 ESG 明确包括治理问题，而 CSR 间接包括治理问题。因此，ESG 往往是一个比 CSR 更广泛的术语。[2]

三、ESG 与信息披露制度

正如上文所述，公司治理属于 ESG 中有关治理评价指标（Governance）的重要组成部分，而公司治理包括内部公司治理与外部公司治理。内部治理的主要要素包括股东治理、董事会治理、监事会治理、高管治理以及内部非正式制度，外部公司治理机制主要包括利益相关者治理、信息披露、媒体治理以及外部监管等其他因素。因此，ESG 中关于治理的评价体系要比广义的公司治理范畴还要广，就上市公司而言，信息披露是其中一个非常重要的评价指标。作为上市公司的重要外部治理机制，信息披露机制不仅是公司治理与 ESG 的重要组成部分，而且是很多资本市场法律、法规的强制要求。根据中资公司的主要上市地点在美股、港股与 A 股，下面重点介绍三个主要资本市场对于上市公司 ESG 信息披露的要求。

（一）美国 ESG 法规政策

美国重点通过要求上市公司进行信息披露来实现其 ESG 监管目的。自

---

① 李国平，韦晓茜. 企业社会责任内涵、度量与经济后果——基于国外企业社会责任理论的研究综述 [J]. 会计研究，2014（8）.

② Gillan, et al. Firms and Social Responsibility: A Review of ESG and CSR Research in Corporate Finance [J]. Journal of Corporate Finance, 2021.

20 世纪 70 年代以来，美国开始重视环境风险对企业发展的负面影响，尤其是环境要素中气候变化。2010 年，美国证券交易所（SEC）发布了《委员会关于气候变化相关信息披露的指导意见》，要求公司从财务角度对环境责任进行量化披露，并配套发布了《上市公司气候变化信息披露指引》。2017 年纳斯达克证券交易所发布了首版《ESG 报告指南》，并于 2019 年发布《ESG 报告指南 2.0》版本，增加对人权、强制劳工、数据安全及纳税等社会议题，使 ESG 信息披露覆盖更为全面，并在 2017 年版本基础上融入气候相关财务信息披露工作组（Task Force on Climate-related Financial Disclosures，TCFD）的气候变化相关信息披露框架。

2021 年 4 月《ESG 信息披露简化法案》（*ESG Disclosure Simplification Act*）在美国众议院金融服务委员会获得通过。该法案将要求上市公司在向 SEC 提交的年度文件中披露有关环境、社会和治理的相关事项。该法案还将要求上市公司每年在其委托投票说明书（proxy statement）中披露公司对 ESG 指标与长期业务绩效之间的关联关系的看法。

（二）中国香港地区 ESG 法规政策

中国香港地区主要相关文件有《企业管治守则》《企业管治报告》《环境、社会和治理报告指引》。该三份文件均为港交所《主板上市规则》附录内容，《企业管治守则》《企业管治报告》为《主板上市规则》的附录十四，规定了公司治理体系及信息的相关要求。《环境、社会和治理报告指引》为《主板上市规则》附录二十七，是港交所于 2015 年新增附录，至今生效的版本为 2020 年 7 月新修订的版本，该指引涵盖两个层次的披露责任，强制披露规定和"不遵守就解释"条文。因企业管治已经在附录十四中做了详尽的规定，故《环境、社会和治理报告指引》主要范畴为环境和社会，其中明确了要求披露的"关键绩效指标"（KPI），如环境方面的排放物、资源使用、环境及天然资源、气候变化，社会方面的雇佣、健康与安全（工伤/亡人数、职业健康与安全措施）、员工发展及培训、劳工准则、产品责任、反贪污、社区投资等指标。此外，指引还着重强调编制环境、社会及公司管治报告时，董事会的参与尤其重要。董事会对环境、社会及管治报告负责，但编撰报告的工作可以指派公司员工或向董事会汇报的委员会进行。

2021 年 11 月 5 日，港交所刊发《气候信息披露指引》，对香港上市公司的信息披露进一步加强要求。自 2022 年 1 月 1 日起实施的新《环境、社会和治理报告指引》要求 ESG 报告发布时间与年报完全同步，也明确指出公司治理和 ESG 不仅是招股说明书中需要披露的重要内容，而且是在上市前需要考虑和发展的主要议程。

（三）中国内地法规政策

我国内地对 ESG 主要是鼓励引导为主，目前尚未形成系统的上市公司 ESG 责任履行和强制信息披露标准体系。ESG 信息披露主要体现在单项披露规则中或证券交易所出台的相关政策细化落实中。

在环境层面，2005 年，国家环保总局发布了《关于加快推进企业环境行为评价工作的意见》，同时颁布了《企业环境行为评价技术指南》，从环污排放指标、环境管理指标、社会影响指标三个方面构建了企业环境行为评价指标体系。2015 年环境保护部、国家发展改革委发布了《关于加强企业环境信用体系建设的指导意见》，从污染防治、生态保护、环境管理、社会监督四个方面制定了指标。2021 年，生态环境部印发了《环境信息依法披露制度改革方案》，强调依法披露环境信息是推进生态环境治理体系和治理能力现代化的重要举措，并于 2025 年基本形成环境信息强制性披露制度。

在社会层面，2006 年，深圳证券交易所制定颁布了《上市公司社会责任指引》，倡导上市公司积极承担社会责任。2008 年，上海证券交易所发布了《关于加强上市公司社会责任承担工作的通知》，规定社会责任报告必须披露"公司在促进社会可持续发展方面的工作"。同年，发布了《关于做好上市公司 2008 年年度报告工作的通知》，要求上海证券交易所上市的"上证公司治理板块"样本公司、发行境外上市外资股的公司以及金融类公司必须披露履行社会责任报告。

在公司治理层面，《公司法》从国家层面规定了公司的基本治理原则和行为。2018 年证监会重新修订并正式发布了《上市公司治理准则》，增加了环境保护与社会责任的内容，确立环境、社会责任和公司治理信息披露的基本框架。

2021 年 6 月证监会研究修订了《公开发行证券的公司信息披露内容与格式准则第 2 号——年度报告的内容与格式》，相比 2017 年《年报格式准则》，新增"环境和社会责任"章节，突出上市公司作为公众公司在环境保护、社会责任方面的工作情况，要求全部上市公司披露报告期内因环境问题受到行政处罚的情况督促上市公司协同做好"碳达峰、碳中和"工作和乡村振兴工作。此外，2022年5月15日生效的《上市公司投资者关系管理工作指引》首次纳入ESG内容。

四、ESG 与董责险的联系

从全球各交易所要求上市企业披露ESG的情况来看，越来越多的国家和地区已经接受了ESG理念，各国交易所逐渐将ESG披露从自愿披露向半强制甚至强制披露过渡，上市公司的稳定、长期、可持续发展也越来越依赖ESG的综合发展，作为上市公司ESG信息披露工作的主要参与人及负责人，董监高群体正面临前所未有的挑战和压力。

（一）信息披露问题是董事责任的主要来源

上市公司及其董事面临多种多样的责任风险，从风险来源角度分析，主要包括监管风险、企业内部风险及企业外部风险。监管风险主要是指政府相关机构对上市公司发起的与反垄断、消费者权益保护及环境保护等相关的调查与行政监管措施；企业内部风险主要是指员工对于公司及董事的不当雇佣行为而发起的索赔；企业外部风险主要是指股东对公司及董事提起的与其违反谨慎义务与披露义务相关的不当行为而提起的索赔，其中信息披露问题导致的证券民事侵权索赔尤为常见。

2003年，《最高人民法院关于审理证券市场因虚假陈述引发的民事赔偿案件的若干规定》提出了董事在参与公司虚假陈述等不如实披露信息工作时承担连带责任的观点。近年来，随着我国资本市场的改革发展，上市公司信息披露面临一些新问题与新情况。2020年3月1日，新修订的《证券法》正式实施，在法律上进一步完善了我国上市公司信息披露制度，明确了上市公司董事履行信息披露的职责与义务。《证券法》第七十八条规定："信息披露义务人披露的信息，应当真实、准确、完整、简明清晰、通俗易懂，不得有虚假记载、误导性陈述或者重大遗漏。"第八十四条和第八十五条规定包括董事在内的信息披露义务人对因信息披露工作不符合规定而对投资者造成的损失承担赔偿责任。第一百九十七条列明了对信息披露义务人处以罚款的各违法违规情节。

为进一步落实新《证券法》中的有关信息披露的要求，2021年3月证监会发布了修订的《上市公司信息披露管理办法》，对信息披露义务人范围

（包括董事）、信息披露要求（部分报告应经上市公司董事会通过才能披露、重大事情董事知晓时应披露等）、董事异议声明制度（对报告内容真实性、准确性、完整性判断的异议）及违反规定的民事责任、刑事责任和行政责任等进行了细化和完善。

结合上述我国相关法律法规的完善可知，监管部门当前主要通过事后追责的方式来引起信息披露义务人事前履行信息披露职责的重视，即上市公司及其董事未履行与 ESG 相关的信息披露义务将会引发一定的针对上市公司及董事的民事责任诉讼后果，如在陈大秀与云南罗平锌电股份有限公司、杨建兴证券虚假陈述责任纠纷〔案号：（2018）云 01 民初 2550 号〕中："原告陈大秀为普通二级市场投资者，被告一云南罗平锌电股份有限公司（以下简称罗平锌电）为 A 股挂牌交易上市公司。2018 年 6 月，罗平锌电迫于舆论压力，发布了《关于对中国证券监督管理委员会云南监管局问询函回复的公告》，其中记载了罗平锌电未按照规定在 2016 年年度报告、2017 年半年度报告、2017 年年度报告中披露 10 万吨含铅废渣整改处置的情况及受到环保局的行政处罚的事实。被告二杨建兴系被告一的董事长，为 2016—2018 年公司信息披露报告的主要参与人和负责人，也未如实披露该等环保方面的消极信息。最终法院认为，罗平锌电及董事长杨建兴在信息披露过程中存在重大遗漏行为，判决罗平锌电赔偿原告陈大秀经济损失，董事长杨建兴承担连带赔偿责任。"

（二）董责险的 ESG 风险管理功能

随着我国上市公司信息披露追责制度的不断完善和对投资者保护力度的加大，董事作为公司治理的主要负责人，其履职的职业责任风险也大幅提高。笔者建议，上市公司可以通过投保董事责任保险来充分发挥其对 ESG 责任风险的管理功能。董责险是以董事对公司及第三人承担民事赔偿责任为保险标的的一种职业责任保险。该保险主要目的是降低董事履行职责时的不当行为可能引致的责任风险，减少民事赔偿责任给公司经营活动造成的压力，确保董事的人才供给，同时也为投资者提供赔偿保障。从 ESG 角度，董责险主要有以下两个主要功能。

1. 董责险可以转移 ESG 责任风险

随着 ESG 理念被越来越多的国家和地区所接受，全球证券交易市场逐渐将 ESG 信息披露从自愿披露向半强制甚至强制披露过渡，上市公司及其董事所面临的 ESG 信息披露合规风险上升。与此同时，因此而产生的证券诉讼风险也同步上升。如上文所述，董责险可以转移上市公司及其董事在履职过程中因疏忽过失产生的不当行为而应依法承担的民事赔偿责任，而信息披露问题是不当行为的主要原因之一。因此，笔者认为董责险可以转移上市公司及其董事 ESG 责任风险，这主要体现在两个方面：一方面是董责险保险人可以依照法律规定与保险合同约定承担上市公司及其董事因 ESG 信息披露及相关问题（包括环境污染事件、不当雇佣行为等问题）而依法应承担的民事赔偿责任；另一方面是董责险保险人在上市公司及其董事因 ESG 问题而被有关监管机关进行调查或被第三人起诉时为被保险人（包括上市公司与董事）提供抗辩费用补偿，必要时可以依约主动提供抗辩服务。上市公司通过为董事购买董责险可以更好地吸引专业管理人才，鼓励他们锐意进取。

2. 董责险是一种有效的公司治理机制

Holderness（1990）在 Mayers 和 Smith（1982）的保险监督说的理论基础上将董责险需求与公司治理联系起来。Holderness（1990）认为，董责险可以从不同方面起到监督上市公司高管的作用：首先，保险公司在做出承保决策之前，会根据收集各种信息对被保险人进行全面调查，这类似于上市公司的尽职调查；其次，当董事和管理层被提起诉讼，公司根据董责险保单向保险公司提出索赔，保险公司必须对引起纠纷的董事和管理层的不当行为进行全方位的调查。此外，董责险也有利于其他监管制度的充分利用——董责险的存在使公司更可能招聘到优秀的独立董事，这有助于提高董事会的独立性与专业性，进而更合理地维护公司股东的权益。这样，Holderness（1990）提出了一个观点：公司购买董责险是为了更好地完成对高级管理人员的监督。

胡国柳和康岚（2014）在总结国内外学者研究结论的基础上指出，董责险保险人对于保险条款的制定，尤其是保险费用、保险赔偿限额、免赔额的设定，将向投资者和资本市场的其他参与者传递保险公司对被保险人公司治理风险的评估情况，资本市场参与者可以考虑将其视为衡量公司治理水平及其经营风险的指标；董责险保险人在对公司治理风险进行审查和定价以保持风险池的营利性的同时，无形中扮演了资本市场上关于公司治理信息的传递者和保证者的角色。

基于上述理论研究，笔者认为，董责险本身是一种有效的公司治理机制，它可以构成上市公司 ESG 制度中公司治理的重要组成部分。董责险不仅可以转移公司治理问题带来的法律责任风险，而且可以促进上市公司完善公司治理。

笔者建议，无论中国公司在美股、港股还是 A 股资本市场上市，作为上市公司治理工作的主要参与人员，董事及高管在 ESG 信息披露强制化趋势加强与 ESG 责任风险上升的背景下，应开展审慎的 ESG 合规审查工作，强化合规管理，并确保 ESG 披露信息的全面性和准确性；同时，上市公司可以积极利用董责险的风险管理和公司治理功能，基于自身需求购买定制化的董责险产品，进一步促进公司在环境、社会及治理层面的综合发展。

第四章　董事责任保险需求动因研究

本章介绍了董责险需求动因经典理论，并在此基础上以 A 股上市公司作为研究对象对董责险需求动因进行了实证分析，最后根据实证研究结果提出在中国发展与完善董责险制度的几点有针对性的建议。

第一节　研究方法

本节主要介绍本书采用的实证研究意义、研究问题与研究路径。

一、研究意义

董责险作为一个"舶来品"，在欧美市场发展已经非常成熟，但其在中国的发展历史较短，目前中国市场主流董责险条款基本都是由外资保险公司从海外市场引入中国。然而，这些条款设计的主要法律基础是英美法，与属于大陆法系但具有中国特色的中国法律规定差别较大，因为董责险与法律制度有密切联系，这样就容易出现"水土不服"现象。此外，中国本地上市公司与欧美资本市场上市公司在公司治理等方面也存在较大差异。所以，基于中国法律制度与资本市场环境研究中国本地上市公司的董责险理论与实务问题就显得非常有意义，而且目前这方面的文献还比较欠缺。

自 21 世纪初我国保险市场出现首张董责险保单以来，中国市场董责险的发展趋势相对缓慢，保险购买率远低于国外完善的金融市场，关键原因是我国董事被起诉的风险一直比较低，而被起诉风险低的关键在于我国证券民事责任制度的不完善。一方面，我国对上市公司的处罚一直以行政处罚和刑事处罚为主，真正能够赔偿受害人的法律责任不健全；另一方面，我国股市投资者以散户股民为主，他们的维权理念和能力不强，在诉讼和举证等方面存在诸多困难，巨额的法律费用也令人望而生畏。最近几年，我国证券民事赔偿责任制度得到不断完善，尤其是行政处罚前置程序①被正式取消，中小投资者发生损失后的维权难度大大下降。随着"中国式证券集体诉讼"被新《证券法》所确立，可以预见证券民事索赔案件数和索赔金额未来会不断上升。随着上市公司及其董事及高管的法律责任风险不断上升，董责险已经迎来发展的新机遇。

在关注诉讼风险的同时，中国本地上市公司的公司治理问题也值得关注，这是因为公司治理机制的好坏和公司及董事与高管的诉讼风险有密切联系，从而也会对上市公司是否购买董责险的决定产生影响。

因此，在新《证券法》时代，研究在中国特殊制度背景和市场环境下董责险与诉讼风险以及公司治理的联系，探寻我国 A 股上市公司对董责险真正的需求动因，既可以丰富有关董责险需求理论，又具有非常现实的意义与价值。一方面，保险业可以根据我国上市公司对于董责险的需求动因研究结果开发符合本地市场需求的保险产品，从而更好地推动董责险业务的发展；另一方面，董责险对我国上市公司完善公司治理水平有积极作用，会促进我国资本市场健康有序的发展。

二、研究问题

以往，世界各国在董责险的研究中，研究角度较为单一，一般侧重于法学或管理学两个角度之一，很少有文献从法学、管理学与保险学交叉的角度研究董责险。从管理学的角度上看，董责险的研究基本集中在董责险的治理效应与需求动因两个方面，其中对治理效应研究较多，而对需求动因研究较少。在对董责险需求动因的研究中，大部分观点都局限于董事会的结构和公司治理结构的特点，如控股股东的持股情况、独立董事和管理层持股等。对于国家文化、法律法规等宏观因素对购买董责险的影响尚未研究。

本书将基于中国证券法律制度与司法实践的最新变化，通过宏观与微观相结合的方式对 A 股上市公司的董责险需求动因进行实证研究，检验以下问题：

（1）A 股上市公司对董责险的购买需求是否会受到诉讼风险的影响？具体而言，A 股上市公司所面临的诉讼风险的高低与其购买董责险的决定及董责险保单限额之间是否有一定的相关性？

---

① 前置程序是指证券虚假陈述诉讼需要以投资者向法院提交行政处罚决定或刑事裁判文书为起诉受理条件。

（2）公司治理因素是否会影响 A 股上市公司对董责险的购买需求？具体而言，A 股上市公司的股权集中度、董事长与总经理是否兼任、董事会规模、独立董事占比、监事会规模、高管规模以及管理层持股等公司治理因素与其购买董责险的决定及董责险保单限额之间是否具有一定的相关性？

三、研究路径

选择董责险作为研究对象：一是因为本人从事董责险业务多年，具有丰富的保险行业实践经验；二是因为 A 股上市公司有关董责险的数据可以公开获取，为实证研究样本数据的采集提供了便利；三是因为近期证券法的修改及其在司法实践中的进一步落地为董责险的发展提供了强有力的法律基础，使本书的研究方向更加具有现实意义与价值。

针对研究问题，本书将首先通过收集和分析国内外相关文献资料以及理论依据，在细致和全面地梳理了相关研究的基础上分析归纳了以往研究的缺陷与不足，进而深入发掘本书研究的机会和空间。结合中国与海外有关法律制度与市场环境的比较，以文献研究和基础理论为支撑点，通过逻辑解释建立研究框架，并明确提出研究假设。在清晰界定变量与明确测量方法的基础上通过国泰安并购数据库（CSMAR）、上市公司公告（如有关董责险购买公告等）等途径获取二手数据和资料，据此确定董责险指标、诉讼风险指标及公司治理指标，最后运用 R 统计软件中描述性统计、单变量分析、多元回归分析、指标敏感性检验、样本随机性检验、内生性检验等具体分析方法对假设进行实证验证，经过基础理论和逻辑分析，本书形成一系列新的命题，丰富了相关的董责险基础理论和实证分析结果。

第二节　文献综述

董责险自诞生以来已有近 100 年的历史，但对董责险需求的研究仅持续了不到 40 年，参考文献并不多。Mayers 和 Smith（1982）第一次提出了企业投保商业保险的七大动机。经过后人的发展和延伸，产生了很多关于董责险需求的命题。20 世纪 90 年代以来，学者对这一基础理论及其启示进行了实证研究和检验。在此，笔者根据基础理论和实证研究成果，以时间为线索，做简要回顾和评述。

一、董责险需求动因基本理论

传统上，规避风险被人们认为是企业购买商业保险的首要动机。风险规避用于解释董责险（Side A）的要求具有足够的说服力，因为董事和管理层面临的最大风险是公司股东诉讼风险，而公司股东诉讼通常导致董事和管理层承担巨额赔偿，这对他们个人的财富安全带来巨大挑战。这样，规避风险的人要么拒绝担任董事和管理层，要么采用过于传统的管理模式来减少出错的机会，这对公司来说都是非常不利的。因此，为更好地吸引专业管理人才，鼓励他们锐意进取，公司将为现任董事及管理层提供一定的保障而购买董责险就是其中之一。众所周知，风险规避并不能很好地解释董责险的企业保障需求（Side B 和 Side C）。由于企业本身就是一个风险转移系统，在企业的管理方式下，风险由公司股东按其权益分担，公司股东可以通过资产多元化来规避这种非系统性风险。

公司融资政策的重要性与税收、交易成本以及融资政策对公司投资决定的影响有关，因此 Mayers 和 Smith（1982）从以上三个角度探索企业购买保险的原因，并提出了企业购买保险的七大动机：第一，保险公司是最优的风险承担组织；第二，保险有助于降低企业预期破产成本；第三，保险公司能提供有效的理赔服务；第四，保险公司可以成为企业外部监督人；第五，保险可以规制企业管理层的投资决策；第六，保险可以降低企业预期税收成本；第七，保险可以降低政府的监管成本。

Holderness（1990）在 Mayers 和 Smith（1982）的保险监督说的理论基础上将董责险需求与公司治理联系起来。Holderness（1990）认为，董责险可以从不同方面起到监督上市公司高管的作用：首先，保险公司在做出承保决策之前，会根据收集各种信息对被保险人进行全面调查，这类似于上市公司的尽职调查；其次，当董事和管理层被提起诉讼，公司根据董责险保单向保险公司提出索赔，保险公司必须对引起纠纷的董事和管理层的不当行为进行全方位的调查。此外，董责险也有利于其他监管制度的充分利用——董责险的存在使公司更可能招聘到优秀的独立董事，这有助于提高董事会的独立性与专业性，进而更合理地维护公司股东的权益。这样，Holderness（1990）提出了一个观点：公司购买董责险是为了更好地完成对高级管理人员的监督。他的研究结果表明，管理权和所有权越分离，代理问题较严重的公司越倾向于购买董责险。

Romano（1990）对公司投保董责险的需求动因有不同的看法。她认为，公司投保董责险是为了预防董事及高管的管理决定对公司股东可能造成损害。一般而言，对董事因被起诉所造成的损失进行补偿是企业的法定义务，企业也可以根据修改后的公司章程在多方面限制董事的责任。这样，在 CIPs 法定和 LLPs 被广泛使用的条件下，董事的权益得到了合理的保护，企业无须购买董责险。

Gutiérrez（2000）也是股东利益保护说的支持者。但不同于 Romano（1990）的观点，她认为董责险与其他董事利益保护方法一同构成了董事薪酬体系。

上述文献为董责险需求动因研究提供了一个基本理论框架，并且通过后来学者不断地补充与引申，形成了多种相关的研究假设，包括风险厌恶假设、薪酬组成假设、管理者素质信号假设、财务困境假设、外部监督者假设、强势管理者假设、股东利益保护假设、服务效率假设、防止投资不足假设和降低监管成本假设等。上述假设比较多的是逻辑推理，它们与现实情况可能存在不一致的地方。例如，公司规模与董责险需求两者之间是正相关关系还是负相关关系？这些有关董责险需求的不同假设之间理论冲突需要通过实证分析来检验。

二、实证检验结果

Mayers 和 Smith（1990）第一个对商业保险的需求进行了实证检验，他们以 1276 家不同所有权结构的欧美财产保险险公司的数据和信息为研究对象，对商业保险需求中的一个独特组成部分——再保险需求进行了实证分析。Mayers 和 Smith（1990）的实证结果发现，保险人股权的集中程度与再保险需求正相关；企业集团成员倾向于购买再保险；公司规模、企业信用状况、区域市场集中度、业务集中度与再保险需求负相关。因此，保险公司作为最佳风险承担机构和有效服务商的角色就得到了验证，而商业保险在其他方面的效果尚不明确。由于 Mayers 和 Smith（1990）研究对象是再保险行业，其检验结果的广泛应用还有待研究。

20 世纪 90 年代初，英国和加拿大两国证券监管机构先后通过了一份报告提案，要求有关公司公开其所购买的保险的具体信息。此后，对董责险需求假设的实证研究终于成为可能。大多数学者选择购买董责险的决策及其实际责任限额和免赔额作为因变量，而自变量则是对企业主要财务指标的分析，如企业规模、资产负债率、收益率、股票价格波动等，以及公司治理结构关键指标值，如独董占比、高管持股比例、控股股东持股比例、与公司发展的联系等。在检测和分析这些指标值与董责险需求的相关性的基础上，寻找相关假设的实证支持。

（一）欧美市场检验结果

Core（1997）是首位实证分析检验董责险需求问题的专家和学者，他使用来自222家加拿大上市公司的横截面数据来分析公司投保董责险的动机。他研究发现，诉讼风险较高的公司更愿意购买董责险并保持较高的赔偿限额和免赔额，这一发现支持了风险厌恶假设和财务困境假设。实证结果没有发现董责险和董事现金报酬之间具有替代性，没有支持董责险是董事薪酬组成部分的观点。在董责险需求和管理层持股比例的关系上，Core（1997）发现管理层持股比例和董责险需求负相关，这支持了外部监督假设与强势管理者假设，这一点与 Mayer 和 Smith（1982，1990）的观点不同。Core（1997）模型的缺陷之一是其预测精度非常差，其对购买董责险的决策预测分析准确率为76%，对不购买董责险的决策预测分析准确率只有34%。

Core（2000）后来对董责险保费与公司治理之间的联系进行了实证分析，结果表明，董责险保费的决定因素和董责险需求的决定因素基本相同。他对246家加拿大上市公司在1993年6月1日至1994年5月31日董责险数据进行了实证研究，发现董责险保费水平和公司治理结构有密切联系，即公司治理结构越弱，董责险保费越高。Core（2000）认为，公司治理结构越弱的公司，其董事及高管面临的诉讼风险也越高，这是因为在这种公司的董事及高管更有可能采取不符合股东利益的行动。

O'Sullivan（1997）以366家英国公司为研究样本，检验了董责险需求理论中的外部监督者假设。他发现，由于董责险的保险费比较高，小公司经常以控股股东和管理层持股作为常用的监督方式。随着企业规模的扩大，为实现一定的入股，公司股东所支付的成本和费用也随之上升。通过提高股权比例来监督高管的成本越来越高。因此，越来越多的大公司采用董责险和独立董事制度作为监督机制。此外，在高管持股与董责险需求的相关性水平上，他的实证结果与 Core（1997）一致，即两者是可替代的。

Chalmers、Dan 和 Harford（2002）对董责险需求动机明确提出了与前人不同的说法：高管的机会主义。他们研究发现，公司上市前购买的董责险保单限额与上市后 3 年间的公司股价呈负相关关系。这说明，掌握内部信息内容的高管很可能在 IPO 前就了解到公司的 IPO 价格被高估了。为了更好地防范 IPO 后股价下跌之后股东诉讼造成的损失风险，高管购买了巨额董责险。但是，他们忽略了一点：董责险的保单格式是索赔提出制，从不当行为发生到董事被第三方提起索赔通常需要一段时间，因此企业在 IPO 时有没有购买董责险并不是最重要的，而是在 IPO 后有没有持续购买董责险。

Boyer（2003a）提出了自己的假设：公司是为了保护股东利益而购买董责险。他通过实证分析发现，股东保护假设、董事薪酬假设和管理者信号假设共同构成了董责险需求动因的最有力解释，外部监督者假设也得到了支持，但是财务困境没有明显影响董责险的需求。在此基础上，Boyer（2003b）又找到新的研究发现。当实证模型中增加了"公司上一年度是否投保了董责险"这一解释变量时，以往的实证研究已经证实，所有对董责险的需求产生影响的财务分析指标或公司治理结构指标值都变得越来越不重要。唯一对管理决策有明显影响的指标是公司上年度有没有购买董责险，承保范围和免赔额是什么情况。

Kaltchev（2004）利用美国上市公司的数据和信息进行实证研究来检验董责险需求问题。他的数据信息由两家保险经纪公司提供，包括 1997—2003 年 113 家上市公司董责险信息的内容。他的测试结果显示，企业规模与董责险保单限额正相关；公司收益率、债务比率和股价波动对董责险需求的影响符合 Mayers 和 Smith（1982，1987，1990）的降低破产成本假设；但董责险需求与公司治理结构的关系并不显著：董责险等监督制度是多样的，相互之间没有可替代性。对此产生的原因，Kaltchev（2004）认为，公司业绩问题是引起股东诉讼的真正原因，董责险在缓解董事与股东之间代理问题上的作用值得怀疑。

Linck、Netter 和 Yang（2009）以 8000 家美国上市公司为样本，研究了 2002 年《萨班斯—奥克斯利法案》（SOX）以及其他当代改革对董事和董事会的影响，并以其对董事的供求关系为指导。SOX 要求公司增加外部董事的数量，从而增加了董事的工作量和风险（减少了供应）。在 SOX 之后，董事会开会的频率更高，而董责险的保费也增加了 1 倍。例如，对于一小部分提供必要信息披露的公司（在美国，只有在纽约注册成立的公司才需要进行董责险信息披露），2001 年至 2004 年，董责险保险费中位值增长了 150% 以上，这主要是因为 SOX 大大增加了董事及高管的诉讼风险。

Boyer（2014）根据 1993 年至 1998 年加拿大上市公司年报中披露的董责险信息（包括保单限额、免赔额与保险费）对 7 家公司董责险需求经典假设进行了检验，发现董责险并没有给董事及高管与股东一样多的保障，而更多地保护了股东的财富，这支持了股东利益保护假设。此外，Boyer（2014）的检验结果并不支持风险厌恶假设与财务困境假设。在风险厌恶的情况下，考虑到董责险通常被认为可以吸引更好的厌恶风险的董事加入公司董事会，有两个可能的原因可以解释为什么厌恶风险似乎没有发挥任何作用。首先，Boyer 使用的变量可能不是管理风险规避的良好代理；第二个原因是董责险没有被用于减少厌恶风险的董事的风险敞口，因为可以使用更好的机制来降低这种风险。这样的机制是对公司董事使用董事责任限制条款（LLPs），通过采用此类条款，公司告诉潜在董事，如果以公司代表的身份被提起诉讼，他们的个人财富不会受到太大的威胁。LLPs 通常声明，在发生诉讼时，外部董事的损失不能超过相对较小的数额。因此，与董责险相比，LLPs 设计得更好，可以减轻外部董事的恐惧。如果出现财务困境，在 Boyer 使用的所有衡量指标中，只有负债率的影响才支持该假设。

Boyer 和 Tennyson（2015）根据 1996—2005 年在多伦多证券交易所上市公司的面板数据对董责险在公司风险决策中的角色与后果进行了检验。他们发现，用来代表股东诉讼潜在成本的变量与公司的董责险所有权决定和保障限额密切相关，这些变量包括公司的股票市值、可以提出索赔的股东比例以及公司股票的预期下行风险；与 Holderness（1990）和 O'Sullivan（1997）的观点不同的是，Boyer 和 Tennyson（2015）的面板数据分析结果发现董事会特征对董责险需求的影响很小，其与董责险所有权或保障限额没有显著关联。另外，他们的研究还显示，购买高限额董责险与更积极的收入管理相关，这提供了保险所有权导致道德风险的证据。

Wang（2015）使用了加拿大公司的样本，提供了有关公司治理因素和公司特征与董责险定价相关的新证据。与之前的文献一致（Mayers 和 Smith，1982，1987；Core 1997，2000；Baker 和 Griffith，2007；Boyer 和 Tennyson，2015），这项研究表明，较低的董责险保险费与更强的公司治理相关，并表明保险公司通过很大程度上考虑公司的治理质量并相应地确定价格，可以洞悉公司的诉讼风险。在本研究考察的所有公司治理变量中，与首席执行官的管理层一致有关的变量对董责险定价的影响最大。这项研究还表明，保险公司在董责险定价中考虑了外部董事占比和大股东的所有权，但是由于内部所有权结构在公司治理中的双重作用，因此他们不对内部所有权结构进行定价。这些发现支持以下假设：董责险定价传达了有关公司治理如何降低诉讼风险的信息。与公司保险理论相一致，保险公司通过在董事会上施加有利的公司治理功能作为董责险的先决条件来加强监控。

（二） 亚洲与中国市场检验结果

从现有文献来看，欧美学者比亚洲学者对董责险需求的研究要多不少，目前能够收集到的来自亚洲的论文主要有韩国，中国内地、香港和台湾地区，其中以中国上市公司为研究对象来实证检验董责险需求的论文相对较多。以下根据论文发表的时间顺序，笔者对主要实证检验结果做归纳总结。

王有茹（2007）以沪深两市公司年报、股东大会公告和董事会公告为基础，样本包含 102 个董责险的购买观测值，基于描述性分析和多元线性回归分析进行实证分析。数据分析显示，公司股权结构现代化确实是我国上市公司董责险需求的关键因素，两者之间存在明显的正相关关系。独立董事占比和大股东的特征与公司董责险需求之间存在正相关关系。其他一些假设的检验结果如下：资产收益率与董责险需求存在负相关关系，这支持了财务困境假设；公司业务规模与董责险需求存在负相关关系，这支持了服务效率假设；管理层持股及股权集中度与董责险需求存在负相关关系，这支持了外部监督者假设。

Hong Zou、Sonia Wong、Clement Shum、Jun Xiong 和 Jun Yang（2008）充分考虑了在中国上市公司购买董责险必须经董事会推荐并经股东大会批准，他们在查询所有中国大陆公司的 2000—2004 年年报和董事会公告的基础上得到了 88 个购买董责险的观察样本，并基于公司的行业、时间和规模还选取了 88 个未购买董责险的观察结果作为比较样本。Hong Zou 等（2008）的实证检验表明，欧美上市公司董责险需求的关键影响因素，如独立董事占比、诉讼风险、股权结构、管理层持股等，也是我国上市公司董责险需求的关键影响因素。他们的主要研究贡献是，他们以符合中国国情的方式解释了董责险需求因素，即保护控股股东的利益。我国开办股票市场的初衷，是为了更好地为国有企业提供融资方式，大部分上市公司是在经过资产重组和财务包装发展的，上市公司与国有母公司之间存在各种关系。他们的数据检验显示，公司为控股股东提供的信贷担保越多就越倾向于购买董责险。

Cheng 和 Pang（2008）通过问卷调查方式对中国台湾公司董责险需求因素做了实证分析，他们将董责险需求相关因素归纳为公司本身业务风险、财务风险、公司治理责任风险以及赔偿金额风险四类，其中公司治理责任风险变量包括董监事报酬、董监事持股比例及内部与外部董事持股数三个变量。他们的实证分析结果发现：中国台湾公司购买董责险的首要原因是为了降低诉讼风险，其次是为了促进公司成长与留住高级管理人才，这支持了风险厌恶假设。

许荣和王杰（2012）借鉴 Hong Zou 等（2008）的实证研究方法，选取2002 年至 2010 年购买董责险的中国上市公司为样本组，并建立对照组，实证回答了董责险需求的影响因素以及购买董责险是否有助于降低公司代理成本的问题，从而为公司治理与董责险需求之间的互动关系提供了来自我国上市公司的经验证据。他们的实证检验结果显示：（1）公司治理机制是影响董责险的需求的主要因素，而公司股东利益冲突对董责险需求没有影响，良好的公司治理机制会导致公司有更强的董责险需求；（2）购买董责险可以明显降低公司代理成本，并且其经济影响比公司章程条款设计的影响要更加明显；（3）董责险的实际购买和其他主要公司治理机制之间不存在显著的交互效应，因此董责险很有可能作为一种独立的公司治理机制发挥作用。

刘颖倩（2012）选取 2007 年至 2010 年中国 A 股上市公司作为研究样本，实证检验了影响中国上市公司董责险需求的因素，检验结果显示：（1）独立董事占比与董责险需求显著正相关，说明独立董事制度的出台和发展是促进我国上市公司董责险需求的重要因素；（2）股权集中度、控股股东影响力与董责险需求负相关，这说明"一股独大"制约了我国上市公司董责险需求，支持了外部监督假设；（3）国有企业的控制权与公司董责险需求明显正相关，支持了强势管理层假设；（4）股权国际化程度与董责险需求正相关；（5）公司并购行为与董责险需求呈显著的正相关关系，支持了风险厌恶假设；（6）公司规模和违约记录与公司董责险需求呈不显著的正相关关系；（7）资产收益率、负债率等财务指标分析与董责险需求有不太明显的负相关关系。刘颖倩（2012）通过进一步分析认为，随着我国法律制度的完善、股权改革的实施和公司治理机制的完善，以及我国上市公司国际化进程的加快，企业高管的危机意识逐渐提高，中小股东的维权意识在不断加强，企业对董责险的需求也会进一步增强。

唐洋和王丹丹（2012）以 2008—2010 年我国沪深两市 A 股公司的数据为样本，从企业规模、最终控制人类型、是否海外上市等方面研究企业特征对董责险需求的影响。研究发现，企业的规模及股权结构的国际化对董责险需求呈显著正相关关系，而企业的盈利能力、是否国有控股等特征对董责险需求没有显著的影响。

刘向强、赵阳和孙健（2017）选取 2009 年至 2014 年中国 A 股上市公司为研究样本，他们的研究结果表明，诉讼风险与董责险需求呈显著正相关关系，这说明董事及高管面临的诉讼风险越高，企业的董责险需求越强。

Park（2018）提供的韩国市场经验证据表明，诉讼风险的增加导致企业通过购买保险对冲风险的需求增加。韩国自 2005 年引入股东集体诉讼制度，通过探索韩国政府在股东集体诉讼中的立法变化的自然实验，Park（2018）发现，尽管为购买更多的保险保障而增加了成本，但公司为应对诉讼风险而增加了其董责险的保障水平。Park（2018）进一步测试了公司在两个维度上的异质性影响：行业分类和股东与管理层关系的类型。结果表明，高诉讼风险行业的公司以及股东与管理层之间存在较高冲突的公司相对而言，其董责险保障水平增加得更多。总体而言，其检验结果表明，公司会根据不断变化的风险环境来调整其对冲需求，而这种调整取决于各个公司的风险敞口水平。

Jia、Mao 和 Yuan（2019）考察了公司的政治联系对其董责险需求的影响，他们使用 2005 年至 2014 年的中国上市公司为研究样本，发现有政治联系的公司购买董责险的可能性较小，这是因为政治联系抑制了公司的董责险需求。此研究结论对一系列的稳健性检查具有稳健性，包括 Heckman 两步选择模型、对有政治联系的经理离职的市场反应的检验、围绕聘用有政治联系的 CEO 的差异分析以及公司业绩控制。他们进一步的分析表明，对具有强大市场发展和法律环境的地区的公司，这种影响会减弱，对于地方政府而言，社会重要性不高的公司则更为明显。Jia 等（2019）发现，强调了政治联系对董责险在保护董事及高管法律责任方面的替代作用，政治关系使董事及高管免受诉讼风险的影响，因此政治联系减少了公司对董责险的需求。他们的研究结果增强了我们对董责险在不同国家差异性的理解，尤其是推动新兴市场董责险需求的制度因素。

谭露和胡珺（2019）选取 2009 年至 2017 年中国 A 股上市公司为研究对象，从公司治理和政策环境两个角度分别实证分析了上市公司投保董责险的潜在动因。他们研究发现，上市公司的公司治理越好就越倾向于投保董责险；股权国际化对董责险的需求有促进作用；宏观经济政策的不确定性会促进上市公司的董责险需求。他们的研究还发现，非国有企业相比于国有企业其治理水平更高，因此非国有企业更愿意购买董责险。

三、文献评述

上述文献综述表明当前有关董责险需求动因的实证研究，除 Boyer（2003b）完全否认公司经营状况和公司治理结构对董责险的影响之外，其他学者的研究已经在不同层次上支持了 Mayers 和 Smith（1982，1987）的基本理论。在具体假设的检验层面，由于变量设计、样本特点以及测量方法的不同，每个人得到的结果不完全一样。总体来看，学术界对董责险的实证分析还比较欠缺。从目前的实证研究参考文献来看，在董责险的需求动因层面，科学研究主要集中在诉讼风险和公司治理两个方面，假设检验结果在一定程度上支持了外部监督者假设和股东利益保护假设。

目前的参考文献对董责险需求动因的研究存在以下不足：

（1）研究角度不够全面。在对董责险需求动因研究中，大部分研究角度都局限在董事会结构、董事会独立性和公司治理结构的特征，而对股权结构、管理层激励、内部控制等其他微观因素涉及较少。此外，对市场竞争、客户关系和第三方监督等中观因素以及法律法规等宏观因素对董责险需求的影响没有进行研究或者研究得很少。

（2）董责险需求的指标变量不够丰富。在现阶段的相关参考文献中，大部分参考文献都是以诉讼风险、公司治理等相关变量指标来体现董责险的需求动因，但总体上目前相关实证研究中董责险需求动因变量指标还不够全面，适用范围也不够。

因此，未来可以从微观、中观、宏观三个层面深化董责险需求影响因素研究。笔者认为，应当结合我国特定的法律环境与制度背景分析我国上市公司购买董责险的需求动机，探寻其与国外市场的需求差异，以检验和完善在西方国家发展起来的董责险相关理论。

第三节　董责险需求动因实证研究设计

在前面的章节中，我们对董责险与法律制度的联系做了比较全面的介绍，并且对国内外有关董责险的需求动因基本理论及其实证检验结果做了深入的归纳总结。近年来，我国证券法律制度与资本市场不断完善，中国市场出现了很多新变化与新特点，以下我们将在前述中外学者研究的基础上对董责险需求动因进行全新的实证检验，期待进一步丰富董责险的有关理论与实践。

一、研究假设

正如上文所述，董责险的需求动因研究视角主要集中于诉讼风险和公司治理，中外学者实证检验了诉讼风险与董责险需求、公司治理与董责险需求的联系，尽管变量设计、样本特征以及计量方法等存在差异，但实证结果不同程度地支持了 Mayers 和 Smith（1982，1987）的理论。学者的实证研究表明，欧美上市公司与中国上市公司的董责险需求动因有很多共同点，包括董事会的独立性、诉讼风险、股权结构、管理层持股等。因此，本书也以此成熟的研究视角为基础设计并提出研究假设。

（一）诉讼风险与董责险需求

董责险作为一种董事利益保护机制，其主要目的是补偿公司董事和高管在证券民事诉讼中遭受的损失。因此，董责险的需求与董事及高管面临的诉讼风险具有高度正相关关系。相较欧美市场的高投保率，董责险自2002年引入中国市场以后投保率一直比较低，其最主要的原因，就是中国上市公司的董事及高管面临的职业责任风险一直较低。长期以来，行政处罚先于民事诉讼的规定制约了我国证券民事诉讼的发展，大大限制了中小投资者依法维权的能力。

2020年3月1日起施行的新《证券法》完善了投资者保护机制，在借鉴海外市场经验教训的基础上建立了"中国式证券集体诉讼"制度。根据新《证券法》的规定，受损的投资者将适用"默示参加，明示退出"的规则加入集团诉讼，通过这一制度绝大多数符合条件的原告都将参与到诉讼中来，一旦上市公司或其董监高遭受到集体诉讼，其面临的民事赔偿责任将是非常巨大的。

随着近年来中国对证券投资者的保护制度的不断完善，证券类索赔诉讼案件也在快速上升。据不完全统计①，一共有 71 家上市公司在 2019 年被投资者提起证券虚假陈述民事索赔，诉讼案件数量再创历史新高，如图 4-1 所示。从以往经验来看，超过 90% 的虚假陈述民事诉讼案投资者均会将上市公司列为第一且唯一被告，若上市公司偿付能力预计将出现问题，则再将相关董事高管、证券中介机构或其他责任人列为共同被告，要求其承担连带清偿责任。但是在近 3 年中，也出现了一些将上市公司的实际控制人或相关违法行为的主要责任人点名列为第一、第二被告，要求其承担首要赔偿责任的案件。在这类案件中，上市公司的被告顺位被后移，仅承担连带清偿责任。随着监管机构"追责到人"的执法观念的深入，相信未来，此类案件也将有进一步增多的趋势。

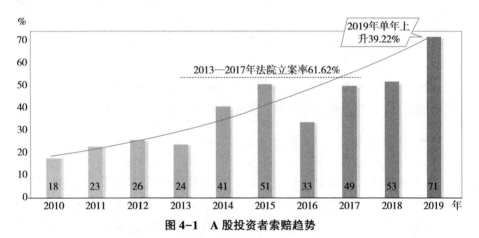

图 4-1　A 股投资者索赔趋势

在新《证券法》实施的背景下，全面推行注册制使证监系统用于事前审核的精力得以释放，更多的人力可以投入对上市公司的监管中，事后监管也随之成为核心的发力点，市场将迎来严厉打击信息披露不规范行为的时代，可预见未来一段时间上市公司被调查和处罚的数量还会增加。

此外，虽然在部分案件中涉事高管会在行政处罚事先告知书下发后提起听证，但整体来看效果并不理想，举证自身已勤勉尽责的难度较大，而新《证券法》中更进一步明确了若董事、监事、高管对披露文件的内容有异议需书面提出陈述理由并披露的制度，进一步提升了相关董事高管的履

① 第一财经，中国平安财产保险股份有限公司.2020 A 股上市公司风险白皮书［R］.2020：12.

职压力，免责难度更大的同时也凸显了调查过程中合理抗辩的重要性。新《证券法》在明确相关责任人的责任范围和赔偿方面上取得了实质性的突破，对上市公司实控人的追责力度也进一步加强，如果被监管机构处罚，后续很可能还会面临投资者的索赔。而在新《证券法》下，过错推定的责任机制令实控人抗辩难度进一步提升，在中国特色集体诉讼制度和先行赔付责任下，实际控制人的潜在风险进一步加剧。

综上所述，近5年来A股上市公司及其董事与高管面临的诉讼风险不断上升，随着新《证券法》的施行和后期司法实践的发展，其风险程度还将继续上升，这是近年来A股上市公司董责险购买率不断上升及其保单限额越来越高的主要原因。综上，本书提出以下一级研究假设：

假设H1：诉讼风险对上市公司董责险需求有正向影响。

在对诉讼风险指标变量进一步细化的基础上，本书提出以下二级研究假设：

假设H1a：诉讼仲裁次数对上市公司董责险需求有正向影响。

假设H1b：诉讼仲裁金额对上市公司董责险需求有正向影响。

假设H1c：违规次数对上市公司董责险需求有正向影响。

假设H1d：违规处罚金额对上市公司董责险需求有正向影响。

（二）公司治理与董责险需求

从上述文献综述部分可以看出，公司治理与董责险需求之间有密切的联系。Holderness（1990）第一次将董责险需求与公司治理联系起来，其验证结果表明，管理权与所有权越是分离，公司代理问题越是严重，从而公司越是愿意购买董责险。学术界对董责险和公司治理机制之间的互动效应存在两种对立的观点。第一种观点认为，两者之间存在良性互动，即公司治理越好，公司越愿意购买董责险，而购买董责险又会改善公司治理。第二种观点从逆向选择与道德风险的保险理论视角出发，认为两者之间存在恶性循环。这两种观点似乎都有一定道理，因此有必要对公司治理机制与董责险需求两者之间的联系在中国新的资本市场环境下进一步进行实证检验，由此本书提出以下一级研究假设：

假设H2：公司治理对上市公司董责险需求有一定影响。

公司治理体系是一个由内部治理体系和外部治理体系组成的有机系统，公司治理体系健康运行不仅依赖于结构科学、运行高效的内部治理体系，还受到内部治理机制运作的外部环境即外部治理的制约。内部治理体系主要是指股东大会、董事会、监事会和高管层等组织边界内部的治理主体之间权责配置和相互制衡安排，内部治理体系是一般公司治理的核心要素，因此狭义的公司治理往往就是指公司的内部治理。但是，完善的公司治理机制应是在政府适当而充分的监管下，形成内外部治理机制协调互动的系统效应。外部治理体系主要包括市场竞争、信息披露、外部监管、利益相关者治理、法律法规等方面。

以下本书将主要从内部治理体系与董责险需求的相关性角度做出进一步详细的研究假设。

欧美上市公司股权结构往往比较分散，而我国上市公司股权高度集中现象较为突出，控股股东因为"一股独大"而在公司治理中的地位强大，中小股东无法有效参与公司经营管理与监督，从而容易造成控股股东对公司与中小股东权益的侵害，引起中小股东对代表大股东利益的董事及高管提起"股东派生诉讼"。为转移这一诉讼风险，代表大股东利益的董事及高管更愿意购买董责险。

假设 H2a：股权集中度对上市公司董责险需求有正向影响。

关于公司首席执行官（CEO）是否兼任董事长（COB）对董责险购买决定的影响，本书认为，当 CEO 与 COB 分离时，CEO 通常不是公司的股东，而由职业经理人担任，而 CEO 作为公司的主要负责人承担了相对较高的职业责任风险，从而更愿意购买董责险转移其职业责任风险。

假设 H2b：董事长与总经理分离对上市公司董责险需求有正向影响。

根据我国《公司法》的有关规定，上市公司属于股份有限公司，其董事会人数在 5~19 人。董事会人数越多，董事之间就公司管理问题发生意见不统一的可能性越高，同时董事因履行职务过程中的不当行为而被第三人提起诉讼的可能性也越高，因此就越需要购买董责险以转移职业责任风险。

假设 H2c：董事会规模对上市公司董责险需求有正向影响。

在前述董责险需求基本理论中，对于独立董事与董责险需求之间的相关关系有两种截然不同的理论，中外学者对此的实证检验结果也不尽相同。Boyer 和 Delvaux-Derome（2002）实证支持了独立董事比例与董责险需求负相关，而王有茹（2007）和刘颖倩（2012）实证支持了独立董事比例与董责险需求显著正相关。笔者认为，上市公司独立董事参与公司经营的活动非常有限，与其他参与日常经营管理的董事和高管相比，对上市公司经营状况的了解存在非常明显的信息不对称问题，独立董事面临的职业责任风险显然更高，因此独立董事更加需要董责险的保障。

假设 H2d：独立董事占比对上市公司董责险需求有正向影响。

从我国《公司法》有关监事会的法律规定可以看出，监事会对公司董事会及高管履行监督职能，可以及时发现公司经营异常，并要求董事及高管及时予以纠正，从而可以有效地降低董事及高管从事不当行为的概率与诉讼风险。因此，上市公司的监事会规模越大，监事会对于董事及高管的监督作用就会更强，上市公司对董责险的需求就会越弱。

假设 H2e：监事会规模对上市公司董责险需求有负向影响。

董责险的被保险人不仅包括被保险公司、董事、监事，还包括公司管理层。公司高管人数越多，高管从事不当行为的概率越高，公司对董责险的需求就越强。

假设 H2f：高管规模对上市公司董责险需求有正向影响。

学术界对管理层持股比例与董责险需求两者之间的关系一直存在两种不同的观点。风险厌恶假设支持者认为管理者如果同时是公司股东，那么他们的风险厌恶程度更高，因此董责险需求与管理层持股比例呈正相关关系；而外部监督者假设与强势管理者假设则认为董责险需求与管理层持股比例负相关。从中外学者的实证检验结果来看，支持两者之间具有负相关关系的占主导地位，笔者也赞同这一观点，因为管理层持股比例越高，管理层与股东利益越一致，侵害股东利益的可能性就越小。

假设 H2g：管理层持股比例对上市公司董责险需求有负向影响。

(三) 研究假设汇总

根据以上分析，本书预期得到的研究假设结果汇总如表 4-1 所示。

表 4-1 研究假设汇总

项目	研究假设
诉讼风险与董责险需求	H1：诉讼风险对上市公司董责险需求有正向影响
	H1a：诉讼仲裁次数对上市公司董责险需求有正向影响
	H1b：诉讼仲裁金额对上市公司董责险需求有正向影响
	H1c：违规次数对上市公司董责险需求有正向影响
	H1d：违规处罚金额对上市公司董责险需求有正向影响

续表

项目	研究假设
公司治理与董责险需求	H2：公司治理对上市公司董责险需求具有一定影响
	H2a：股权集中度对上市公司董责险需求有正向影响
	H2b：董事长与总经理分离对上市公司董责险需求有正向影响
	H2c：董事会规模对上市公司董责险需求有正向影响
	H2d：独立董事占比对上市公司董责险需求有正向影响
	H2e：监事会规模对上市公司董责险需求有负向影响
	H2f：高管规模对上市公司董责险需求有正向影响
	H2g：管理层持股比例对上市公司董责险需求有负向影响

二、变量定义

（一）董责险变量

虽然目前主流金融数据库没有完整的董责险保单信息，中国上市公司一般在公司章程或股东大会公告中披露购买董责险的相关信息。本书在巨潮资讯网、上海证券交易所网站及深圳证券交易所网站通过搜索"责任保险"和"责任险"两个关键词，然后整理出来上市公司发布的公告中的有关董责险的数据。在数据整理过程中，笔者发现公告仅仅公布了购买董责险的意向，对购买后董责险保单的具体信息并没有继续披露，因此数据在一定程度上存在缺失。

本书借鉴胡国柳与胡珺（2014）对董责险的计量方式，用虚拟变量（Ins）来表示董责险的认购情况。如果上市公司公告中表示要投保董责险，则董责险变量的赋值为 1（Ins =1）；反之为 0（Ins =0）。

此外，上市公司关于董责险购买公告中一般都会披露所购买的最高保单限额信息，本书首次增加"保单限额"作为新的董责险变量指标，对其取对数进行线性回归分析。

（二）诉讼风险变量

首先，借鉴刘向强等（2017）的研究以及国泰安金融数据库（CSMAR）诉讼仲裁指标，本书选取上市公司某年的诉讼仲裁次数和诉讼仲裁金额作为公司诉讼风险的计量指标。通过计算公司当年累计涉及诉讼与仲裁的次数加 1 取对数来作为公司诉讼仲裁次数的计量指标, 用 Las 表示。通过计算公司当年累计涉诉金额, 然后以当年累计涉诉金额除以总资产再乘以 100 作为公司诉讼仲裁金额计量指标, 用 Litiamount 表示。

其次, 根据国泰安金融数据库有关指标并考虑到上市公司因违规行为被处罚很有可能会被诉, 本书首次增加了两个新的诉讼风险变量指标: 违规次数与违规处罚金额。违规次数指标通过计算公司当年因违规行为被中国证监会或有关交易所处罚次数加 1 取对数来衡量, 用 Vio 表示。通过计算公司当年因违规被处罚累计金额, 然后以当年被处罚累计金额除以总资产再乘以 100, 以此作为违规处罚金额衡量指标, 用 Pet 表示。

(三) 公司治理变量

借鉴王有茹 (2007) 的研究和国泰安金融数据库公司治理指标, 本书选取股权集中度、董事长与总经理是否兼任、董事会规模、独立董事占比、监事会规模、高管规模以及管理层持股共 7 个指标来衡量公司治理水平。

其中, 股权集中度指标以前十大股东持股比例之和乘以 100 来衡量, 用 Topten 表示; 董事长与总经理是否兼任指标用 Chgm 表示, 如果二者为同一人, 赋值为 1, 如果二者不为同一人, 赋值为 2; 董事会规模指标以董事会人数来衡量, 用 Boadsize 表示; 独立董事占比指标以独立董事人数在董事会中比例乘以 100 来衡量, 用 Indeboard 表示; 监事会规模指标以监事会人数来衡量, 用 Supvsize 表示; 高管规模指标以高管人数来衡量, 用 Mngsize 表示; 管理层持股指标以董事、监事及高管持股比例之和乘以 100 来衡量, 用 Mngshare 表示。

(四) 控制变量

为控制其他因素可能对董责险的影响, 从而更加准确地检验诉讼风险、公司治理与董责险需求之间的关系, 借鉴刘向强等 (2017) 的研究以及国泰安金融数据库有关指标, 本书选取盈利能力、负债水平、公司规模及公司年龄为控制变量, 同时为了研究不同行业对上市公司董责险需求的影响, 本书对行业进行了控制。

其中, 盈利能力指标以净资产收益率来衡量, 用 Roe 表示; 负债水平指标以资产负债率来衡量, 用 Lev 表示; 公司规模指标通过年末总资产取对数, 用 Size 表示; 公司年龄指标通过上市年龄加 1 取对数, 用 Age 表示; 行业指标为虚拟变量，用 Industry 表示，根据证监会发布的《上市公司行业分类指引》，设定工业为 1，商业为 2，公用事业为 3，房地产为 4，综合为 5。

（五）变量总结

最后，我们对前面所提道的董责险变量、诉讼风险变量、公司治理变量与控制变量通过表 4-2 做如下总结。

表 4-2 变量定义

Group	Name	Symbol	Description
董责险 变量	董责险购买	Ins	虚拟变量，购买董责险为 1；反之为 0
	董责险保单限额	Lmt	董责险保单责任限额，单位为万元
诉讼风 险变量	诉讼仲裁次数	Las	当年涉及诉讼仲裁次数加 1 取对数
	诉讼仲裁金额	Litiamount	当年累计涉诉金额除以总资产乘以 100
	违规次数	Vio	当年因违规被证监会或交易所处罚次数加 1 取对数
	违规处罚金额	Pet	当年因违规被处罚金额除以总资产乘以 100
公司治 理变量	股权集中度	Topten	前十大股东持股比例之和乘以 100
	董事长与总经理兼任情况	Chgm	同一人为 1，不同人为 2
	董事会规模	Boardsize	董事会人数
	独立董事占比	Indeboard	独立董事人数在董事会中比例乘以 100
	监事会规模	Supvsize	监事会人数
	高管规模	Mngsize	高管人数
	管理层持股	Mngshare	董事、监事及高管持股比例乘以 100
控制变量	盈利能力	Roe	净资产收益率
	负债水平	Lev	资产负债率
	公司规模	Size	年末总资产取对数
	公司年龄	Age	上市年龄加 1 取对数
	行业	Industry	行业虚拟变量（工业为 1，商业为 2，公用事业为 3，房地产为 4，综合为 5）

三、模型设计

本书从诉讼风险与公司治理的角度研究董责险的需求动因影响因素，基于上述理论分析和研究假设，同时借鉴刘向强等（2017）的研究，本书构建出以下模型。

回归分析是一种对一个或多个自变量和因变量之间关系进行建模的经典统计分析方法，常用于数据挖掘和经济预测等领域。线性回归是回归分析中理论最完备并且应用最广泛的类型，可以针对数据中存在的线性相关关系，用较低的计算和分析成本，给出一个基于现实数据推导的、具有一定预测或解释能力的结果。

由于诉讼风险指标对董责险需求可能具有的正向促进作用以及公司治理指标对董责险需求可能存在的关联影响，本书研究数据表现出一定的线性相关性，因此我们采用线性回归模型进行定量分析。对于董责险购买（0，1）二分类变量，本书采用广义线性模型中的 Logistic 回归模型刻画购买概率，进而完成分类预测。对于董责险保单限额连续变量，其统计分布往往呈现明显右偏特点，需要经过一定的数据变换以更好地满足线性回归的正态分布假设，因此本书采用对数线性回归模型。具体模型公式如下：

$$\text{Logistic}(\textit{Ins}) = \gamma_0 + \sum_{i=1}^{j} \alpha_i \textit{Litigation}_i + \sum_{i=1}^{k} \beta_i \textit{Governance}_i + \sum_{i=1}^{l} \gamma_i \textit{Control}_i + \varepsilon$$

$$\ln(\textit{Lmt}) = \mu_0 + \sum_{i=1}^{j} \eta_i \textit{Litigation}_i + \sum_{i=1}^{k} \theta_i \textit{Governance}_i + \sum_{i=1}^{l} \mu_i \textit{Control}_i + \varepsilon$$

其中，γ_0、μ_0 表示常数项，α_i、β_i、γ_i、η_i、θ_i、μ_i 表示回归系数，$\textit{Litigation}_i$ 表示诉讼风险指标，$\textit{Governance}_i$ 表示公司治理指标，$\textit{Control}_i$ 表示控制变量，ε 表示随机误差。

四、样本选择与数据来源

随着 2015 年以来我国资本市场改革不断深入，特别是证券民事赔偿法律制度也不断完善，A 股上市公司购买董责险的比例有明显上升。尤其是自 2019 年《证券法》启动修改程序以来，上市公司董事及高管预期面临的个人责任风险敞口显著上升，近几年 A 股上市公司董责险购买率呈大幅上升趋势。因此，为了更好地反映近 5 年来我国资本市场与法律法规等宏观环境变化对 A 股上市公司董责险需求的影响，本书拟选取 2015—2020 年 6 月沪 A 股上市公司为研究对象，并对得到的初始样本数据进行了以下处理：

（1）删除金融业和保险业上市公司。

（2）删除 ST 和 PT 公司。

（3）删除存在数据缺失的样本。

（4）为了更好地降低数据信息中极端值的影响，本书基本的手工解决

方案是删除自变量过大或过小的离群样本。经过上述样本处理，最终得到
3178 家公司的 16288 组观察值，其中有 103 家公司的 170 组观察值购买董责
险，由此得到购买董责险的公司占比为 3.24%，购买董责险的样本比例
为 1.04%。

董责险购买数据从上市公司有关公告中手工整理，其他数据来自国泰
安金融数据库。本书使用统计软件 R，对数据进行处理和分析。

第四节 实证检验与结果讨论

本节对于实证检验的结果做了描述性统计分析、单变量分析与回归分
析，并对其稳健性进行了验证。

一、描述性统计

表 4-3 展示了本书涉及的主要变量的描述性统计结果。是否购买董责
险（Ins）的均值为 0.0104，表明在 2015—2020 年，有 1.04% 的观察值购
买了董责险；经计算，有大概 3% 的上市公司购买过董责险，这一比例远低
于欧美海外上市公司购买保险的比例，与以往我国上市公司董责险购买率
的市场公开数据相符。

董责险保单限额（Lmt）的均值为 60.5512，中位数为 0，这是因为样
本中多数公司未购买董责险，保单限额自然为 0。从观察到的样本数据中可
以看出，我国上市公司购买的董责险保单限额通常为 5000 万~1 亿元。

诉讼次数（Las）与诉讼金额（Litiamount）中位数为 0，表明样本中多
数公司未受到诉讼的影响；而违规次数（Vio）与违规处罚金额（Pet）中
位数为 0，表明样本中多数公司没有违规记录。

股权集中度（Topten）中位数为 61，这说明前十大股东股权占比超过
60%，股权集中度较高是我国上市公司的典型特征，这与海外上市公司股权
比较分散明显不同。

董事长与总经理兼任情况（Chgm）中位数为 2，这表明我国大部分上
市公司的董事长与总经理不是同一人。

董事会规模（Boardsize）中位数为 9，最大值为 19，这符合我国《公司
法》有关上市公司董事会董事人数应在 5~19 人的规定。

独立董事占比（Indeboard）中位数为 36，这表明有一半的上市公司独

立董事人数占董事会总人数不到 1/3，这不符合证监会要求的独立董事至少要占上市公司董事会的 1/3 规定。

监事会规模（Supvsize）中位数为 3，这符合我国《公司法》有关股份有限公司监事会人数不少于 3 人的规定。

管理层持股比例（Mngshare）中位数为 1.5175，这说明我国上市公司管理层持股比例较低。

表 4-3　变量描述性统计

Variable	Sample size	Mean	Median	minimum	maximum
Ins	16288	0.0104	0	0	1
Lmt	16288	60.5512	0	0	75000
Las	16288	0.2672	0	0	4.8847
Litiamount	16288	0.2777	0	0	40.7836
Vio	16288	0.0301	0	0	2.0794
Pet	16288	0.0017	0	0	3.8165
Topten	16288	59.6838	61	8.26	100
Chgm	16288	1.7137	2	1	2
Boardsize	16288	8.4452	9	3	19
Indeboard	16288	37.7686	36.3636	0	80
Supvsize	16288	3.4761	3	1	12
Mngsize	16288	6.3026	6	1	21
Mngshare	16288	14.8021	1.5175	0	87.8791
Roe	16288	0.0318	0.0568	−7.2203	1.7535
Lev	16288	0.4172	0.4033	0.0068	10.9937
Size	16288	22.2042	22.0562	18.2868	28.5085
Age	16288	2.1785	2.3026	0	3.4340
Industry	16288	1.6799	1	1	5

董责险指标均值年际变化趋势如图 4-2 所示。

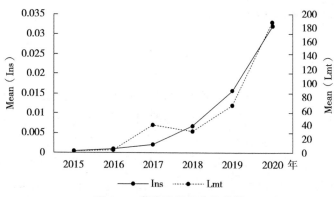

图4-2 董责险指标变化趋势

对于不同年份以及不同行业,董责险指标 Ins 和 Lmt 的分组均值如表4-4所示。

表4-4 不同年份和行业的董责险指标均值

Condition	Sample size	Mean (Ins)	Mean (Lmt)
Year = 2015	2192	0.0004	2.2810
Year = 2016	2372	0.0008	4.2159
Year = 2017	2843	0.0021	40.4502
Year = 2018	2995	0.0067	31.3856
Year = 2019	2884	0.0156	68.3356
Year = 2020	3002	0.0320	188.2672
Industry = 1	11207	0.0100	54.1856
Industry = 2	834	0.0120	109.1127
Industry = 3	2907	0.0144	88.7513
Industry = 4	933	0.0032	16.0772
Industry = 5	407	0.0074	36.8550

由图4-2和表4-4可知,2015年至2020年我国上市公司董责险投保率逐年上升,同时购买的保单限额也在逐年大幅上升。尽管工业企业占观察样本量的比重最高,但是商业企业与公用事业企业在董责险投保率与保单限额两个指标上都显著高于其他行业。

二、单变量分析

为了初步探究单一自变量与因变量之间的影响关系，本书先进行单变量分析。

表 4-5 给出了诉讼风险与董责险指标的单变量分析结果。依据诉讼次数是否为 0，将样本分为不涉诉和涉诉两组，分别计算 Ins 和 Lmt 的分组均值及其差异，并进行统计显著性检验。从表 4-5 可知，涉诉组投保董责险的比例显著高于不涉诉组，涉诉组董责险的保单限额显著高于不涉诉组。这说明诉讼仲裁次数对上市公司董责险需求有着显著正向影响，诉讼仲裁次数越多代表上市公司面临的诉讼风险越高，因此他们更愿意购买董责险与更高的保单限额，假设 H1a 得到支持。

表 4-5　不同涉诉情况的董责险指标均值比较

Variable	Las=0 (no litigation)		Las>0 (involved in litigation)		MeanDiff
	Sample size	Mean	Sample size	Mean	
Ins	11570	0.0093	4718	0.0132	0.0039 [**]
Lmt	11570	59.4216	4718	63.3213	3.8997 [*]

注：[**]、[*] 分别表示在 5% 和 10% 的水平下显著。

表 4-6 给出了违规风险与董责险指标的单变量分析结果。依据违规次数是否为 0，将样本分为无违规和有违规两组。类似可得，有违规组购买董责险的比例在 5% 的水平下显著高于无违规组，有违规组购买董责险的金额在 10% 的水平下显著高于无违规组。这说明，违规次数对上市公司董责险需求有显著正向影响，违规次数越多代表上市公司面临的诉讼风险越高，他们更愿意购买董责险与更高的保单限额，假设 H1c 得到支持。

表 4-6　不同违规情况的董责险指标均值比较

Variable	Vio=0 (no violation)		Vio>0 (involved in violation)		MeanDiff
	Sample size	Mean	Sample size	Mean	
Ins	15830	0.0103	458	0.0147	0.0044 [**]
Lmt	15830	60.4562	458	63.8349	3.3787 [*]

注：[**]、[*] 分别表示在 5% 和 10% 的水平下显著。

表 4-7 给出了董事长与总经理兼任情况与董责险指标的单变量分析结果。样本分为兼任（Chgm=1）和非兼任（Chgm=2）两组，可知非兼任组

购买董责险的比例在 1% 的水平下显著高于兼任组，而非兼任组购买董责险的金额与兼任组无显著差异。这说明，董事长与总经理不是同一人的情况下，上市公司更愿意购买董责险，这主要是因为总经理作为公司日常经营管理者，其面临的职业责任风险比董事长要高，在两者不是同一人的情况下，作为职业经理人的总经理对通过购买董责险转移其职业责任风险的需求会更高。假设 H2b 得到支持。

表 4-7　董事长与总经理不同兼任情况的董责险指标均值比较

Variable	Chgm = 1		Chgm = 2		MeanDiff
	Sample size	Mean	Sample size	Mean	
Ins	4664	0.0075	11624	0.0116	0.0041 ***
Lmt	4664	60.4149	11624	60.6059	0.1910

注：*** 表示在 1% 的水平下显著。

对于连续型的自变量，可以利用箱线图分析其与购买董责险间的关系。图 4-3 展示了诉讼次数（Las，诉讼风险指标）、公司规模（Size，控制变量）和董事会规模（Boardsize，公司治理指标）三个变量与董责险指标 Ins 的箱线图。从图 4-3 中可以看出，购买董责险的样本中每个自变量的整体取值水平均高于不购买董责险的样本所对应的取值水平。这表明，三个自变量和董责险指标 Ins 可能呈正相关关系。在平均意义上，企业涉及的诉讼次数越多就越倾向于投保董责险，企业规模越大就越倾向于投保董责险；企业董事会规模越大就也越倾向于投保董责险。因此，假设 H1a 与假设 H2c 得到支持。

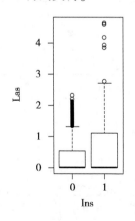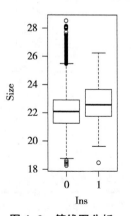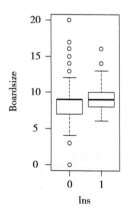

图 4-3　箱线图分析

三、回归分析

(一) 董责险购买目标变量回归分析

以是否购买董责险作为目标变量时，各模型参数估计及显著性水平见表 4-8。其中 Intercept 是常数截距项，Chgm2 为分类变量 Chgm 的虚拟变量，Industry2、Industry3、Industry4、Industry5 为分类变量 Industry 的虚拟变量。本书设计 6 种不同的回归模型进行对比分析和验证，Model（1）只选取诉讼风险作为建模变量，Model（2）只选取公司治理作为建模变量，Model（3）在诉讼风险的基础上加入控制变量作为建模变量，Model（4）在公司治理的基础上加入控制变量作为建模变量，Model（5）则是选取诉讼风险、公司治理以及控制变量作为建模变量，Model（6）在 Model（5）所有建模变量的基础上增加若干公司治理与诉讼风险的交互变量，以探究两组变量间交互效应对目标变量的影响。表 4-8 中的数字表示对应变量在对应回归模型中的回归系数，数字右上角的星号代表显著性水平。

对于不考虑交互效应的前 5 个模型的结果讨论和考虑交互效应的 Model（6）的结果讨论将在下文中展开。

表 4-8 董责险购买决定回归结果

项目	Model（1）	Model（2）	Model（3）	Model（4）	Model（5）	Model（6）
（Intercept）	-5.7255^{***}	-9.4096^{***}	-15.4900^{***}	-11.0191^{***}	-17.3197^{***}	-19.0438^{***}
Las	0.9510^{***}		0.8537^{***}		0.8960^{***}	0.8146^{***}
Litiamount	0.0946^{**}		0.1569^{**}		0.1404^{*}	-0.9624^{**}
Vio	2.8683^{***}		3.1878^{***}		3.4399^{***}	2.8560^{***}
Pet	16.9876^{***}		17.4649^{***}		14.7824^{***}	154.9854^{***}
Topten		0.0088^{*}		0.0145^{**}	0.0165^{**}	0.0045
Chgm2		0.2102		0.1284	0.5057^{**}	0.5024^{*}
Boardsize		0.4811^{***}		0.4517^{***}	0.4883^{***}	0.4390^{***}
Indeboard		0.0533^{***}		0.0466^{***}	0.0575^{***}	0.1055^{***}
Supvsize		-0.4848^{***}		-0.5351^{***}	-0.5028^{***}	-0.4909^{***}
Mngsize		-0.0629^{*}		-0.0652^{**}	-0.0133	-0.0212
Mngshare		-0.0080^{*}		0.0022	0.0017	0.0011

续表

项目	Model（1）	Model（2）	Model（3）	Model（4）	Model（5）	Model（6）
Roe			0.1323	0.0048	0.0967	0.0297
Lev			−0.9370**	−0.3700**	−0.6861*	−0.2453
Size			0.4484***	0.0279	0.2302**	0.2562***
Age			0.0209	0.4875***	0.1915	0.2324
Industry2			0.0123	−0.1033	0.0872	0.1015
Industry3			0.2822	0.2687	0.1782	0.2104
Industry4			−1.8281***	−1.5140**	−1.7078***	−1.8604**
Industry5			−1.2505*	−0.3281	−1.2457	−1.2478
Topten×Litiamount						0.0164***
Indeboard×Pet						−3.1060***

注：***、**、* 分别表示在 1%、5% 和 10% 的水平下显著。

1. 诉讼风险与董责险回归分析

4 个诉讼风险指标的回归系数在 3 个相应模型中均显著非 0 并且为正，表明 4 个诉讼风险指标均对董责险的购买决策具有显著的正向影响。其中 Las 的回归系数在 0.9 左右，显著性水平为 1%，表明频繁的诉讼仲裁案件会显著促进董责险的购买；Litiamount 的回归系数在 0.09～0.16，显著性水平在 5%～10%，表明高昂的诉讼仲裁金额也会显著促进董责险的购买；Vio 的回归系数为 3 左右，显著性水平为 1%，表明违规次数的增加会显著增加董责险的购买需求；Pet 的回归系数在 14～18，显著性水平为 1%，表明违规处罚金额的增加也会显著增加董责险的购买需求。根据以上分析，可以得出结论：上市公司的诉讼风险越高，其对董责险的需求就越强。假设 H1 得到支持。

2. 公司治理与董责险回归分析

7 个公司治理指标均在不同水平上显著，而 Topten、Boardsize、Indeboard、Supvsize 在 3 个相应模型中回归系数均显著非 0，尤其是 Boardsize、Indeboard、Supvsize 在较高的水平上（1%）保持显著，表明上述指标均对董责险的购买决策具有显著影响。

其中，Topten 的回归系数在 0.01 左右，显著性水平在 5%～10%，这表明公司前十大股东持股比例越高，则股权集中度越高，公司对董责险的需求就越强。这可能是因为我国上市公司股权高度集中现象较为突出，公司治理水平较差，控股股东在公司治理中的比较强势，中小投资者无法有效地监督公司经营状况，从而造成中小股东的权益受到控股股东的侵害。因此，控股股东及其经理人为了转移可能来自中小股东的诉讼风险，从而更愿意购买董责险，假设 H2a 得到支持。

Chgm 的虚拟变量 Chgm2 在 Model（5）中系数显著为正，表明董事长与总经理非兼任相比兼任时，购买董责险的需求显著更强，这与单变量相关分析结果一致，假设 H2b 再次得到支持。

Boardsize 的回归系数在 0.45~0.49，显著性水平为 1%，表明董事会规模越大，购买董责险的需求越强，这是因为董事会人数越多，董事之间意见不统一的概率越高，董事会决策效率越低，从而导致公司治理风险上升。董事为了转移其可能面临的职业责任风险，从而更愿意购买董责险，这与单变量相关分析结果一致，假设 H2c 再次得到支持。

Indeboard 的回归系数在 0.05 左右，显著性水平为 1%，表明独立董事在董事会中比例越高，购买董责险的需求越强，这是因为独立董事不参与公司日常经营活动，相对于其他董事及高管存在信息不对称问题。因此，独立董事为了转移其可能面临的职业责任风险，从而更愿意购买董责险，独立董事占董事会比例越高，董事会决定购买董责险的可能性越高。假设 H2d 得到支持。

Supvsize 的回归系数在 1% 的水平上显著为负，这说明公司监事会规模越大，其对董责险的需求就越弱。原因在于监事会规模越大，监事会对董事会及公司高管越能发挥有效监督作用，公司治理水平就会越高，公司及董事和高管面临的诉讼风险越低，其通过购买董责险转移诉讼风险的需求就越低；相反，监事会规模越小，监事会对董事会及公司高管的监督作用越有限，从而导致公司治理水平越低，公司及董事和高管面临的诉讼风险越高，其通过购买董责险转移诉讼风险的需求就越高。假设 H2e 得到支持。

Mngsize 在未加入诉讼风险指标的两个模型中显著，但在加入诉讼风险指标的 Model（5）中不显著，表明诉讼风险的存在相对削弱了高管规模对董责险的购买决策的影响；另外，三个模型中的回归系数为负值，这不符合高管规模越大对董责险需求越强的假设，假设 H2f 没有得到支持。这大概是因为在我国是否购买董责险一般需要得到董事会的批准，上市公司高管虽然有转移自身职业责任风险的投保需求，但其无权决定是否购买董责险。

Mngshare 在所有模型中显著性水平较低，无法得出管理层持股比例越高其对董责险需求越弱的结论，假设 H2g 没有得到支持。因此，管理层持股比例高低与上市公司投保董责险需求之间没有简单的相关关系。

3. 交互效应与董责险回归分析

Core（2000）认为，公司治理结构越弱的公司，其董事及高管面临的诉讼风险也越高，这是因为在这样公司的董事及高管更有可能采取不符合股东利益的行动。由此可知，公司治理与诉讼风险之间有密切联系，上市公司公司治理的质量会对董事及高管面临的诉讼风险产生影响。因此，本书回归分析 Model（6）检验了公司治理变量与诉讼风险变量的交互效应对董责险变量的影响。

从交互变量回归分析结果可以看到，Topten×Litiamount 的回归系数在1% 的水平下显著为正，表明上市公司前十大股东占比越高，即股权集中度越高，大股东越容易侵害小股东的利益，公司面临的诉讼仲裁金额就越高，其通过购买董责险转移诉讼责任风险的需求越强，这进一步支持了假设 H1b 和 H2a。此外，Indeboard×Pet 的回归系数在 1% 的水平下显著为负，表明上市公司独立董事占比越高，对公司的监督作用越有效，公司因违规受罚的金额越小，其通过购买董责险转移诉讼责任风险的需求越弱，这一结果看似与假设 H2d 不一致，但是独立董事占比变量 Indeboard 通过与违规处罚金额变量 Pet 产生交互作用从而影响了董责险需求变量 Ins，这从另一个角度支持了假设 H1d，这与独立董事变量直接对董责险需求变量产生正向影响作用机制不同。

从其他非交互变量回归结果来看，Litiamount 回归系数由正转负，是因为 Topten 变量与 Litiamount 变量的交互效应对董责险购买变量的正向影响更大，从而削弱了原来 Litiamount 对董责险购买变量的影响，以至于在数值上表现为负向影响。另外，Pet 回归系数大幅增加，这是因为 Indeboard×Pet 对董责险购买变量有负向影响，导致 Pet 系数需要在数值上增加以维持一定的平衡。

4. 董责险购买模型准确率

由于购买董责险与不购买董责险的样本比例相差较大，而在不均衡数据集上选择准确率来评价二分类模型的效果并不合适，因此本书选择 AUC（Area Under Curve，即 ROC 曲线下面积）作为模型评价标准，可以更好地评估模型区分两类样本以及整体排序的能力。通过调整合适的分类概率阈值，使模型 AUC 达到最大值 0.8809，此时模型的整体准确率为 91.99%，在购买董责险样本上的分类准确率为84.12%，在不购买董责险样本上的分类准确率为92.07%，模型效果比较满意。

（二）董责险保单限额目标变量回归分析

以对数董责险保单限额作为目标变量时，各模型参数估计及显著性水平见表4-9。

表4-9　董责险保单限额回归结果

项目	Model（1）	Model（2）	Model（3）	Model（4）	Model（5）	Model（6）
（Intercept）	−0.0007	−0.1168***	−0.1483***	−0.1264***	−0.2146***	−0.6400***
Las	0.0062*		0.0052*		0.0058*	0.0432***
Litiamount	0.0248***		0.0261***		0.0256***	−0.1490***
Vio	0.2475***		0.2548***		0.2542***	−0.1196
Pet	0.5994***		0.5984***		0.5915***	27.9659***
Topten		0.0001		0.0002	0.0002*	−0.0011**
Chgm2		0.0006		−0.0004	0.0011	0.0023
Boardsize		0.0118***		0.0115***	0.0102***	0.0320***
Indeboard		0.0017***		0.0017***	0.0013***	0.0055***
Supvsize		−0.0066***		−0.0073***	−0.0055***	−0.0182***
Mngsize		−0.0014**		−0.0013*	−0.0003	−0.0018
Mngshare		−0.0001		0.0001	0.0001	0.0002
Roe			0.0026**	−0.0001	0.0026**	0.0046
Lev			−0.0252***	−0.0089*	−0.0222***	−0.0586**
Size			0.0073***	−0.0006	0.0042***	0.0145***
Age			−0.0025	0.0070***	0.0002	0.0002
Industry2			0.0084	0.0077	0.0081	0.0330
Industry3			0.0042	0.0058	0.0032	0.0128
Industry4			−0.0153**	−0.0157**	−0.0128**	−0.0417*
Industry5			−0.0119	0.0007	−0.0110	−0.0541
Topten×Litiamount						0.0036***

续表

项目	Model（1）	Model（2）	Model（3）	Model（4）	Model（5）	Model（6）
Topten×Vio						0.0129 ***
Topten×Pet						0.1694 ***
Indeboard×Pet						−0.6329 ***

注：*** 、** 、* 分别表示在 1%、5% 和 10% 的水平下显著。

1. 无交互模型回归结果分析

类似地，4 个诉讼风险指标在 3 个相应模型中均显著，并且系数为正，表明诉讼风险变量与董责险保单限额显著正相关，上市公司面临的诉讼风险越高，其所购买的董责险保单限额也越高。假设 H1 得到全部支持。

公司治理指标 Boardsize、Indeboard、Supvsize 在 3 个相应模型中依然保持了 1% 的较高显著水平，并且 Boardsize、Indeboard 系数为正，Supvsize 系数为负，与之前回归结果相一致。假设 H2c、H2d 与 H2e 得到支持，但假设 H2a、假设 H2b、假设 H2f 与假设 H2g 没有得到支持。

控制变量则在不同水平上显著，与以 Ins 为因变量回归时结果不同的是，Roe 在两个模型中呈现显著并且系数为正，表明公司盈利能力对董责险保单限额具有一定的正向影响，这可能是因为公司盈利能力越好，财务状况就越好，对董责险保费高低越不敏感，从而更倾向于购买更高的保单限额。

2. 交互模型回归结果分析

从交互变量回归结果可以看到，Topten × Litiamount、Topten × Vio 与 Topten×Pet 的回归系数都是在 1% 水平下显著为正，表明上市公司股权集中度通过与诉讼仲裁金额、违规次数与违规处罚金额的交互影响，进一步促使上市公司购买更高的董责险保单限额，这一结果进一步支持了假设 H1 与 H2a。此外，Indeboard×Pet 的回归系数在 1% 水平下显著为负，这与前述董责险回归分析中的回归结果一致。

从其他非交互变量回归结果可以看到：Litiamount 回归系数由正转负，是因为公司治理变量与诉讼风险变量交互效应削弱了其对董责险保单限额变量的影响，以至于在数值上表现为负向影响。Vio 回归系数变得不显著，是因为 Topten×Vio 对董责险保单限额变量有正向影响，很大程度上取代了 Vio 对董责险保单限额变量的正向影响。

四、稳健性检验

（一）指标敏感性检验

本书同时选择是否购买董责险的离散变量和董责险保单限额的连续变量作为所关心的目标变量，既单独考虑了诉讼风险指标和公司治理指标对两种董责险指标的影响，又考虑了加入控制变量以及两组指标都存在时的综合影响。不同回归模型的结果显示出相同的规律，共同支持了本书的研究假设，表明本书研究结论对指标体系选择具有稳健性。此外，本书还研究了交互效应存在时的影响，对于部分诉讼风险变量的回归结果与之前不一致的现象，给出了合理的解释。

（二）样本随机性检验

本书尝试通过减少不购买董责险的样本，将原来 1.04% 的样本购买率调至 3% 左右，多次随机抽样后的建模结果均与之前保持一致，表明本书研究结论对样本选取具有一定稳健性。

（三）内生性检验

为了更好地控制内生性，本书还将各类指标滞后一期，考察上一期诉讼风险与公司治理对下一期的董责险购买决策的影响。回归结果显示，诉讼风险与公司治理均对董责险购买决策具有显著影响，并且与之前回归结果基本吻合，说明本书结论是稳健的。

（四）多重共线性检验

本书对诉讼风险与公司治理两个自变量之间可能存在的多重共线性影响做了检验。多重共线性（multi-colinearity），是指线性回归模型中的解释变量之间由于存在精确相关关系或高度相关关系而使模型估计失真或难以估计准确，一般认为方差膨胀因子（variance inflation factor，VIF）小于 10时，解释变量受多重共线性影响较小。经检验，本书回归模型（不考虑交互效应）的解释变量的 VIF 均不超过 2，表明多重共线性影响较小，本书中的回归分析结果可信。

第五节 研究结论与启示

本节在对上述假设检验结果进行汇总的基础上，得到了董责险需求动因的实证研究结论，最后提出了在我国发展董责险的几点启示与建议。

一、假设检验结果汇总

本书在收集、整理 3178 家 A 股上市公司在 2015 年至 2020 年 6 月的相关数据后，对两个方面共 13 个研究假设进行统计分析，最终检验结果详见表 4-10。

表 4-10 假设检验结果汇总

项目	研究假设	检验结果
诉讼风险与 董责险需求	H1：诉讼风险对上市公司董责险需求有正向影响	获得支持
	H1a：诉讼仲裁次数对上市公司董责险需求有正向影响	获得支持
	H1b：诉讼仲裁金额对上市公司董责险需求有正向影响	获得支持
	H1c：违规次数对上市公司董责险需求有正向影响	获得支持
	H1d：违规处罚金额对上市公司董责险需求有正向影响	获得支持
公司治理与 董责险需求	H2：公司治理对上市公司董责险需求具有一定影响	获得部分支持
	H2a：股权集中度对上市公司董责险需求有正向影响	获得部分支持
	H2b：董事长与总经理分离对上市公司董责险需求有正向影响	获得部分支持
	H2c：董事会规模对上市公司董责险需求有正向影响	获得支持
	H2d：独立董事占比对上市公司董责险需求有正向影响	获得支持
	H2e：监事会规模对上市公司董责险需求有负向影响	获得支持
	H2f：高管规模对上市公司董责险需求有正向影响	未获得支持
	H2g：管理层持股比例对上市公司董责险需求有负向影响	未获得支持

二、研究结果及讨论

董责险作为公司治理的一种工具，已有 80 多年的历史，目前在海外成熟资本市场上市公司的投保率高达 90% 左右。但是从 2002 年中国出现首张董责险保单开始，董责险在中国市场发展一直比较缓慢，投保率远远低于海外成熟资本市场。因此，研究上市公司董责险需求动因具有非常现实的意义。从文献综述来看，在董责险的需求动因方面，研究视角集中于诉讼风险和公司治理，中外学者实证检验了诉讼风险与董责险需求、公司治理与董责险需求的联系，尽管变量设计、样本特征以及计量方法等存在差异，但实证结果不同程度地支持了 Mayers 和 Smith（1982，1987）的理论。后人在他们理论的基础上对董责险需求动因进一步补充与引申，提出了各种命题，包括风险厌恶假设、薪酬组成假设、管理者资质信号假设、财务困境假设、外部监督者假设、强势管理者假设、股东利益保护假设、服务效率假设、防止投资不足假设、降低监管成本假设等。在具体命题的检验方面，中外学者研究中的变量设计、样本特征以及计量方法等存在不同之处，所以他们得出的结论不完全一致。总体来看，国内外学术界关于董责险的实证研究还较为缺乏。

本书从诉讼风险与公司治理两个角度对董责险需求动因进行了实证检验，最终得出以下结论：

1. 诉讼风险对上市公司董责险需求有正向影响（H1）

上市公司面临的诉讼风险越高，其购买董责险的意愿越强，并且其购买的董责险保单限额越高，这一结论支持了风险厌恶假设。诉讼风险越高的上市公司，厌恶风险的董事及高管对董责险的需求就越强，这一点无论从诉讼仲裁与违规次数角度，还是从诉讼仲裁金额与违规处罚金额角度，假设 H1 项下的四个子假设都得到了显著证明。

2. 公司治理对上市公司董责险需求有一定的影响（H2）

公司治理与董责险需求检验中包括多种假设，经实证检验，有些假设得到了完全支持，有些假设得到了部分支持，还有些假设完全没有得到支持。

首先，获得完全支持的假设包括：（1）董事会规模对上市公司董责险需求有正向影响（H2c），即董事会人数越多，上市公司购买董责险的意愿越强，并且其购买的董责险保单限额越高，这一结论支持了风险厌恶假设。（2）独立董事占比对上市公司董责险需求有正向影响（H2d），即独立董事在董事会人数占比越高，上市公司购买董责险的意愿越强，并且其购买的董责险保单限额越高，这一结论再次支持了风险厌恶假设，而没有支持外部监督者假设。笔者认为，独立董事制度在我国还不完善，独立董事在我国上市公司管理中没有起到很好的外部监督者作用，同时如上文所述独立董事比内部董事的履职责任风险要高，所以更加需要董责险对其进行保护。（3）监事会规模对上市公司董责险需求有负向影响（H2e），即监事会人数越多，上市公司购买董责险的意愿越弱，并且其购买的董责险保单限额越低，这一结论支持了监督假设。

其次，获得部分支持的假设包括：（1）股权集中度对上市公司董责险需求有正向影响（H2a），一方面股权集中度对上市公司董责险购买意愿的正向影响得到支持，但另一方面股权集中度对董责险保单限额的正向影响没有得到支持。（2）董事长与总经理分离对上市公司董责险需求有正向影响（H2b），一方面董事长与总经理分离对上市公司董责险购买意愿的正向影响得到支持，但另一方面董事长与总经理分离对董责险保单限额的正向影响没有得到支持。

最后，完全没有获得支持的假设包括：（1）高管规模对上市公司董责险需求有正向影响（H2f），这一假设没有得到支持，说明上市公司高管人数越多，其对董责险的需求没有明显增强，这可能因为高管规模主要与公司规模相关，在这一点上中外学者也没有得出同样的结论。（2）管理层持股比例对上市公司董责险需求有正向影响（H2g），这一假设没有得到支持，说明上市公司管理层持股比例与其董责险需求之间没有简单的相关关系，这与以往文献结论一致。风险厌恶假设认为作为公司股东的管理者对风险更加厌恶，因此董责险需求与管理层持股比例正相关；而外部监督者假设与强势管理者假设则认为董责险需求与管理层持股比例负相关。从中外学者的实证检验结果来看，支持两者之间具有负相关关系的占主导地位，但本书的实证检验并没有支持这一结论。

三、启示与建议

基于前述理论分析与实证检验结果，为推动董责险在中国的进一步发展以发挥其对投资者保护与完善公司治理的积极作用，本书可以得出以下几点启示与建议。

（一）完善董事责任法律制度

董责险在全球的发展历史与实践都证明了董责险的发展非常依赖法律制度。如前文所述，诉讼风险对上市公司董责险需求有显著正向影响。上市公司面临的诉讼风险较低是董责险在我国长期以来发展缓慢的主要原因，也是欧美董责险市场比较发达的主要原因。美国上市公司（包括在美国上市中国公司）的董责险参保率之所以最高，是因为美国投资者保护法律制度完善，股东诉讼机制十分发达，董事及高管面临很高的职业责任风险。因此，完善我国董事民事赔偿法律制度是董责险在我国健康发展的法律基础。

综上所述，公司董事和管理层对公司和第三方承担各种法律义务。当他们违反这些义务时，很可能被相关方提起诉讼并承担相应的法律责任。因此，董事和管理层面临的主要风险是责任诉讼风险。对于上市公司，针对董事的诉讼有一半以上是公司股东提起的。因此，上市公司股东被起诉的风险是董事和管理层所面对的主要法律风险。长期以来，由于相关法律法规基础不完善，中国企业的董事和管理层几乎没有遇到股东诉讼的风险，企业缺乏通过购买董责险向保险人转移责任风险的主动性。被起诉风险低的根本原因在于法律法规缺乏适用性。在 2019 年《证券法》修改以前，董责险在中国发展遇到的最大障碍是法律制度不完善。原《证券法》《公司法》和《民法通则》虽然对公司董事和高管的民事赔偿责任做出了一些规定，但由于相关规定和条款缺乏可操作性的缘故及其他诸多因素的制约，特别是行政处罚的前置程序，即法院在证监会做出行政处罚后才受理证券民事诉讼请求，这使得以股东派生诉讼、证券集体诉讼为核心内容的投资者维权诉讼制度一直无法真正被建立起来，对应的证券民事赔偿责任难以落到实处。

2020 年 3 月 1 日起实施的新《证券法》显著提高了上市公司的违法成本并加强了对投资者的保护，特别是在借鉴海外经验的基础上建立了中国式证券集体诉讼制度。因此，在借鉴美国等海外成熟市场经验与教训的基础上，我国需要不断通过立法与司法手段完善符合中国国情的证券集体诉讼制度，实现投资者充分保护与司法资源合理利用的平衡，这样才能更好地发挥董责险对投保公司的积极作用，降低其消极作用。此外，我国应不断完善投资者保护配套体制。以美国市场为例，在美上市公司几乎都会购买董责险，这是与美国发达的证券法律制度与投资者保护体系密不可分的。在美国，监管机构、原告律师与做空公司一起组成了中小投资者的"维权团队"，他们自觉或不自觉地分工合作，即做空公司调查披露上市公司的不当行为（如虚假陈述），监管机构进行调查处罚，律师通过"集体诉讼制度"代表受到损失的投资者起诉上市公司维权，投资者维权启动成本很低，这种生态体系对上市公司及其董事与高管也形成了威慑力。值得一提的是，美国证监会开创了"告密者奖励制度"，一旦告密者申报的上市公司违规信息被证实，其可以从美国证监会对上市公司的罚款中获得巨额奖金，这一制度形成了对上市公司与董事及高管的"全民监督"机制，不仅有利于完善上市公司的外部监督机制，而且大大提高了上市公司及其董事及高管面临的被处罚与民事诉讼风险，成为董事民事责任法律制度的有益补充。笔者建议，中国证监会也可以考虑借鉴这一制度，建立中国式告密者奖励制度，鼓励知情者积极向证监会披露上市公司及其董事与高管的违法行为，形成有力的民间第三方监督机制，这不仅有利于促进完善中国上市企业公司治理水平，而且可以通过后续行政处罚与民事诉讼追究违法者的法律责任，从而保护中小投资者的合法权益。

（二）建立公司补偿制度

公司补偿制度（Corporate Indemnification）是董责险中的一项重要制度，其主要是指董事及高管在履行职务过程中由于非故意的不当行为而引起责任诉讼时，在满足一定的条件时公司有义务补偿董事及高管因此产生的损害赔偿与法律费用等合理费用。在现代董责险制度中，公司可以根据补偿立法的规定或者通过公司章程或细则规定、合同约定、司法裁判等方式补偿受损害的董事和高管，并进而根据董责险合同的约定（Side B 保障）向保险人请求保险赔偿。然而，公司对董事及高管的补偿是否属于保险责任，必须建立在对此种补偿措施的合理性与合法性审查的基础上，这就使公司补偿制度和责任保险具有内在的密切联系。

公司法意义上对董事及高管的补偿制度来自英美法系的判例法，是法官造法的产物。早期的判例法因循代理制度的基本要求，原则上要求补偿以合同的约定为基础。然而，这一要求并非一成不变。在很多情况下，考虑到公司补偿的目的在于有效地激励公司的董事及高管，从而有助于鼓励招募更多合格的管理人员，即使补偿合同未明确规定，如果公司的章程或细则中规定了公司补偿条款，则法官往往也借助合同理论来解释补偿问题。在这种情形下，法官倾向于将章程或细则中的条款解释为合同权力，并基于章程或细则中的授权，要求公司对董事及高管进行补偿。公司补偿判例法的发展促成了公司补偿成文立法的发展，自 1941 年美国纽约州率先制定了成文的公司补偿立法以来，公司补偿制度在英美法系国家得到了很大的发展。迄今为止，美国所有的州都制定了公司补偿立法，加拿大及其大多数省的公司法也规定了补偿制度。从英美法系国家关于公司补偿制度的立法规范来看，公司补偿立法条款都有允许公司为其董事及高管购买董责险。

公司补偿制度是一把"双刃剑"，它一方面可以对董事和高管提供一定的财务保护，当公司购买了董责险时，董事及高管可以获得双重的保障，调动董事及高管的积极性；另一方面也可能引发滥用该项制度的道德风险。因此，在这种情况下，保险人必须严格考察补偿立法的有关规定以及公司授予补偿的依据、受补偿人的行为标准、补偿程序等方面对补偿的正当性予以认定，从而避免或减少投保公司可能产生的道德风险。

我国目前还没有建立公司补偿制度，然而从各国董责险的法律和实践来看，公司对董事及高管的补偿通常是纳入保险责任范围的，即我们通常所说的 Side B 保障。因此，笔者认为，我国在发展董责险的同时应当考虑引入公司补偿制度，具体建议包括以下几个方面。

1. 确立实施胜诉之行为标准

如前文所述，实践中，在不同的立法例中，对成功抗辩标准有不同的认定标准，包括全部胜诉标准、部分胜诉标准和实质胜诉标准。笔者认为，实质胜诉标准比较符合公司补偿制度的目的，即可以激励公司董事及高管，而全部胜诉标准对董事及高管的行为提出了太高的要求，不太适合我国的国情。但在赋权型补偿立法的问题上，则必须采取慎重的态度。

2. 确立排他型立法模式

从国外的公司补偿立法来看，可以分为排他型和非排他型两种立法模式，前者以《美国示范公司法》为代表，后者以《特拉华州公司法》为代表。两种立法模式的根本区别在于补偿立法是否为强制性规范？是否允许当事人以意思自治确立与立法文本不尽一致的补偿机制？从英美法系国家的经验来看，非排他型立法赋予当事人更大的灵活性，无疑更加符合补偿制度的基本理念。但是，我国的情况与英美法系国家情况有很多区别。考虑到我国目前的公司治理结构与水平不完善，诚信观念尚未完全建立，如果过多地赋予公司对董事及高管补偿的自由裁量，有可能会带来比较高的道德风险。因此，笔者认为排他型立法模式更适合我国国情，只有在法定的框架内与立法相一致的额外补偿才是合法有效的，这样才能更好地发挥补偿制度的积极作用，降低其消极作用。

3. 完善相应的补偿授予程序

公司补偿制度中应包括相应的审查程序，对董事和高管行为的正当性和补偿的合理性进行审查。本书认为，在我国的公司补偿制度中，董事及高管不应对受偿人行为进行审查，因为董事及高管出于其自身利益考虑，可能会极力地提高公司对其的补偿标准。为解决这一问题，笔者认为可以发挥独立董事的重要作用，由独立董事做出独立的判断，从而确保补偿问题的公正性，防止补偿制度被滥用。

（三）完善独立董事制度

本书实证证明独立董事占比对上市公司董责险需求有显著正向影响，即独立董事在董事会人数占比越高，上市公司购买董责险的意愿越强，并且其购买的董责险保单限额越高。通过本书实证数据可以看出有近一半的中国上市公司的独立董事占比还不符合《独立董事指导意见》。因此，提高独立董事在上市公司董事会中的比例，完善我国独立董事制度，对推动发展董责险意义重大。

最早的独立董事制度可以追溯到 20 世纪 30 年代的美国，经过多年的发展，独立董事制度已成为欧美发达国家公司治理组织结构中的重要组成部分，并随着社会发展不断完善与进步，逐步进入了成熟阶段。虽然独立董事制度在我国发展已有 20 年，但是仍然存在不少缺陷与弊端，主要包括以下三个方面：第一，独立董事缺乏充分的监督权；第二，独立董事遴选制度落后；第三，独立董事的薪酬激励机制不合理。

考虑到我国独立董事制度存在上述缺陷与弊端，笔者认为需要从以下三个方面有针对性地完善我国独立董事制度：

第一，提高独立董事的独立性。证监会《独立董事指导意见》规定了不得担任独立董事的人员仅限于与董事及高管具有亲属关系的人员，但是这对于独立董事独立性的标准来说还是不充分的，立法上至少还应当从以下两点加以完善：（1）应当将可能影响公司董事及管理层进行独立客观判断的社会关系纳入不得担任独立董事的范围。2022 年 1 月 5 日，证监会公布施行了《上市公司独立董事规则》（以下简称《独立董事规则》）第 7 条，将不得担任独立董事的人员范围扩展到"在上市公司或者其附属企业任职的人员及其直系亲属、主要社会关系（直系亲属是指配偶、父母、子女等；主要社会关系是指兄弟姐妹、配偶的父母、子女的配偶、兄弟姐妹的配偶、配偶的兄弟姐妹等"。（2）规定上市公司的主要债权人或者主要债务人不得成为公司独立董事，因为上市公司主要债权人或债务人可能为了短期利益而损害公司利益，也可能不敢大胆决策，从而最终伤害公司的利益。

第二，完善独立董事选任制度。证监会规定董事会、监事会、单独或者合并持有上市公司已发行股份1%以上的股东拥有独立董事提名权，但是这一规定并不够科学和细致，例如董事会和监事会提名独立董事的人数上限，是否应当对控股股东的提名权做出一定的限制等。在这方面，可以借鉴美国的做法，即将提名权授权给董事会下设的提名委员会，并且由独立董事担任提名委员会中的主要委员。

第三，完善独立董事报酬激励机制。本书建议上市公司董事会应成立薪酬委员会，由独立董事担任主要组成人员并决定其的薪酬，最后由股东大会通过或者由董事会通过，从而保证独立董事在履职中既能保持其独立性，也不会因为没有报酬或者报酬过少而怠于行使其职责。笔者注意到《独立董事规则》第4条对此已做出明确规定："上市公司董事会下设薪酬与考核、审计、提名等专门委员会的，独立董事应当在审计委员会、提名委员会、薪酬与考核委员会成员中占多数，并担任召集人。"

（四）完善董责险保险产品

董责险起源于英美法系国家，其保险条款设计是基于英美法与资本市场的特征，而中国属于大陆法系国家，资本市场发展不够成熟，公司治理不够完善，因此如果直接从海外市场引入董责险产品，就存在"水土不服"的情况，这也是长久以来董责险在我国发展比较缓慢的重要原因之一。董责险保单从20世纪初被外资保险公司引入中国，外资保险人一开始没有做大的调整就把海外董责险条款直接拿到中国市场销售，因此其保单结构与条款措辞基本与海外市场产品保持一致，例如保险责任分为 Side A、Side B 和 Side C 三部分。然而，正如上文所述，中国一直没有建立 Side B 的法律基础即公司补偿制度，因此这些直接从海外照搬过来的保单条款与中国法律制度存在不一致的地方，降低了董责险的市场适应性，很长时间主要是在美国和我国香港上市的中资公司在购买董责险。

近几年来，随着中国公司法与证券法的修改以及本地上市公司对董责险的作用越来越重视，中国本地保险公司也陆续推出了自己的董责险产品，但它们基本是仿照外资保险公司的董责险保单做了简单的修改，没有根据中国本土法律法规与资本市场特征开发出适合本地市场需求的保险产品。因此，为了适应中国最新法律法规与资本市场的发展变化，笔者认为应从以下几个方面完善我国董责险保险产品。

1. 关于被保险人范围

如前文所述，董责险保单中的被保险人包括被保险公司与被保险个人。被保险公司比较清晰，主要是指投保董责险的公司及其子公司，但对于被保险个人的范围不同保险公司保单中定义差别较大。一般情况下，被保险个人是指任何在过去、现在或未来担任公司董事、监事、董事会秘书、经理及其他高级管理人员职务的自然人。

笔者认为，为促进董责险更好地满足市场需求，董责险保单应尽可能扩大被保险个人的范围。根据 A 股上市公司的风险特征，笔者认为，被保险个人具体应包括任何于过去、现在或未来具有以下身份的自然人，但仅以其以下列身份行事时为限：（1）被保险公司的董事、监事与高级管理人员。（2）与董事有相同职责的被保险公司的其他高级管理人员。（3）雇员，但仅以其以下列身份行事时为限：①仅当其行使被保险公司的经理或管理职责时；②仅与针对该雇员所从事的不当雇佣行为有关；③该雇员与其他被保险自然人一起被列为赔偿请求的共同被告。（4）托管人。（5）被保险公司的董事会依据法律或其他约定所设立或批准的委员会成员，但前提是该被保险公司应向前述人员提供补偿。（6）外部实体董事。（7）非执行董事。（8）影子董事。（9）实际控制人。

此外，一些董责险保单将以上被保险个人的配偶、事实上的配偶以及已死亡、丧失行为能力、丧失偿付能力或破产时的遗产管理人、继承人、法定代理人或遗嘱执行人作为被保险个人的组成部分，这明显是从海外董责险保单直接翻译过来的条款，其法律依据源于英美法系，笔者认为在中国法下找不到有效的法律依据。举例来说，被保险个人基于《公司法》或《证券法》应承担的民事赔偿责任，其配偶未必要承担连带责任，因此被保险人个人的配偶不一定具有法律上认可的保险利益，从而成为董责险保单的被保险人。这一点再次说明，我国需要基于中国法律法规与国情而设计的本土化董责险保险产品，而不能照搬照套国外产品条款，这样才能更好地满足本地公司的保险需求。

2. 关于保险责任与除外责任

董责险的保险责任通常可以简单表述为：保险人按照保险合同约定负责赔偿被保险人因其不当行为引起第三人的索赔而依法应承担的损失。因此，在董责险保单中，保险责任与三个重要的概念密切相关，即不当行为、索赔与损失。

不当行为的定义是董责险的重要理论基础。在判例法中，通常是从行为与地位两个方面对董事及高管在责任保险上的不当行为概括为：（1）董事及高管在履行职务活动中违反义务、过失、错误、不实陈述、引人误解的陈述、作为、不作为等行为；（2）仅因为其是公司董事及高管而对其提出的索赔要求。对于不当行为的具体界定，通常需要以保险合同的约定为根据。

笔者认为，不当行为的构成要件应包括过错责任与职务行为。董事及高管的不当行为是否与履行职务相关比较容易判断，但其主观上是过失还是故意有时不好判断。如前文所述，董事及高管责任产生的前提是董事及高管违反了一定的法定义务或信托义务。董事及高管的法定义务通常包括注意义务、服从义务、忠诚义务与披露义务四个方面，这是董事过错责任产生的来源。董责险保单在对不当行为进行概括性定义的同时，需要同时从除外责任的角度对其进行界定，这样才能更好地理解不当行为的内涵与外延。国内通行责任险保单一般会除外被保险人的故意与重大过失行为，这一点也出现在一些董责险保单中。被保险人的故意行为除外，这符合保险学基本原理，比较好理解，但是在董责险中存在特殊的约定。为了最大限度地保护被保险自然人的权益，保险人为了主张适用除外责任，海外董责险保单中一般规定需要由法院终审裁决的确认或者被保险人的书面自认被保险人不诚实行为。在此之前，保险人仍然需要为被保险人进行抗辩或者支付抗辩费用，如果被保险人的不诚实行为这一事实最终为法院终审裁决确认，按照董责险保单约定被保险人需要向保险人返还之前付出的抗辩费用。很多国内董责险保单对此未做约定，为提高董责险的卖点，笔者建议借鉴国外保单增加这样的约定。对被保险人的重大过失除外责任，笔者建议从董责险保单中删掉，因为重大过失与一般过失在实务中很难区分，造成了很多理赔争议，国际通行责任险保单都没有除外重大过失行为，董事及高管因重大过失而被提起索赔属于保险责任。

董责险保险合同中的"索赔"或者"赔偿请求"是启动董责险保险责任的重要条件之一，因为董责险的保单格式一般为索赔提出制，即保险责任的启动需要第三人在保险期间首次对被保险人提出索赔，有些保单还会要求被保险人在收到第三人索赔后在保险期间通知保险人。因此，只有符合保单约定的"索赔"或者"赔偿请求"才能启动董责险的保险责任。笔者建议借鉴外资保险公司的董责险保单中有关定义，尽可能地扩大"索赔"的合理范围。

此外，笔者建议应扩大董责险承保的损失范围，其不仅应包括被保险人因其被提出的属于保险责任范围内的赔偿请求而依法应赔偿的总金额，包括但不限于损害赔偿、判决金额或经保险人同意的和解金额，还应包括被保险人支付的各类合理费用，包括但不限于抗辩费用、调查费用、引渡费用、资产和自由保护费用、民事或保释保函费用、个人名誉恢复费用、生活保障费用、安全防护费用、股东派生索赔的赔偿费用、预调查费用、被保险公司危机沟通费用、派生索赔要求调查费用、公共关系费用等。这些费用的补偿通常需要通过董责险保单或者扩展条款明确，并可以设置一定的分项责任限额。特别值得注意的是，很多外资保险公司董责险保单沿袭了其在海外市场的做法，将罚款与罚金列入董责险可以承保的范围。笔者认为，这有可能会加大被保险人的道德风险，使罚款与罚金丧失了对被保险人的惩戒作用，因此应当在中国董责险保单中明确除外，这一点也符合最新的银保监会有关责任保险业务的监管办法。

3. 关于保险赔偿责任的分摊

董责险的被保险人既包括董事及高管个人，又包括被保险公司实体，在发生赔案时，根据有关法律规定多名被保险人个人、被保险公司以及第三方可能同时作为被告需要承担连带赔偿责任。如果上市公司购买了招股说明书保险与董责险，如何在被保险人个人、被保险公司以及其他责任人之间就赔偿责任进行分摊，使保险人能够按照董责险的保单约定承担保险责任，已经成为董责险保险人需要面对的重大难题。

董责险的责任分摊问题目前在美国和加拿大等成熟市场也是一个容易产生争议的难题。为解决这一问题，保险人对传统保险单进行了改造，除了将公司与个人责任纳入同一张保单承保之外，在订立保险合同时合同双方权衡利益、风险，并在保险合同中确定相应的分摊规则，这一点需要我国保险人重点考虑与借鉴。

笔者认为，我国应当借鉴发达国家成熟的保险实践，妥善地处理董责险的分摊问题。在具体保单设计中，需要重点考虑两个方面：第一，在保单中明确分摊的基本原则；第二，规定分摊发生争议的解决方式。

4. 关于董责险产品创新

在欧美成熟保险市场，承保董事责任的保险产品形式多样，比较典型的产品除董责险之外，还包括招股说明书保险（又称 IPO 保险）、退市保险、独立董事保险、超赔董责险、Side A 保险、雇佣行为责任保险等，这些保障范围不同的产品满足了上市公司、私有公司以及董事及高管的不同保险需求。招股说明书责任保险由公司在上市前购买，在保险期限内，保险公司可赔偿被保险个人/发行公司/控股股东/售股股东因遭受招股说明书赔偿请求（不实或误导性声明或信息、疏忽）所导致的损失。退市保险由公司在退市前购买，承保董事因在退市前的不当行为导致其在退市后被索赔而导致的赔偿责任。独立董事保险是一张单独的董责险保单，其被保险人仅限于在公司任职的独立董事，承保其因在担任独立董事期间的不当行为被索赔而导致的赔偿责任。超赔董责险是一种特殊的超赔责任保险，其免赔额一般是底层董责险保单的责任限额，保障范围一般与底层保单保持一致。超赔董责险的出现主要是因为董责险对保险人的承保能力要求比较高，特别是上市公司，所以市场上就出现了"分层安排"的董责险保单。Side A 保单顾名思义就是只提供董事个人责任保障的保单，不包括公司补偿责任与公司证券责任，它的主要目的是充分保障董事个人的资产安全，避免董责险保单因为公司赔偿责任的消耗而不能有效保护董事个人的责任风险。雇佣行为责任，英文简称 EPLI，它主要承保公司及其高管因其不当行为而遭受员工的索赔而导致的赔偿责任，这个产品既可以单独被购买，也可以被包含在董责险标准保单中。

笔者认为，随着我国全面推行上市注册制，完善董事民事责任法律法规，健全独立董事制度，深入推行退市制度，未来我们需要借鉴海外成熟市场经验，开发多种多样的董责险保险产品以满足市场不同主体的风险转移需求。

（五）建立董责险信息披露制度

如前文所述，通过对董责险保费、保额乃至核保、理赔过程的披露，公众对公司的运营状况及风险水平可以得到更加清晰的认识，因此董责险在完善公司治理结构和保护股东权益方面有重要的价值。我国目前没有建立董责险的信息披露制度，只有部分上市公司在公开网站上披露其准备购买董责险的股东大会决议，但是笔者发现披露的信息非常有限，绝大部分上市公司公告只披露拟购买董责险的保单最低责任限额和保险费上限。至于公告后上市公司有没有实际购买，保单到期后有没有续保，保单实际责任限额与保险费是多少，这些信息公众都无从得知，从而难以充分发挥董责险的积极作用。

针对目前董责险信息不透明的状况，本书建议监管机构将有关董责险的信息，如承保的保险人、保单赔偿限额、免赔额和保险费等，依法规定为上市公司必须公开的信息。这首先是因为董责险保单中赔偿限额、免赔额和保险费这些信息与上市公司的财务状况和治理结构特征有不同程度的关联性，它们是揭示上市公司经营管理和治理水平的重要指标。尤其是董责险保险费包含了保险人作为专业的风险管理机构对购买保险的企业的公司治理风险的全面评估，对于投资者具有宝贵的参考价值，他们可以借助这些重要信息做出更好的投资决策。其次，按照董事薪酬组成说的理论，董责险可以被视为董事及高管薪酬的一部分，因此投资者有权了解这些重要信息。最后，长期以来，由于缺乏董责险的公开数据，有关董责险的实证研究远远落后于其他领域的发展，这十分不利于保险业的长期健康发展。在我国上市公司存在严重的"一股独大"现状下，建立董责险信息披露制度有利于更好地发挥董责险对完善公司治理结构的积极作用。

四、研究贡献

笔者认为本书的主要研究贡献如下：

第一，丰富了我国董责险实证分析研究。董责险在我国属于"舶来品"，市场经验有限，因此对其理论研究较少，目前文献主要是从董责险对公司效应的角度研究较多，从需求动因角度研究董责险的文章非常少。本书基于中国 A 股上市公司的最新数据，结合 2020 年证券法律修改的大背景，对这一问题进行实证检验，不仅再次验证了董责险需求动因的经典理论，同时补充丰富了我国对董责险需求的实证研究，具有良好的现实意义与参考价值。

第二，丰富了董责险需求动因研究的变量指标体系。过往国内外文献对于董责险需求动因进行实证分析时，对于董责险变量指标，一般都是采用简单的是否购买作为指标，例如购买为 1，不购买为 0。因为很多国家并不披露董责险保单信息，很少有国外学者的实证研究采用董责险保单责任限额作为变量指标，从笔者的研究来看，本书首次对中国上市公司董责险需求动因实证研究中采用了保单责任限额作为董责险变量指标之一，在国内属于首创。

第三，丰富了董责险的交叉研究。董责险是一个非常复杂的保险产品，要充分理解它，需要保险、法律、资本市场及管理等多角度知识与经验。本书从董责险的基本理论出发，深入分析了董责险与法律制度的密切联系，然后以董责险需求经典理论为基础，实证验证了 A 股上市公司的董责险需求动因，最后结合笔者多年保险业实务经验提出了如何更好地发展我国董责险业务的几点建议，丰富了董责险的交叉研究成果。

五、研究局限

因为目前我国还没有建立董责险的信息披露制度，本书研究中所需要的董责险购买数据系笔者通过查询上市公司公告手工采集，难免会有遗漏，所以不能覆盖笔者研究的观察期内所有上市公司购买董责险的数据。另外，上市公司有关董责险的公告中没有披露准确的保单信息，特别是保单责任限额，所以本书对责任限额指标采用的是公告中披露的上限值，其有可能与实际责任限额有一定出入。

六、未来研究方向

未来我国建立董责险信息披露制度后，我们可以根据准确的保单信息，特别是责任限额、免赔额与保险费，深入研究董责险与公司治理及有关财务指标的相互作用，从而进一步丰富我国董责险的需求动因与治理效应研究。

实务篇

第五章　董事责任保险市场发展趋势

本章介绍了全球主要董责险市场的最新发展状况，以我国公司的主要上市地点即美国、中国内地和中国香港地区为主，对各自董责险的市场概况、发展趋势与前沿问题进行了总结，以帮助读者更好地了解全球董责险的市场情况与发展趋势。

第一节　海外董事责任保险市场

本节主要介绍董责险在海外保险市场的发展情况、最新趋势与前沿问题，考虑到美国是中国企业的主要海外上市地点，笔者以董责险市场最成熟的美国市场为分析重点。

一、市场现状

保险市场的发展具有周期性，董责险市场也不例外，图5-1很好地展示了这一周期性发展过程。进入21世纪，董责险市场的疲软状态曾持续了超过15年的时间。然而，这一趋势在最近几年发生了逆转，某些行业在2017年底开始发生变化，随后在2018年市场进一步萎缩，到2019年几乎所有董责险客户都经历了不同程度的保费上涨。除不太友好的理赔环境之外，低利率和低收益给保险公司带来的财务影响也是一个关键因素，推动市场不断发展，这反过来又导致可用承保能力减少。目前，一些保险公司或全面退出董责险市场或大幅缩减相关业务，市场承保能力出现下降。董责险市场的承保能力受到挤压，这导致董责险保费继续上涨。可以预见到的是，当保费上涨到一定水平而保险人盈利能力增加，市场承保能力就会因为新的资本的进入而增加，进而又导致保费下降，市场又开始进入疲软状态，周而复始。

图5-1 董责险市场周期

（资料来源：Marsh）

以董责险最发达的美国市场为例，如图5-2所示，董责险保费从2012年至2017年一直处于疲软状态，基本每年费率都在下降。从2018年开始，董责险保费价格开始上涨，受2020年初新冠肺炎疫情的影响，费率上涨幅度达到了过去几年的最高水平，随后涨幅水平开始下降。到2022年第二季度美国董责险的费率在经历了4年多的连续上涨后首次开始下降，这主要与市场承保能力增加以及美国证券集体诉讼数量略有下降有关。

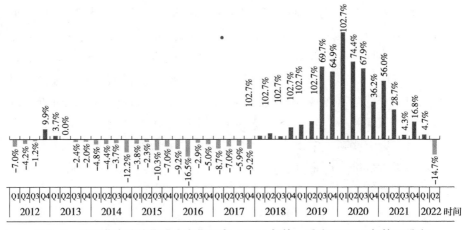

图5-2 美国董责险价格季度变化示意（2012年第一季度至2022年第二季度）

（资料来源：Aon）

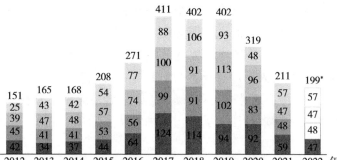

图 5-3 美国证券集体诉讼发展示意（2012 年第一季度至 2022 年第二季度）

（资料来源：Stanford Law School）

因为董责险是十分复杂的责任保险，受到各类宏观与微观因素影响，对保险人的技术要求与挑战要比其他传统财产保险相对较高，因此，保险人想要取得承保盈利非常困难。同样以美国市场为例，2011 年至 2020 年，董责险直保保费翻了一番，从 2011 年的 53 亿美元增加至 107 亿美元。尽管董责险保费最近几年因为市场费率上升而增长较快，但是赔付率也同时在上升。从图 5-4 可以看出，美国董责险保单年度的赔付率 2011 年至 2018 年一直比较平稳，保持在 50% 左右。但是，从 2019 年开始董责险赔付率大幅上升，到 2020 年已经达到 73%，因此美国董责险整体市场处于承保亏损状态，这说明董责险费率相对于市场赔付率还不充足，需要保险人进一步调整承保条件。

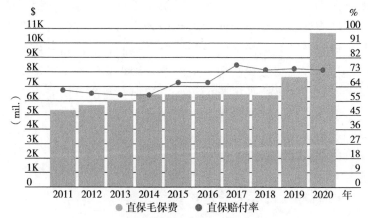

图 5-4 美国董责险承保结果（2011—2020 年）

（资料来源：Fitch，S&P）

根据标准普尔的市场分析，从全球市场来看，董责险的主要承保人来自欧美国家，这与董责险起源于英美法系国家并在欧美发达保险市场发展历史较长有密切关系。表5-1是根据2019年直接保费为计算基础而得到的全球十大董责险保险人，以保险人总部所在地来计算，有一半保险人来自美国，这再次证明了美国作为董责险的发源地目前是董责险最成熟的市场，其余保险人分别来自法国、瑞士、加拿大和日本，这些国家保险市场相对成熟。

表5-1　全球十大董责险保险人

序号	公司	2019直保毛保费（$）	市场份额（%）
1	Axa SA	1001810000	13.1
2	American International Group Inc.	889000000	11.6
3	Chubb Ltd.	852600000	11.1
4	Tokio Marine Holdings Inc.	656300000	8.6
5	Travelers Cos. Inc.	359100000	4.7
6	CNA Financial Corp.	317600000	4.1
7	Berkshire Hathaway Inc.	287900000	3.8
8	Fairfax Financial Holdings Ltd.	272400000	3.6
9	Sompo Holdings Inc.	243100000	3.2
10	Zurich Insurance Group Ltd.	237100000	3.1

资料来源：S&P Global Market Intelligence。

二、发展趋势

面对挥之不去的新冠疫情，世界经济复苏已经开始；然而，变异的病毒株与围绕健康和安全措施的社会与政治紧张局势，继续对企业重新开业的时间和速度以及就业和经济增长的恢复带来问题。由新冠疫情直接和间接产生的经济环境继续影响利润受限的董责险市场，加剧了承保人对企业重新开业和更广泛的系统性风险的担忧；然而，新的承保能力有助于抵消影响并稳定市场，虽然短期内董责险费率、自留额和条款继续面临压力，但承保能力流入有助于减缓这些压力。笔者认为，全球董责险市场发展有以下几个趋势值得我们关注。

（一）与新冠疫情有关的诉讼持续上升

新冠疫情对全球董责险市场影响深远，一方面包括在美国上市中概股在内的一些上市公司及其董事及高管因为新冠疫情而被股民在美国提起证券集体诉讼；另一方面，新冠疫情导致部分公司的破产风险上升，这些公司董事及高管面临的诉讼风险上升，尽管董责险的市场费率已大幅上升，但同时也进一步刺激了董责险的需求上升。

随着时间的推移，新冠病毒变种已经出现，与COVID-19相关的诉讼也在不断变化和发展。据统计，2020年3月1日至2021年12月31日，有42起与新型冠状病毒有关的证券集体诉讼在美国联邦法院被提起。在这42起中，24起是在2020年提出的，18起是在2021年提出的。还有至少16起与新型冠状病毒相关的股东衍生诉讼，其中9起是在2021年提出的。此外，也有至少10起与新型冠状病毒相关的美国证监会（SEC）执法行动。直到2021年下半年，与新型冠状病毒相关的证券集体诉讼一般分为三类：第一类，对在其设施中出现新型冠状病毒暴发的公司提起索赔（游轮公司、私人监狱系统、肉类包装厂）；第二类，对声称能从新型冠状病毒暴发中获利的公司提起索赔（疫苗开发公司、诊断测试公司、在线学习平台）；第三类，因新型冠状病毒暴发而导致其运营或财务业绩中断的公司（医院系统、房地产开发公司）。在2021年的最后几个月，出现了第四类与新型冠状病毒相关的证券诉讼。第四类的诉讼是针对那些在新型冠状病毒暴发之初很繁荣的公司提出的，但随着政府关闭令的撤销和企业的重新开张，这些公司的财富也在下降。第四类诉讼中的一个典型例子是2021年11月对运动设备公司Peloton Interactive提起的证券集体诉讼。该公司的收入在大流行之初飙升，因为被困在家里的消费者争相购买该公司的锻炼设备。该公司增加了库存，向投资者保证其与COVID有关的增长是可持续的。在该公司宣布其与库存水平有关的财务控制存在弱点之后，该公司的股价后来出现了下跌。

与新型冠状病毒有关的证券诉讼中，很少有进入驳回动议阶段的。在总共提交的42起案件中，有8起案件已经进入了驳回动议阶段，其中6起案件的驳回动议已经获得批准。针对疫苗制造商Inovio和Vaxart的证券诉讼案的驳回动议被驳回，至少是部分驳回。在新型冠状病毒暴发初期对游轮公司提起的证券诉讼表现得尤为糟糕；对游轮公司提起的所有3起证券诉讼都被驳回。据了解，只有1起与新型冠状病毒有关的证券诉讼案达成了和解：2021年12月27日，曾在2020年4月遭到COVID-19相关诉讼的SC-Worx公司宣布，它已经与原告达成了和解，作为交换，其董责险保险公司同意支付一笔未披露的现金，该公司则同意发行价值60万美元的股票。尽管到目前为止，原告在这些案件中的记录明显好坏参半，但原告律师仍在继续提起这些案件，特别是上面描述的新的"第四类"案件。

未来可能会出现与大流行病的第二层次影响有关的案件，如供应链中断、劳动力短缺和经济通货膨胀。随着大流行病的持续影响继续在经济领域产生涟漪，新型冠状病毒和诉讼之间的因果关系可能变得越来越难以辨别。仅仅试图将诉讼定性为与新型冠状病毒有关可能变得越来越困难。但是，虽然追踪可能会变得越来越复杂，但事实是，大流行病的发展可能会继续产生导致进一步与大流行病有关的诉讼的情况。

（二）美国证券诉讼数量有所下降

2021 年在美国联邦法院提交的证券集体诉讼的数量与 2020 年的数量相比明显下降，2021 年的申请数量急剧低于 2017—2019 年每年提交的证券诉讼数量的升高。2021 年下降的最主要因素是这一年联邦法院合并异议集体诉讼申请数量的下降，尽管也有其他因素在起作用。虽然 2021 年的申请数量相对于 2017—2020 年高涨的年度申请数量有所下降，但 2021 年的申请数量高于 2017 年之前的长期历史年度申请水平。根据 The D&O Diary 统计，2021 年有 210 起联邦法院证券集体诉讼案，比 2020 年的 320 起联邦法院证券诉讼案下降了 34%。2021 年的证券诉讼申请数量与 2017—2019 年的年平均诉讼数量相比，下降幅度更大，而这一期间的证券诉讼数量激增。2017—2019 年，证券诉讼申请的年平均数量为 405 件；2021 年的 210 件证券诉讼申请与该期间的高申请水平相比，下降了约 48%。2021 年证券诉讼申请数量下降的最主要因素是联邦法院反对公司合并的集体诉讼的数量下降。同样根据 The D&O Diary 统计，2021 年只有 18 起联邦法院公司合并异议集体诉讼，仅占所有联邦法院证券集体诉讼申请的 8.5% 左右。作为对比，2020 年有 102 起联邦法院公司合并异议集体诉讼申请，占该年所有证券诉讼申请的 31.8%。与 2017—2019 年相比，2020 年的合并异议诉讼申请本身代表了合并异议诉讼申请的更大幅度的下降；2019 年有 160 起合并诉讼申请，2018 年有 182 起，2017 年有 198 起。2021 年的 18 起合并异议集体诉讼申请，与 2017—2020 年这类诉讼的数量相比有了大幅下降。

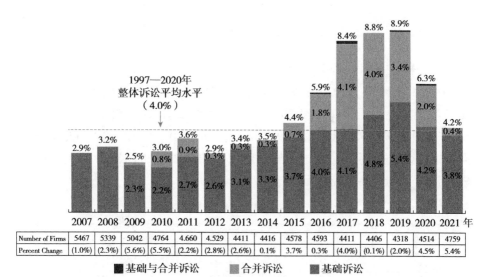

图 5-5 美国上市公司证券诉讼原因占比（2007—2021 年）

（资料来源：Cornerstone Research）

值得注意的是，原告律师仍在提起反对合并的诉讼，他们只是作为个人而非集体提起诉讼。合并相关诉讼的威胁并没有消失，但目前的威胁形式只是没有反映在集体诉讼的统计数据中。如果把反对合并的诉讼效应排除在外，2021 年证券诉讼申请的数量与 2020 年相比，下降的幅度明显要小。因此，2021 年有 192 起传统证券诉讼申请，与 2020 年的 218 起传统申请相比，只下降了约 11.9%，一切都是相对的。尽管 2021 年的证券诉讼申请数量反映了与 2020 年和 2017—2019 年申请量激增时相比有所下降，但 2021 年的申请水平更接近历史申请量。事实上，2021 年的 210 件证券诉讼申请实际上高于 1997—2016 年激增前的年平均申请数量，当时每年平均有 193 件证券集体诉讼申请。

根据 The D&O Diary 的分析，问题不在于 2021 年的证券诉讼申请发生了什么，因为申请水平只是回到了更正常的水平；问题是 2017—2020 年发生了什么，促使申请数量超过历史水平。答案与反对合并的集体诉讼申请有关。2017—2020 年，原告律师正在以联邦法院集体诉讼的形式提交反对合并的诉讼。2021 年，原告律师继续提出合并异议诉讼，但他们作为个人诉讼而不是集体诉讼提出，导致集体诉讼数量下降，而整体诉讼活动基本保持不变。

（三）SPAC 活动及相关诉讼激增

尽管特殊目的收购公司（Special Purpose Acquisition Company，SPAC）已经存在了几十年，2020 年是突破性的一年。2021 年 SPAC IPO 活动的数量不禁让人吃惊。根据 SPACInsider（见表 5-2），2021 年总共有 613 个 SPAC IPO 完成，募集资金总额为 1624 亿美元。2021 年 SPAC IPO 的数量和筹集的资金数额都远远超过了当时创纪录的 2020 年的水平，当时 248 家 SPAC IPO 筹集了 833 亿美元。

表 5-2　美国 SPAC IPO 数量历年统计

年份	IPO数量	募集资金总额 （百万美元）	平均IPO规模（百万美元）
2022	63	11037.3	175.2
2021	613	162532.3	265.1
2020	248	83379.0	336.2
2019	59	13608.3	230.6
2018	46	10751.9	233.7
2017	34	10048.5	295.5
2016	13	3499.2	269.2
2015	20	3902.5	195.1
2014	12	1749.8	145.8
2013	10	1455.3	145.5
2012	9	490.5	54.5
2011	15	1081.5	72.1
2010	7	502.5	71.8
2009	1	36.0	36.0
总计	1150	304074.5	

资料来源：SPA CInsider。

SPAC 是借壳上市的创新融资方式，与买壳上市不同的是，SPAC 自己造壳，即首先在美国设立一个特殊目的公司，这个公司只有现金，没有实业和资产，这家公司将投资并购欲上市的目标企业。目标公司将通过和已经上市 SPAC 并购迅速实现上市融资的目的。以 SPAC 形式上市在充分符合美国证监会规定的最低公开上市标准要求的同时，其与直接到海外上市相比，SPAC 方式不仅节省时间，费用也相对低很多；而相对于传统的买壳上市，SPAC 的壳资源干净，没有历史负债及相关法律等问题。从全球来看，SPAC 在世界不同地方则是不同的发展情况。欧洲的 SPAC 的增长可能无法与美国的繁荣规模相比。美国的繁荣，但仍有越来越多的人期待它将会增加。尽管欧盟的 SPAC 因为严格的公司法要求而面临一些挑战，但欧盟资本市场法律所带来的障碍是有限的。在亚洲金融中心，随着中国内地、中国香港地区和新加坡的公司作为进入资本市场的新途径的大幅上升，市场正在慢慢获得发展 SPAC 的动力。

虽然 SPAC 有其独特的优势，但是鉴于与 SPAC 相关的金融活动的数量，必然也会有一定数量的诉讼活动。事实上，2021 年有大量与 SPAC 相关的诉讼。根据 The D&O Diary 的统计，2021 年总共有 31 起联邦法院与 SPAC 相关的证券集体诉讼案。这 31 起与 SPAC 相关的证券诉讼申请约占 2021 年所有联邦法院证券集体诉讼的 14.7%。除证券诉讼外，2021 年还提交了至少 14 起与 SPAC 相关的股东衍生诉讼；所有股东衍生诉讼涉及的公司也受到证券诉讼。除证券和股东衍生诉讼外，2021 年还有其他类型的与 SPAC 相关的 D&O 诉讼。例如，2021 年至少有 3 起州法院的直接诉讼，指控违反受托责任，认为 SPAC 交易应使用"整体公平"标准来评估。

在 2021 年提交的与 SPAC 相关的证券诉讼中存在某些模式。例如，在 2021 年提起的 31 起与 SPAC 相关的证券诉讼中，有 9 起（29%）涉及电动汽车行业的公司，有 14 起（45%）涉及在卖空者报告公布后股价下跌的公司。做空者瞄准 SPAC 是有原因的，因为卖空 SPAC 收购的公司对做空者来说是非常有利的。在 31 起与 SPAC 相关的诉讼中，有 20 起（64.5%）被指控的被告不仅包括合并后的公司及其某些高管和董事，还包括 SPAC 本身的前董事和高管。虽然许多与 SPAC 相关的证券诉讼是在 2021 年提起的，但很少有案件进入驳回动议阶段。这些诉讼的结果如何，还有待观察。这类案件的历史记录相对较少。2021 年，有一起与 SPAC 有关的诉讼案在较早时期得到了解决，该案与 Akazoo 有关，这是一家音乐流媒体公司，在 2019 年 1 月与一家 SPAC 合并。该公司在 2020 年 4 月遭到了证券集体诉讼，2021 年 4 月，证券诉讼的各方达成了 3500 万美元的部分和解。

一般来说，大多数与 SPAC 有关的证券诉讼都是在合并完成后不久（或者在少数情况下，合并宣布后不久）出现的。换句话说，引起证券诉讼可能性的 SPAC 生命周期事件是 SPAC 宣布和完成合并的过程。强调这些 SPAC 生命周期事件的重要性，因为有大量的 SPAC 上市后的公司目前正处于搜索阶段，并将在未来 24 个月内宣布和完成合并。根据 SPAC Insider 的数据，截至 2021 年 12 月 31 日，有 575 家 SPAC 在寻找合并目标。因为至少从历史上看，很少有 SPAC 因为找不到目标而清算（2009 年至今总共只有 27 家 SPAC 清算），所以大多数寻找目标的 SPAC 可能会找到目标公司并与之合并。事实上，正如其他人所写的那样，SPAC 发起人有巨大的财务激励来完成交易。任何交易在思考未来涉及这 575 家搜索 SPAC 的诉讼的可能性时，请考虑一下：在 2021 年提起的 31 起与 SPAC 相关的证券诉讼中，只有 1 起涉及在 2021 年完成 IPO 的 SPAC。所有其他 2021 年与 SPAC 相关的证券诉讼都涉及 2020 年或之前的 IPO 类别的 SPAC。换句话说，在 SPAC IPO 的时间和诉讼开始出现的时间之间有一个滞后。这无疑加强了未来涉及 2020 年和 2021 年巨大的 SPAC IPO 类别的 SPAC 的诉讼会激增的可能性。

（四）非美国公司面临的索赔风险上升

长期以来，董责险承保人都知道，在美国上市的非美国公司由于在美国的风险，与本国同行相比，面临更高的诉讼风险。然而，最近人们发现，美国证券集体诉讼的可能性并不是非美国公司可能面临的唯一美国诉讼风险。此外，非美国公司在其本国也可能面临越来越高的投资者集体诉讼风险。最近几个月，对非美国公司的一个新的美国诉讼威胁已经出现了。正如 2021 年 9 月 AIG 与 Clyde & Co 律师事务所联合发表的文件中所详述的，原告律师最近代表非美国公司在纽约州法院提起了至少 10 起股东衍生诉讼，指控这些公司违反了本国法律。涉及的公司中包括 5 家欧洲银行和 2 家制药公司。白皮书没有提到所涉及的具体公司，但其中至少有 1 家公司是德国制药公司拜耳公司，据报道该公司的某些董事和高管于 2020 年 3 月在纽约州法院的衍生诉讼中被起诉，被指控违反了德国实体法。拜耳公司的诉讼指控该公司的管理委员会在该公司与 Monsanto 公司命途多舛的合并中存在不法行为。

这些不同诉讼中的索赔人可能寻求在美国法院而不是在公司所在国的法院提出这些索赔，以试图避免"被认为是外国司法机构的烦琐程序要求"。索赔人可能希望利用机会在"更有利于原告的美国诉讼系统"中进行索赔。这些诉讼无疑面临巨大的障碍。但如果他们成功了，这类诉讼有可能成为美国诉讼风险和非美国公司董事和高管的董事责任风险的一个重要新来源。这些诉讼所代表的潜在诉讼风险范围可以说是在最近的人人网衍生诉讼的和解中得到了体现。人人网是一家根据开曼群岛法律成立的中国公司。人人网股东在纽约州法院的衍生诉讼中起诉了人人网的董事和高管。

初审法院的法官拒绝了被告的驳回动议，认为许多不法行为被指控发生在纽约。中级上诉法院确认了下级法院的裁决。双方最终以至少3亿美元的价格解决了该诉讼（这实际上代表了美国有史以来最大的衍生诉讼赔案之一）。可以肯定的是，在2021年12月10日的命令中，审判法庭的法官以多种理由拒绝了人人网公司的和解。但人人网公司的案件表明，纽约对非美国公司董事和高管的衍生诉讼至少在某些情况下可以不被驳回，并有可能导致大量的和解。

事实上，这种诉讼风险非常严重，以至于安联保险公司将针对非美国公司的此类衍生诉讼的威胁列为"2022年公司应注意和防范的五大董事责任趋势"之一。不仅美国对非美国公司的诉讼威胁在增加，这些公司在其本国也可能面临更多的股东诉讼威胁，正如2021年三个重大的非美国投资者集体诉讼的发展所显示的那样。第一，根据中国新《证券法》的规定，2021年11月12日，中国法院在针对康美药业、该公司某些高管和该公司外部审计师的投资者集体诉讼中做出了24.6亿元赔偿判决。该案的索赔者声称该公司通过夸大其收入、利润和现金，进行了大规模的会计欺诈。第二，2021年6月，大众汽车宣布，该公司、几位前高管和该公司的董责险保险公司已经达成协议，解决该公司在德国法院对高管提出的与该公司"柴油门"丑闻有关的损害赔偿要求。和解的总价值约为3.51亿美元，这里包括高管个人和公司的董责险保险公司的大量付款。第三，2021年9月，南非法院批准了各方在Steinhoff国际投资者诉讼中达成的复杂的多司法管辖和解中的南非部分。该综合和解方案的总价值很可能超过10亿美元，解决了在荷兰、南非和德国的未决法律诉讼。这些法律诉讼与2017年12月首次出现的涉及该公司财务报表的大规模会计丑闻有关。这些诉讼的发展说明了一个事实，即许多公司现在在其本国，而不仅仅是在美国，面临着大量的投资者集体诉讼的风险。事实上，美国以外的投资者集体诉讼的兴起可以说是近年来董事责任领域最重要的发展趋势之一，而且在未来几年可能会成为一个更重要的因素。

第二节　中国董事责任保险市场

本节主要介绍了中资公司在其三个主要上市融资的资本市场即美股、港股与 A 股各自的董责险市场的发展状况与最新趋势。

一、中概股董责险市场

（一）中概股的定义

中概股一般指中国概念股，是指外国投资者对所有海外上市的中国股票的统称，而中概股在董责险市场特指在美国证券市场上市交易的中国公司股票，英文称为 Chinese Companies Listed on U. S. Stock Exchanges。美中经济与安全审查委员会（U. S. -China Economic and Security Review Commission, USCC）每年都会发布中概股报告，在报告中 USCC 将中概股公司定义为：一个上市公司被认为是"中国公司"，如果（1）它被相关美国证券交易所认定为来自中华人民共和国（PRC）；（2）它在向美国证券交易委员会提交的文件中把中国地址列为其主要行政办公室；（3）它的大部分业务在中国，包括机构在境外但其价值最终是通过在中国的关系联系起来的公司。在利用离岸公司实体在美国证券交易所上市的中国公司中，有些公司在其总部、母公司或行政办公室的主要国籍或地点方面并不透明。换句话说，一些依靠离岸注册的公司可能会在其上市信息中隐藏或不指明其主要的中国公司住所。这使追踪工作更加复杂，因此很难保证 USCC 名单涵盖了所有在境外注册的中国公司，此外，完全在中国香港注册的公司也不包括在此名单中。

根据 USCC 的报告，截至 2022 年 3 月 31 日，包括在纽约证券交易所（NYSE）、纳斯达克（NASDAQ）和纽约美国证券交易所（NYSE American）3 个美国最大的交易所上市的中国公司一共有 261 家，总市值为 1. 3 万亿美元，其中市值排名第一的公司是阿里巴巴集团。此外，还包括多家大型国有企业，如中石油（市值第二）、中国人寿（市值第三）、中石化、南方航空、华能国际、中国铝业、东方航空等。对比 2021 年 5 月 5 日 USCC 出具的报告，一共有 248 家中概股公司，总市值为 2. 1 万亿美元。

（二）中概股董责险市场现状

如上文所述，在美国上市公司几乎都购买了董责险，这对中概股更是如此，因为中概股公司不仅面临所有在美国上市同样的法律风险，而且还因为其他复杂因素具有其特有的责任风险，其中一个中概股面临的典型问题就是 VIE 的法律地位在中国不明确。基于最新的年报，在美国三大证券交易所上市的中概股公司中有 184 家适用 VIE 结构①以使其能够规避中国对于外资的限制，这意味着在美国上市的中国公司中有 71% 的公司使用 VIE 结构，而且这一比例似乎正在增加。但是根据中国法律，中国内地公司与其相关的离岸实体之间的 VIE 安排的法律地位值得怀疑。2021 年 2 月，国家市场监管总局（SAMR）发布了新的平台经济准则，规定 VIEs 正式纳入中国《反垄断法》监管，要求企业在并购时寻求 SAMR 批准，这增加了 VIE 企业的法律与合规风险。因此，中概股与其他在美国上市公司相比面临着相对较高的证券集体诉讼风险，这是导致其董责险保险人发生巨额理赔的主要原因。

针对中概股的证券集体诉讼每年都会发生，曾对于董责险市场影响比较大的一轮集体诉讼发生在 2011 年。根据 Lockton 的数据（见图 5-6），2011 年在美国发生了超过 40 起针对中概股的证券集体诉讼，2012 年至 2016 年，每年大概有 10 起针对中概股的证券集体诉讼，从 2011 年至 2016 年的历史赔付情况来看，每年的平均和解金超过了 3000 万美元。2017 年至 2020 年，针对中概股的证券集体诉讼又呈现逐年上升趋势，特别是 2020 年的集体诉讼数量接近 30 起。证券集体诉讼在美国基本是和解结案，在中概股集体诉讼历史和解案件中，发生于 2015 年而结案于 2020 年的阿里巴巴集体诉讼案件的和解金额最高，总计达到了 3.25 亿美元，其中其董责险保险人支付了 1 亿美元（全部保额）。

---

① VIE 结构就是 VIE 模式（Variable Interest Entities，直译为"可变利益实体"），在国内被称为"协议控制"，是指境外注册的上市实体与境内的业务运营实体相分离，境外的上市实体通过协议的方式控制境内的业务实体，业务实体就是上市实体的 VIEs（可变利益实体）。中国在法律上禁止外国直接投资某些行业，包括许多高科技行业，并对外汇和资本流动实行严格控制。为了规避这些限制，有意在美国交易所筹集资金的中国内地公司利用 VIE 结构。采用这种结构上市的中国公司，最初大多数是互联网企业，比如新浪、百度，其目的是符合工信部（MIIT）和新闻出版总署（GAPP）对提供"互联网增值服务"的相关规定。

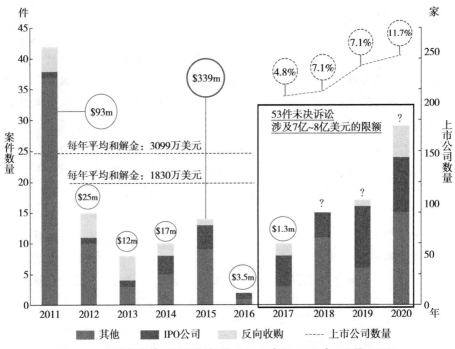

图 5-6　中概股集体诉讼历年数量（2011 年至 2020 年 12 月 15 日）

（资料来源：Lockton）

　　因为中概股面临的证券集体诉讼风险很高，所以长期以来在中国市场外资保险公司一直是承保能力的主要提供者，此类业务主要通过外资保险经纪人排分，中资保险公司与保险经纪公司因为缺乏相关承保经验与人才一般很少参与此类业务。虽然中概股董责险业务在中国属于非常小众的业务，但是因为其高投保率中概股董责险保费一直在快速增长，尤其是从 2018 年开始美股董责险市场进入"硬周期"，随着市场费率的上升，中概股保费也在快速上升。根据 Lockton 的数据（见图 5-7），2020 年中概股董责险保费大概在 1.5 亿美元，当年保费增速接近 40%。

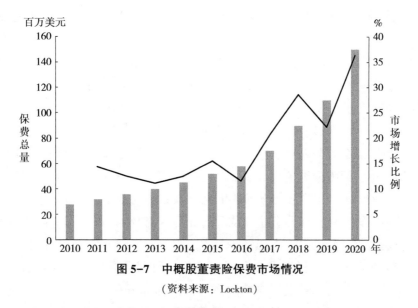

图 5-7　中概股董责险保费市场情况

（资料来源：Lockton）

从 2018 年开始，中概股董责险的保费费率与免赔额同时出现持续上涨的趋势，基础层董责险保单费率甚至高达 20%～30%。尽管如此，因为针对中概股的证券集体诉讼数量在近几年大幅上升，很多董责险保险人开始收缩承保能力，尤其是不少外资保险人对于客户与保单条件的要求越来越高。与此同时，中概股公司及其保险经纪人发现无论是招股说明书责任保险还是董责险越来越难从市场上找到足够的可以支付得起的承保能力。正因为如此，不少中资保险公司开始进入中概股市场，因为缺乏再保险的支持，他们一般是以净自留从共的方式来参与中概股董责险的业务。

（三）中概股董责险发展趋势

在外部环境变化及监管不确定背景下，中概股未来何去何从是市场焦点。笔者认为，在当前中美博弈的大背景下，中概股面临的诉讼风险与退市风险都在上升。根据 2021 年 12 月 3 日美国证监会公布的《外国公司问责法案》实施规则，相关政策即将进入实质性执行阶段。该法案重点内容包括：（1）在前一个年度财务报表期间，由于外国司法管辖区相关主管机构的要求，一个 PCAOB 无法完全检查的注册会计师事务所为该注册人出具了审计报告；（2）被认定为"Commission-Identified Issuers"的公司须披露法案要求的各项事宜；（3）连续 3 年被认定后将会被禁止在美国的证券交易所交易。2022 年 3 月初年报披露期，美国 SEC 依据《外国公司问责法案》

将首批 5 家中概股企业列入"初步识别名单"中,标志着对于中概股监管从制度建设正式步入法律执行阶段,随即引发市场担忧。随后越来越多的中概股公司被纳入名单,截至 2022 年 8 月 25 日已经有总计 150 只中概股上榜"确定识别名单",另有 4 只列入"初步识别名单"。中概股公司进入该名单是美国证监会执行《外国公司问责法案》的一个正常步骤。

对于被列入识别清单的中概股来说,既很可能面临股价大跌的情况,也有可能会对公司经营产生影响,甚至有些可能要进行转板,比如说在美国退市,回中国香港或者 A 股上市等。给定中美有望达成一定监管合作的大前提,未来中概股的选择和出路可大致分为以下几种情形:(1)仍无法满足监管要求,如国有企业或部分企业,选择退市;(2)不需要被迫退市企业,仍可赴港二次上市或双重主要上市;(3)不满足回港条件公司,继续在美交易。根据中金公司的数据,目前已有 27 家中概股回归港股,预计 42 家公司满足在未来 3~5 年回归港股的条件。

中概股公司进入确定名单也并不意味着公司必然退市,最终是否会退市要看双方审计监管合作的进展和结果。根据双方监管部门公开披露的信息,双方正继续就监管合作保持密切沟通,加快推进合作。中国证监会 2022 年 8 月 26 日宣布,中国证监会、财政部与 PCAOB 签署审计监管合作协议,将于近期启动相关合作事项。这标志着中美双方监管机构为解决审计监管合作这一共同关切问题迈出了重要一步。虽然如此,从上述中美各自对此合作协议达成的官方回复可以看出,此次双方签署审计监管合作协议并不意味着中概股自美退市的风险已经解除,未来中概股退市风险依然存在,还需要看双方对后续的合作效果的评估。因此,中概股退市风险仍然不可忽视。

因此,考虑到中概股未来的不确定性,中概股董责险业务可能在未来相当一段时间内还将处于相对较硬的市场周期,中概股公司、保险经纪人及董责险保险人应对此做好准备。中国有句俗语:"祸兮福所倚,福兮祸所伏。"虽然中概股退市风险并没有完全解除,但是考虑到退市风险依然存在,如前所述,不少中概股已宣布计划从美股退市,退市后不一定会续保现有董责险保单,但是也会产生新的保险需求。一方面,中概股公司从美股退市后,一般会为董监高在退市前的不当行为导致的潜在责任购买延长报告期保障(俗称"退市保险");另一方面,很多中概股公司会选择在港股上市,这也将产生购买招股说明书保险(俗称"IPO 保险")的新需求。

二、港股董责险市场

(一) 发展历史

我国香港作为国际金融中心之一，长久以来资本市场比较发达，加上其法律制度是建立在普通法系基础上，因此香港一直以来是亚太地区最发达的董责险保险市场。虽然董责险在香港市场已有多年的历史，但其市场发展也经历了几个重要里程碑。第一个里程碑是1997年亚洲金融危机。当年的亚洲金融危机导致很多公司出现财务问题，股东及相关利益方试图要求董事及高管个人对他们的损失承担赔偿责任，这刺激了董责险的投保需求。第二个里程碑是2004年香港《公司条例》的修改。在2004年以前，原《公司条例》第165（1）条限制了公司为其董事提供赔偿的范围。该法律规定，任何免除董事责任的合同条款都是无效的，不仅仅是根据公司章程。这阻碍了董责险在香港的发展，并且已经完全过时，因为它阻止了董事对公司所购买的保险的依赖。2004年，新《公司条例》第165（3）条出台，规定公司为其董事购买董责险是合法的，只要涉及董事的疏忽、失职、违反职责或违反信托。2004年修订的《公司条例》为董责险在香港市场的发展提供了强有力的法律依据。第三个里程碑是2014年香港《公司条例》的再次修正。2014年3月3日，新的《公司条例》正式颁布。新条例旨在通过引入一些关键性的变化来加强公司治理，促进商业，并使法律现代化，其中一些是关于董事的职责和责任。新条例将董事的职责编入法律，为董事的谨慎责任标准提供了明确和可比较的指导。因此，如果董事没有行使必要的合理谨慎、技能和勤勉，他或她将更容易受到新条例的约束。这进一步提高了董事的履职责任风险，从而继续推动了香港上市公司购买董责险的动力。

此外，虽然不是法定要求，但香港证券交易所（HKSE）于2012年4月1日发布的修订后的《治理准则》实际上已经强制要求在香港证券交易所上市的公司购买董责险，因为没有购买董责险的公司需要解释为什么没有购买。这表明，购买董责险已被认为是香港公司治理的最佳做法。这之后，香港董责险投保率开始大幅上升。据了解，目前超过70%的香港上市公司已经购买了董责险，并且保险费一般由上市公司支付。

(二) 市场现状与发展趋势

香港董责险市场的主要保险人是国际保险公司，前十大董责险保险人中绝大部分是国际保险公司。由于其股票市场的规模，香港产生了大量的董责险和招股说明书（IPO）保险业务。这些业务不仅来自香港本地公司，也来自在香港上市的中国内地公司（"红筹股"）以及在美国上市的内地和香港公司，其中红筹股公司有 191 家，在这 191 家公司中有 55 家公司同时在 A 股上市。根据有关市场不公开数据显示，2020 年香港董责险总保费大概为 8000 万美元，未来 5 年预计可以保持较快的增速。

从香港董责险市场的历史表现来看，因为很少发生大的索赔案，所以保险人一般情况下是可以取得承保盈利的。香港董责险大的索赔案很少发生的主要原因是香港目前的法律体系并不支持集体诉讼，而且也不允许律师或有收费（contingent fees）与第三方诉讼金融，而这些是其他英美法系国家特别是美国和澳大利亚的董责险市场法律风险要相对高出很多的最主要原因。香港董责险的索赔主要来自监管调查，根据 AIG 的数据，监管调查成本占到所有董责险索赔成本的九成左右。在香港，大量的监管机构和其他法定机构可以调查和/或起诉企业的不当行为。这些机构包括证券及期货事务监察委员会（SFC）、香港金融管理局、廉政公署（ICAC）等。廉政公署热衷于打击香港商业精英中的贿赂和腐败行为，而证监会则大大增加了其雇用的检查员数量，以调查上市公司的事务。

根据 AXCO 的报告，自 2020 年全球暴发新冠疫情以来，香港正经历着自 2008 年国际金融危机以来最"硬"的董责险市场。香港董责险保费平均增加了 10%~20%，最高增幅达 100%。免赔额也增加了，承保能力也明显下降了。这不是因为市场表现不佳，而是因为对破产相关索赔浪潮的担忧。在 2021 年新冠疫情后的经济条件下，预计会出现一波与破产有关的索赔。与许多其他司法管辖区不同的是，香港特区政府没有修改香港的公司法，即在破产交易的情况下为董事提供任何临时救济。因此，面临最困难的董责险续保的公司是那些处于财务困境的公司，或者那些受疫情影响比较严重的行业，如旅游业、酒店业和零售业。

同样根据上述 AXCO 的报告，在香港上市的红筹公司没有产生像在美国上市的中国公司那样高的索赔率。这主要是因为香港的法律和监管环境对中国企业高管来说不那么陌生，也不像美国那样充满敌意。对于在美国上市的中国内地公司来说，香港仍然是一个重要市场，尽管个别保险公司已经将其承保能力降到每张保单 250 万美元，最低免赔额已经提高到 500 万美元或 1000 万美元，但是保费仍急剧上升。然而，中国香港地区市场仍不像内地市场那样硬，而且承保人更有能力写出经纪人所要求的定制保单措辞。在瑞幸咖啡的董责险损失震惊了大陆的董责险承保人之后，近年来香港市场询价的经纪公司数量有所增加。

三、A 股董责险市场

如前文所述，虽然董责险具有八十多年的发展历史，但是一直以来欧美市场是全球董责险市场保费的主要来源。与投保率非常高的欧美上市公司相比，一直以来很少有中国上市公司主动购买董责险。2002 年中国市场才出现第一张中文董责险保单，当年平安保险公司与美国丘博保险公司一起免费为当时万科集团董事长王石出具了此保单。但是，这张保单在到期后王石没有选择续保。

由此可见，中国大陆的董责险市场发展历史较短，从 2002 年第一张中文董责险保单问世到现在不过 20 年的时间，董责险一直是一款比较小众的保险产品。一直以来，主要是在海外上市的中资公司（包括美股与港股上市公司）是购买董责险的主力，A 股上市公司的董责险投保率一直很低，非上市公司投保董责险的情况更是少见。对于在美股上市的中国公司，如上文所述，近几年正处于市场"硬"周期，投保或续保情况比较困难。而对于 A 股上市公司，从 2020 年开始，受到新《证券法》与包括瑞幸咖啡案与康美药业案在内的司法实践的推动，选择投保董责险的公司越来越多。

当前，A 股董责险市场日新月异，出现了很多新趋势新变化，笔者针对 2022 年董责险市场的最新情况撰写了《中国上市公司董责险市场报告》[①]，以下是报告主要内容，供读者参考。

（一）数据来源

笔者以"责任险"与"责任保险"为关键词在"巨潮资讯网""上交所网站"与"深交所网站"等官网进行搜索，以 A 股上市公司在 2022 年全年发布的公告为研究对象，共收集到 337 家上市公司发布购买董责险的公告信息。需要注意的是，购买董责险并不属于沪深交易所强制单独公告的类型，无单独对应的公告编号，部分公司直接在董事会决议公告里说明审议此项议案，没有进行单独公告。因此，可能因为数据来源不同，本文所使

---

① 王民、刘伟："中国上市公司董责险市场报告（2023）"，载微信公众号"CPCU 国际大使"，2023 年 1 月 3 日。

用的董责险数据与其他渠道公布的相关数据会有所差别。另外，考虑到某些上市公司在发布首次购买董责险的公告后续保时可能并不再发布有关公告，因此我们收集到的数据可能不能反映整个 A 股董责险的真实情况。尽管如此，我们认为基于现有数据的市场分析报告仍具有较高的参考价值。

（二）板块分布

从下图可以看出，在购买董责险的337 家公司样本中，深交所上市公司占比仍远高于上交所上市公司，占样本总数六成，与历史数据相比，深交所上市公司购买董责险的意愿持续超过上交所上市公司。

从具体上市板块来看，上交所主板与深交所主板公司占比 40%，而深交所中小板与创业板公司占比达到 47%。就

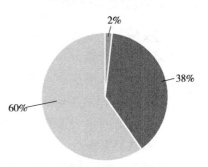

图 5-8 购买董责险 A 股上市公司所在交易所占比

（资料来源：CPCU 国际大使）

具体上市板块来看，上交所主板上市公司购买董责险的意愿居于首位。此外，我们注意到上交所科创板上市公司购买董责险的意愿相对于主板公司明显更强，且在总体样本中的比重近两年来一直在上升。

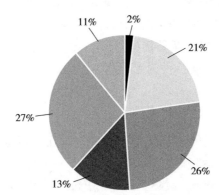

图 5-9 购买董责险 A 股上市公司所在板块占比

（资料来源：CPCU 国际大使）

受 2021 年底康美药业案判决的影响，2022 年上市公司集中在第二季度发布了购买董责险的公告，这也可能是因为一季度上市公司忙于年报披露

等其他重大事宜，第二季度才有空考虑与确定投保董责险事宜，所以第二季度发布的公告数量会有明显上升。

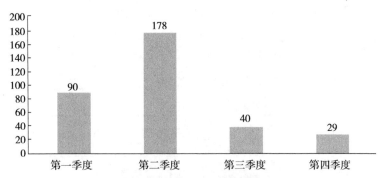

图 5-10　2021 年 A 股董责险购买数量

（资料来源：CPCU 国际大使）

（三）行业分布

从下图可以看出，在所有购买董责险的 A 股上市公司中，制造业公司数量遥遥领先，占比超过一半，紧随其后的行业依次为"信息传输、软件和信息技术服务业""批发和零售业""电力、热力、燃气及水的生产和供应业""房地产业"等①。

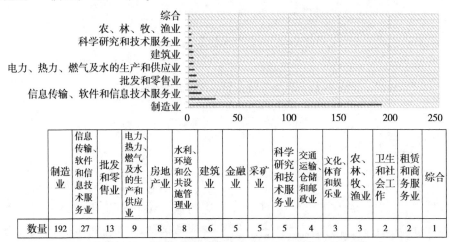

	制造业	信息传输、软件和信息技术服务业	批发和零售业	电力、热力、燃气及水的生产和供应业	房地产业	水利、环境和公共设施管理业	建筑业	金融业	采矿业	科学研究和技术服务业	交通运输、仓储和邮政业	文化、体育和娱乐业	农、林、牧、渔业	卫生和社会工作	租赁和商务服务业	综合
数量	192	27	13	9	8	8	6	5	5	5	4	3	3	2	2	1

图 5-11　2021 年度购买董责险上市公司行业分布

（资料来源：CPCU 国际大使）

---

① 行业分类标准：中国证监会《上市公司行业分类指引》。

我们再对属于制造业的上市公司进一步分析发现，属于"计算机、通信和其他电子设备制造业"公司数量最多，属于"专用设备制造业""化学原料及化学制品制造业公司"和"医药制造业"也较多。

行业大类	数量
计算机、通信 和其他电子设备制造业	39
专用设备制造业	24
化学原料及化学制品制造业	24
医药制造业	15
电气机械及器材制造业	13
通用设备制造业	11
非金属矿物制品业	9
汽车制造业	9
有色金属冶炼及压延加工业	8
橡胶和塑料制品业	8
铁路、船舶、航空航天和其他运输设备制造业	5
仪器仪表制造业	3
食品制造业	3
酒、饮料和精制茶制造业	3
黑色金属冶炼及压延加工业	2
农副食品加工业	2
纺织服装、服饰业	2
金属制品业	2
文教、工美、体育和娱乐用品制造业	2
化学纤维制造业	1
造纸及纸制品业	1
家具制造业	1
废弃资源综合利用业	1
木材加工和木、竹、藤、棕、草制品业	1
其他制造业	1
石油加工、炼焦和核燃料加工业	1
印刷和记录媒介复制业	1
造纸和纸制品业	1

图 5-12　2021 年度 A 股购买董责险制造业细分

（资料来源：CPCU 国际大使）

（四）地域分布

从下图可以看出，广东、浙江、上海、江苏的上市公司购买董责险的数量排名前列。总体来看，来自经济发达的珠三角与长三角上市公司是购买董责险的主力，与此同时，越来越多其他地区的上市公司也开始购买董责险。

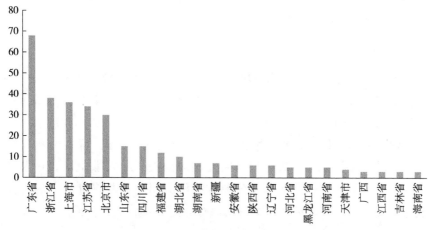

图 5-13　2021 年度购买董责险 A 股上市公司地域分布图

（资料来源：CPCU 国际大使）

（五）企业类型

从下图可以看出，2022 年购买董责险的上市公司中，民企占据多数，比例高达 78%，中外合资（含港澳台与境内合资）占比 10%，国企占比 5%，外商投资（包括港澳台投资）占比 7%。这与 2020 年之前国企与外资企业是购买董责险的主力军情况发生了明显的变化，笔者认为这主要是因为民企中的董监高人群大部分是职业经理人，在其个人面临的法律责任风险显著上升后开始日益重视董责险的风险转移功能，这一点与更加重视董责险公司治理功能的国企在投保目的上明显不同。

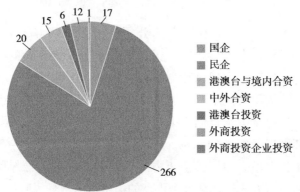

国企
民企
港澳台与境内合资
中外合资
港澳台投资
外商投资
外商投资企业投资

图 5-14　2021 年购买董责险 A 股上市公司企业性质占比

（资料来源：CPCU 国际大使）

（六）董责险市场趋势

1. 投保率趋势

从下图可以看出，近三年购买董责险的上市公司数量增长较快，2021年董责险投保公司数量同比上升超过了200%，而2022年投保公司数量继续保持较快增速，同比上升了36%。

投保率的高增长一方面是因为新《证券法》的实施，特别是新《证券法》确立的"中国式证券集体诉讼制度"大幅提高了A股上市公司及其董监高的诉讼风险，另一方面康美药业等案件的司法实践将董监高的责任风险演绎到现实中，这再次证明了诉讼风险与董责险需求具有正相关关系。

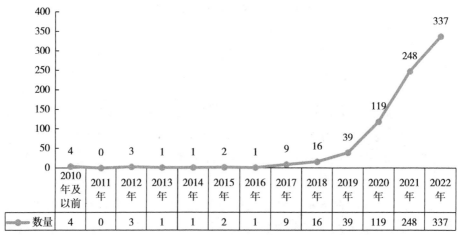

	2010年及以前	2011年	2012年	2013年	2014年	2015年	2016年	2017年	2018年	2019年	2020年	2021年	2022年
数量	4	0	3	1	1	2	1	9	16	39	119	248	337

图5-15　首次公开披露购买董责险A股上市公司的趋势图

（资料来源：CPCU国际大使）

笔者注意到不少今年新上市的公司公开发布了购买董责险公告情况，例如星环科技在上市后的第二天即发布了购买董责险的公告，说明星环科技在上市准备环节中就已计划购买董责险，这也表明了A股上市公司日益重视董责险的积极作用，市场总体投保意愿也在增强。与2021年展现的情况类似，近两年中，科创板上市公司在上市当年即投保董责险的上市公司总数中都占据了较高的比例。笔者认为，这一现象主要与科创板上市公司相对于主板上市公司因其上市方式不同而面临的诉讼风险更高，科创板实行注册制上市方式显然会带来更高的信息披露责任风险。

2. 保单限额趋势

从下图可以看出，目前 A 股上市公司董责险保单限额最常选择的是 5000 万元人民币，其次是 1 亿元人民币，相较于去年，选择 1 亿元保单限额的数量明显增多。不考虑部分未在公告中披露有关信息的上市公司，本年度最低保单限额为 350 万元人民币，最高保单限额为 4000 万美元（约 2.6 亿元人民币），后者的发布主体为科创板上市公司"九号公司"（689009），它是 A 股第一家以 CDR（存托凭证）形式发行的公司。

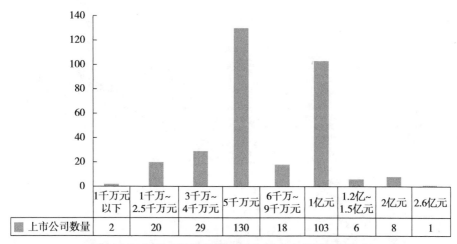

	1千万元以下	1千万~2.5千万元	3千万~4千万元	5千万元	6千万~9千万元	1亿元	1.2亿~1.5亿元	2亿元	2.6亿元
■ 上市公司数量	2	20	29	130	18	103	6	8	1

图 5-16　2021 年度购买董责险 A 股上市公司保额分布

（资料来源：CPCU 国际大使）

以上保单限额情况与我们近期对董责险保险人与保险经纪人所做的市场调查结果相符。考虑到未来证券集体诉讼肯定会大幅推高证券民事赔偿金额，笔者建议 A 股上市公司应考虑购买不低于 1 亿元人民币保单限额。这一点也得到了大部分市场承保主体的认同（如右图），超过六成的受访者认为上市公司应购买超过 1 亿元人民币的保单限额。由此可见，投保公司与承保主体之间对于董责险保单限额的风险认知处于不同水平，还需要进一步加强风险教育。

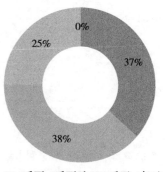

**图 5-17　A 股上市公司
应购买的董责险保额**

（资料来源：CPCU 国际大使）

3. 费率趋势

从下图的费率变化趋势可以看出，A 股
董责险简单平均费率（以公告中保费预算与保额为计算基础）自 2017 年以
来一直处于上升趋势，从 2017 年第三季度的千分之二已上升到 2022 年的近
千分之八，这与 A 股上市公司面临的诉讼风险敞口不断上升有着密切的
关系。

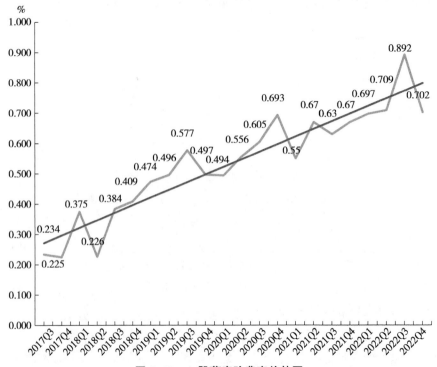

图 5—18　A 股董责险费率趋势图

（资料来源：CPCU 国际大使）

然而，董责险定价因素比较复杂，需要综合考虑投保公司的行业环境、
股价表现、行政处罚、诉讼风险、公司治理、财务状况、宏观政治经济以
及董监高个人情况等多种因素，因此不同投保公司之间的费率水平可能会
与市场平均费率有比较大的差距。

笔者认为，随着上市公司面临的诉讼风险的上升及董责险赔案增
多，董责险费率的上涨也是一个必然趋势，但这一趋势短时间内在董责险
实际赔付率没有大幅上升的情况下暂时并不会有明显体现，这与笔者近期
在保险市场做的调查结果（见下图）相符：42% 的受访对象认为 A 股董责

险平均费率在 2023 年会基本不变，甚至有 31% 的受访对象认为会略有下降，仅有 27% 左右的受访对象认为平均费率会上升，但结合今年董责险实际费率情况可知，目前市场平均费率仍未超过 1% 关口，总体费率水平相对比较平稳。正如上文所言，笔者认为 A 股上市公司需要注意董责险市场长期来看变硬的趋势，建议抓住市场费率相对较低的窗口期尽早投保。

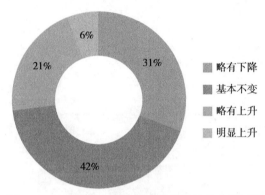

图 5-19　2022 年 A 股董责险简单平均费率预测图

（资料来源：CPCU 国际大使）

4. 索赔趋势

与前两年情况不同的是，根据我们的市场调查结果（见下图），A 股董责险索赔与潜在索赔明显增多，超过六成的受访对象表示已报告索赔或潜在索赔明显增多。考虑到董责险索赔的长尾特点，我们预计 2023 年可能有更多的潜在索赔将转化为实际索赔。

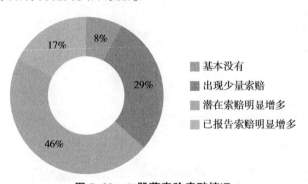

图 5-20　A 股董责险索赔情况

（资料来源：CPCU 国际大使）

对于已发生的董责险索赔原因，根据我们的调查结果（见下图），最主要的原因与上市公司虚假陈述行为有关，其他原因可能包括雇佣不当行为与股东派生诉讼。至于内幕交易与操纵市场情况，考虑到参与主体的主观故意可能性较大，一般很难索赔成功。

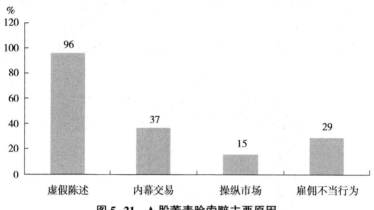

图 5-21　A 股董责险索赔主要原因

（资料来源：CPCU 国际大使）

5. 挑战与对策

在我们的调研中，受访对象认为专业人士不够及客户投保意愿不强是影响 A 股董责险市场发展的最主要的挑战，其次是市场费率水平不足。此外，保单条款复杂晦涩与市场承保能力不足也影响了董责险市场的发展。由此可见，为了推动董责险的健康发展以发挥其积极作用，除了需要继续加强上市公司风险管理意识之外，培养董责险专业人才是关键条件之一，这是解决董责险的销售、承保与理赔难题的基础。

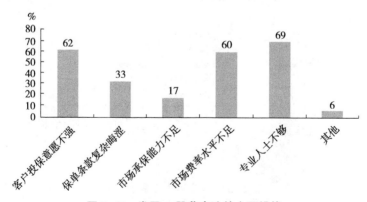

图 5-22　发展 A 股董责险的主要挑战

（资料来源：CPCU 国际大使）

第六章　董事责任保险条款解读

董责险保单不存在标准保单，市场上没有两张董责险保单是完全相同的。不仅不同保险人的保单条款不同，同一保险人使用的保单条款根据投保公司的上市地点与被保险人的不同也有多种格式，保险人通常会根据被保险人的具体情况来定制相应的保单条件。此外，董责险合同双方都是高度专业性机构，他们都有各自的法律顾问，而且投保公司通常会委托专业的保险经纪公司在市场上询价，最终的保险费率和条款往往取决于双方磋商的专业能力与市场供给。可以说，董责险是一款需要专业人士"量身定做"的保险产品，以下笔者对董责险条款的保单格式、被保险人、保险责任、赔偿限额与免赔额及特殊条款等重要方面展开具体分析。

第一节　保单格式

董责险属于责任保险，而责任险保单通用格式包括事故发生制（Occurrence Form）与索赔提出制（Claims-Made Form）两种。事故发生制保单的启动条件只有一个，即保单承保的"事故"发生在保险期间，而对第三人向被保险人提出索赔的期限没有要求；而索赔提出制保单的启动条件一般有两个：第一，保单承保的"事故"或"不当行为"发生在保单追溯日之后，在连续续保的情形下，追溯日可以早于保单起保日；第二，第三人在保险期间第一次向被保险人提出索赔。考虑到从不当行为发生到第三人提出索赔往往有比较长的时间差，为控制这种"长尾责任风险"（Long-tail Risk），保险人会考虑选择索赔提出制保单。

市场通行的董责险保单一般都是索赔提出制保单。具体来说，董责险保险人承担保险责任的前提条件一般包括两个：（1）被保险人的"不当行为"发生在保单追溯日之后；在董责险市场上，很多保险人在保单中并不列明追溯日，这就意味着保险人提供了"无限追溯期"保障（Unlimited Retroactive Cover），被保险人因在保单起保日之前实施的不当行为而在保险期间首次被第三人提出索赔即可满足启动董责险保单的前提条件。（2）第三人应在保险期间首次向被保险人提出赔偿请求。有些董责险保单在满足前述两个前提条件的基础上还会要求被保险人收到第三人赔偿请求后在保险期间或者延长报告期内及时以书面方式通知保险人，这同时也是被保险人的法定义务。我国《保险法》第二十一条规定"投保人、被保险人或者受益人知道保险事故发生后，应当及时通知保险人"，此条没有对具体的通知期限予以明确，因此需要在保险合同中约定。从国内外董责险市场条款来看，保险人通常会在保险合同中要求被保险人在一定的期间内（30天至60天不等）向保险人发出索赔通知，在保单没有明确约定通知期限的情况下，被保险人应在合理的一定期限内通知保险人。责任保险的被保险人切实履行索赔通知义务具有以下作用：（1）有利于保险人适时参加索赔的抗辩或者和解；（2）标志着保险人的抗辩和和解工作开始；（3）有利于明确保险人和被保险人在索赔程序中的地位。如果被保险人未能履行及时通知的义务，则依法或依合同约定产生对其不利的法律后果。我国《保险法》第二十一条规定："故意或者因重大过失未及时通知，致使保险事故的性质、原因、损失程度等难以确定的，保险人对无法确定的部分，不承担赔偿或者给付保险金的责任，但保险人通过其他途径已经及时知道或者应当及时知道保险事故发生的除外。"

如前所述，启动董责险保单的前提条件是被保险人在保险期间或保单延长报告期内首次被第三人提起"索赔"（Claim）。一般来说，索赔包括：（1）针对被保险人提出且指称其不当行为的：①寻求赔偿或其他法律救济的书面请求或民事、监管、调解、行政或仲裁程序，包括任何反诉；②刑事诉讼；③任何有价证券赔偿请求。（2）监管调查。（3）对被保险自然人进行引渡的程序。（4）资产和人身自由程序。（5）监管危机事件。因此，赔偿请求的范围不限于第三人向被保险人提出的任何正式赔偿请求，也包括有关的行政机关或司法机关针对被保险人采取的法律程序。有学者认为，在我国现行立法还没有规定基于行政、刑事程序而导致个人赔偿责任的情况下，保险公司对于索赔的定义不应当过于宽泛，否则就会使制度的设计脱离本国的国情而不具有可执行性。笔者对此持不同观点，虽然我国法律没有规定基于行政或刑事程序而导致个人需要承担民事赔偿责任，但是针对董责险被保险人的行政或刑事程序可能产生不菲的法律抗辩费用，这一点在欧美市场尤其明显，为了给董事及高管提供更好的财务保障，董责险可以扩展承保董事及高管因为应对行政调查或刑事诉讼而产生的法律费用，因此将启动董责险的索赔范围扩展到行政或刑事程序对保障被保险人的合法利益是十分必要的。

第二节　被保险人

董责险的被保险人包括被保险自然人和被保险公司两大类，本节将分别阐述各自包括的主体及其在董责险保单中的权利义务。

一、被保险自然人

一般情况下，被保险自然人包括在被保险公司担任董事、监事及其他高级管理人员职务的自然人。董事、监事或高级管理人员指被保险机构的董事、监事或高级管理人员，既包括任何其他司法管辖中名称不同但有同等职务者，也包括实际上拥有被保险机构董事职权的个人。

（一）董事

"董事"英文为 director，这个词语基本为各国公司法所使用，我国《公司法》第四十六条规定了公司董事会对股东会负责并可以行使的职权范围。在公司实务中，董事有多种类型，以董事是否经过正式任命可以将其分为正式董事和非正式董事，以董事是否在公司内从事专职董事工作可以将其分为内部董事和外部董事，以董事能否对公司事务做出独立的判断为标准可以将其分为独立董事与非独立董事。董事还可以分为执行董事与非执行董事，执行董事和非执行董事的区别主要是：执行董事就是在公司有岗位职务参与公司经营管理的董事会成员，而非执行董事在公司不担任职务，一般不参与公司的日常性业务，在有相对重大事件或召开董事会时，才参与公司事务。我国《公司法》第五十条规定："股东人数较少或者规模较小的有限责任公司，可以设一名执行董事，不设董事会。执行董事可以兼任公司经理。"执行董事在公司有双重身份：一是作为一名董事，负责执行董事会的业务工作；二是兼职执行董事，指那些兼任公司高级管理职位如总经理、副总经理、财务总监的董事，又称管理董事或经理董事。如果一名董事在任职公司中不同时担任执行职务，就被称为非执行董事。非执行董事只参与决策，不参与执行，外延上包括外部董事与职工董事，非执行董事通常是其他公司的执行董事、高管。非执行董事对执行董事起着监督、检查和平衡的作用。

独立董事一定是非执行董事，非执行董事不一定是独立董事，执行董事一定不是独立的。独立董事是独立的非执行董事，但是非执行董事可能独立也可能不独立。独立董事主要起源并盛行于英美法系国家，我国后来也建立了独立董事制度。2001年《独立董事指导意见》首次对独立董事做出定义，并将其解释为不在公司担任董事外的其他职务，并与其所受聘的上市公司及其主要股东不存在可能妨碍其进行独立客观判断的关系的董事，并首次提出"上市公司可以建立必要的独立董事责任保险制度，以降低独立董事正常履行职责可能引致的风险"。2005年修订的《公司法》第一百二十三条明确规定，"上市公司设立独立董事，具体办法由国务院规定"，第一次从法律层面明确了独立董事的法律地位。2022年1月5日证监会公布施行了《上市公司独立董事规则》，同时废止了2001年8月16日施行的《独立董事指导意见》（证监发〔2001〕102号）与2004年12月7日施行的《关于加强社会公众股东权益保护的若干规定》（以下简称《股东权益保护规定》）。《上市公司独立董事规则》在《独立董事指导意见》为主要内容的基础上，吸纳了《股东权益保护规定》中涉及独立董事的规定，修改了规则不一致的内容，并吸纳了散落别处的规则内容。

建立独立董事制度的出发点是为了改善上市公司的治理结构，保护中小股东的权益，监督和制衡大股东和管理层的行为。但是，由于独立董事制度与我国先行的体制在各方面的矛盾和冲突，导致独立董事"不独立""不懂事"，没有发挥其应有的治理作用。2021年年底"康美药业案"中5名独立董事被判承担上亿元连带赔偿责任引发舆论关注，此后很多A股上市公司独立董事纷纷辞职，市场对独董的"权责利"的讨论引人关注，这个案件进一步推动了A股上市公司购买董责险以挽留独董的上升趋势。

还有一种特殊的董事也可以成为董责险保单的被保险人，即"影子董事"，英文为shadow director。"影子董事"是英国公司法明确定义的概念，是指那些虽然名义上不是公司的董事，但是公司的董事常常都会听命于他们的指示或命令而行事的人。"影子董事"通常表现为三种形式：（1）某大股东为避免承担个人责任而拒绝成为董事，但他在幕后持续地操纵着公司各个董事的活动；（2）某人因破产而丧失了成为董事的资格，但其却事实上操纵着公司的董事；（3）控股公司持续地操纵着其子公司的业务。英国公司法把这样的"影子董事"在承担义务的场合视为正式任命的董事，并对其科以严格的责任，我国香港特区公司法对"影子董事"也有类似规定。在我国内地公司法中，虽然没有"影子董事"的概念，但是实践中能控制并影响公司的主体却很多，最典型的就是控股股东和实际控制人。他们在实践中往往并不以董事身份出现，采取不直接担任董事职务从而身居公司治理机关之外，凭借持股优势或者其他控制关系滥用控制权。我国《公司法》对控股股东与实际控制人都有明确定义。控股股东，是指其出资额占有限责任公司资本总额50%以上或者其持有的股份占股份有限公司股本总额50%以上的股东；出资额或者持有股份的比例虽然不足50%，但依其出资额或者持有的股份所享有的表决权已足以对股东会、股东大会的决议产生重大影响的股东。实际控制人，是指虽不是公司的股东，但通过投资关系、协议或者其他安排，能够实际支配公司行为的人。因此，现在一些国内董责险保单已将控股股东与实际控制人作为被保险自然人的一部分。

除上述被保险公司的董事，董责险保单一般还扩展承保外部实体董事，前提是仅对超出下列各项的损失部分承担赔偿责任：（1）外部实体所提供的任何补偿；（2）外部实体为其董事、高级管理人员或雇员投保的其他任何有效并可获赔偿的保险。外部实体董事一般指过去、现在或保险期间内应被保险公司的特定要求或指示担任外部实体的董事、高级管理人员、托管人（养老金托管人除外）、主管或其他类似职务的被保险个人。

（二）监事

监事会是公司的监督机关，对董事会及公司运营承担监督责任。根据我国《公司法》的规定，监事会是对公司的财务会计及业务进行检查监督的必要常设机构，董事及高级管理人员不得兼任监事。《公司法》第五十三条规定了监事会、不设监事会的公司监事可以行使职权的范围。监事与董事及高管一样，对公司、股东和特定情形下的第三人承担法律责任，存在职业责任风险，因此大多数董责险保单的被保险人也包括监事。

（三）高级管理人员

公司的高级管理人员通常包括董事会秘书、总经理、副总经理、财务负责人、法律负责人等具有一定管理职责的工作人员。我国《公司法》对高级管理人员做出了明确定义，是指公司的经理、副经理、财务负责人、上市公司董事会秘书和公司章程规定的其他人员。这里的经理与副经理即为我们通常所指的公司总经理与副总经理。

（四）其他人员

除了被保险公司的董事、监事与高级管理人员，董责险保单中的被保险自然人还可以扩展以下人员：（1）根据被保险公司委派去外部机构担任高管的雇员；（2）在被保险公司行使管理或监事职能的被保险公司雇员；（3）董事、监事、高级管理人员及雇员的合法配偶，但仅限于该董事、监事、高级管理人员及雇员的不当行为所导致的赔偿请求；（4）已故董事、监事、高级管理人员及雇员的遗嘱或法定继承人；（5）董事、监事、高级管理人员及雇员在丧失民事行为能力或破产时的法定代表人。在实务中，对于非担任公司高管职位的普通员工是否可以成为董责险的被保险人这一问题，可能会发生争议，这一点对于上市公司尤其如此，因为私有公司的董责险被保险人通常会包括雇员。一般来说，对于上市公司来说，针对证券类索赔，雇员被纳入被保险人范围没有太大争议。但是对于非证券类索赔，如果雇员没有在公司行使管理或监事职责，则其是否为被保险人需要结合保单中被保险人的定义来判断。

二、被保险公司

被保险公司包括保单列明的公司及其子公司。一般来说，符合被保险人资格的子公司需要与投保公司具有如下任一关系：（1）投保公司直接或间接享受该子公司超过 50% 的表决权；（2）投保公司有权任命该子公司董事会的大多数成员；（3）投保公司根据与其他股东达成的书面协议，有权任命该子公司董事会的大多数成员。在保险期间，对投保公司新设立或收购的子公司，董责险保险人一般会给予一定期限（通常为自该机构成为投保公司的子公司之日起 60 天）的自动保障，投保公司需要将有关新机构的情况及时书面通知保险人，并向保险人提供其所要求的完整投保信息并根据保险人的要求为该子公司支付相应的附加保险费。

三、被保险人的时间标准

在董责险保险单中，被保险公司现任的董事、监事及高管属于保险合同的被保险人毋庸置疑，那么被保险公司过去和将来的董事、监事及高管是否也属于董责险保险合同的被保险人呢？要回答这一问题，需要结合董责险的保单格式与公司实务来分析。如前所述，董责险保单的通用格式是索赔提出制，即只有第三人在保险期间或延长报告期内向被保险人提出索赔，保险人才按照保险合同约定承担保险责任。在董责险保险期间，被保险公司的经营管理层可能会发生一定的变动，原有的董事及高管可能卸任，经过合法程序选举或任命的新任董事及高管正式参与公司的经营管理。无论是过去的、现在的还是将来的董事及高管如果在其履行职务的过程中实施了不当行为，并导致第三人在保险期间向其提出索赔，则保险人仍然要依约承担保险责任。因此，过去、现在与未来在被保险公司担任董事、监事及高管人员都是董责险保单的被保险人，这成为董责险市场的惯例。

第三节　保险责任

本节将从保障范围、不当行为的定义、承保损失的范围以及扩展条款四个角度阐述董责险的保险责任。

一、保障范围

董责险的保险标的是董事及高管及/或公司对第三方依法应承担的法律责任，而董事及高管面临的责任风险主要来自股东、员工、客户、竞争对手和政府机构。股东索赔的主要原因包括虚假陈述、财务造假、内幕交易、不实或不充分的信息披露、公司并购等。员工索赔的主要原因是不当雇佣行为，包括诽谤、歧视、骚扰、不当解除劳动合同等。客户与竞争对手索赔的主要原因包括垄断行为、合同争议、回收欠款、欺诈等。政府机构索赔的主要原因包括反垄断、消费者保护、环境保护、税收、证券发行与交易等。

基于上述不同类型的责任风险，董责险的保险责任一般由三部分组成，实务人士分别简称 Side A、Side B 和 Side C（见图6-1）。

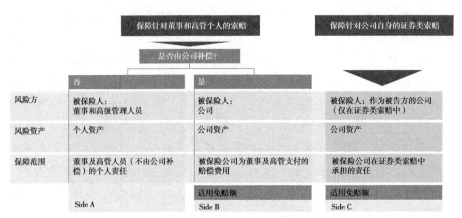

图 6-1　董责险的保障范围

（资料来源：AGCS）

　　Side A 部分主要补偿董事及高管依法应对第三人承担的民事赔偿责任而其所属公司无能力对第三人赔偿或者法律不允许公司对董事及高管进行补偿的损失。Side B 部分用于补偿公司根据董事补偿制度或公司章程对有关董事及高管因履行职务依法应对第三人承担的民事赔偿责任做出的补偿。进入 20 世纪 90 年代，保障企业实体的 Side C 部分逐渐得到广泛应用。Side C 这部分保障适用于直接起诉公司与没有董事和管理层作为被告的诉讼。但是，是否应该扩大相关董责险的公司实体保障始终存在争论，这主要是考虑公司实体保障大大增加了损害的频率和损害的金额，同时也增加了赔偿和处罚的概率。但是，目前上市公司董责险保单一般都会包含 Side C 部分保障，这是因为证券诉讼风险是上市公司本身面临的主要风险，转移这一风险是上市公司购买董责险的主要原因。有些董责险保单可能会包含 Side D 部分，这部分主要保障雇员对董事及高管及/或公司提出的雇佣行为责任索赔，简称雇佣行为责任保险（EPLI）。市场上还存在仅保障董事及高管个人责任的 Side A 保单，这种保单既可以提供与常规董责险不同的保障范围（DIC Side A），同时也可以在董责险基础层保单（Primary D&O Policy）之上为董事及高管提供超赔责任保障（Excess Side A）。

　　当董事个人与公司被同时起诉而依法承担连带赔偿责任时，董责险保单的三个主要保障即 Side A、Side B、Side C 可能被同时启动，此时就涉及董责险保单的赔偿顺序问题。根据市场通行董责险保单的约定，保险人的赔偿顺序一般为：（1）代表被保险自然人赔偿损失，但是被保险公司对被保险自然人做出补偿的部分除外；（2）赔偿被保险公司代表被保险自然人支付的损失；（3）如果有通过保险合同的批单扩展的额外保障，最后赔偿被保险公司遭受的其他损失。即使被保险公司破产或失去偿付能力，保险人也应当按照以上顺序对承保的损失进行赔偿。因此，可以看出董责险首先要保障的是董事及高管的个人赔偿责任，然后是公司对董事及高管的补偿责任，最后才是公司需要承担的责任，这体现了董责险的"董事利益优先保护"原则，符合董责险产生的初衷。

二、不当行为

在董责险保单中，"不当行为"（Wrongful Act）定义非常重要，因为它是确定董责险保险责任的基础概念，只有符合保单定义的被保险人不当行为导致的对第三人的民事赔偿责任才属于保险责任范围。对于被保险自然人来说，不当行为一般是指董事及高管在履职过程所作的作为或不作为，包括但不限于任何错误、错误或误导性陈述、疏忽、违反义务、违反信托或违反授权的作为或不作为。而对被保险公司来说，不当行为主要是指其与公司证券发行与交易有关的作为或不作为，包括但不限于任何错误、错误或误导性陈述、疏忽、违反义务、违反信托或违反授权的作为或不作为。对于不当行为的具体界定，通常需要以保险合同的约定为依据，但是合同约定不得违反法律的强制性规定。

某家外资保险公司董责险保单对不当行为的定义比较有代表性，"不当行为指被保险人在执行其职责时的实际的或被指称的不实陈述、误导性陈述、错误、遗漏、诽谤、疏忽、违反授权或违反职责的行为，或任何仅因其身份而遭受索赔的事件；指被保险公司有关证券类索赔的实际的或被指称的歪曲陈述、错误陈述、误导性陈述、错误、遗漏、诽谤、疏忽、违反授权或违反职责的行为；就股东衍生诉讼，指任何提议的行为；不当行为还包括实际的或被指称的雇佣相关的不当行为"。对于雇佣相关的不当行为，该保单对此也做出了明确规定，主要是指违反雇佣行为准则的行为，这些行为准则一般是适用被保险人的劳动法律法规为基础的，保单中违反雇佣行为准则的定义是指，任何实际或可能存在的：（1）不正当地或不公平地解雇、辞退员工或终止雇佣关系；（2）违反任何口头或默示的雇佣合同或准雇佣合同；（3）与雇佣有关的不实陈述；（4）违反有关就业歧视方面的法律；（5）工作场所非法骚扰（包括性骚扰）；（6）不当拒绝升职；（7）不当纪律处分；（8）不当剥夺职业发展机会或不当降职；（9）草率评估；（10）草率留用；（11）与雇佣相关的隐私侵犯；（12）与雇佣相关的中伤、污蔑、口头或书面诽谤；（13）未能遵循工作场所或雇佣行为制度和程序；（14）对雇员进行非法报复或将其作为牺牲品（包括违反内部举报法规的报复行为）；（15）与雇佣相关的精神损害；（16）被保险个人在代表被保险公司各自行使其职责时做出的与雇佣相关的民事侵权行为，或仅因被保险个人所担任的职务而针对该被保险人提出的任何事项；（17）其他由被保险公司做出的与雇佣相关的民事侵权行为。

从上述不当行为的定义可以看出，不当行为的构成要件包括主观要件与客观要件两个方面：（1）从主观要件上看，对于被保险人的不当行为是否属于保险责任范围，需要对被保险人实施不当行为时的主观状态做出判断。责任保险的法律基础是《民法典》侵权责任篇，而侵权责任从侵权人的主观状态可分为过错责任与无过错责任。董责险作为职业责任保险的一个分支，应该是以过错责任作为法律基础，这意味着董责险所承保的不当行为主要应建立在过错责任的基础上，董事及高管在从事不当行为时主观状态是过错，而不包括其主观故意行为。无论从保险原理还是法律制度方面来看，董事及高管的恶意或故意行为都应属于董责险的除外责任，对于这一点我们将在下文除外责任部分展开分析。（2）从客观要件上看，对于被保险人的不当行为是否属于保险责任范围，需要对行为是否与被保险人的职业行为有密切相关性做出判断。董责险所承保的不当行为限于董事及高管在履行其职责过程的行为，需要与被保险人的职责（Insured Capacity）紧密相关，如果不当行为超出了被保险人的职责范围，则保险人不承担保险责任。董监高的职责范围需要结合公司章程中对于董监高职责规定来判断，另外还需要区分被保险人行为的性质是股东行为还是董事行为，如果不当行为仅以股东行为做出的，则不属于董责险承保的不当行为。

三、损失范围

董责险保单承保的"损失"（Loss）指被保险人因其被提出的属于保险责任范围的赔偿请求而依法应赔偿的总金额，该金额既可能是一次索赔提出的，也可能是保险期间内的所有索赔提出的，上述金额包括但不限于损害赔偿金、判决金额或和解金额、抗辩费用、调查费用等诉讼费用。

根据市场上通行董责险保单，损失的定义一般会通过列举与排除两种方式确定。首先，董责险保单通常将损失范围明确包括：（1）任何损害赔偿金、判决金额、和解金额，指法院判决或双方和解确认的被保险人应依法承担的赔偿金额；（2）抗辩费用，指被保险人对第三人赔偿请求进行抗辩或上诉而必须产生的合理的法律及其他专业费用，但是抗辩费用的支付一般需要事先获得保险人的书面同意或者被保险人支付后需经过保险人的审核确定；（3）调查费用，指与被保险自然人准备和参加调查直接相关而由其本人或委托他人而发生的合理且必要的服务费、成本、开支和费用；（4）各类扩展责任项下的承保费用，此部分将在下文中具体展开分析。其次，董责险保单在损失定义中也会排除下列项目：（1）罚款或罚金，但依法可保的除外；（2）惩罚性赔偿；（3）税收或与税收有关的应付款项，但扩展承保的税款除外；（4）与雇佣相关的福利，通常指非货币型福利、股票股份及期权、离职或裁员补偿金、奖金或激励计划、公积金、年金、养老金或退休基金等；（5）其他依法不可承保的各类损失。关于罚款罚金除外责任，笔者将在除外责任部分具体展开分析。

四、扩展责任

除上述基本保险责任之外，董责险一般还提供了多种扩展保险责任，且这些扩展条款基本已包含在董责险主险条款中，有些扩展责任的保障对象包括被保险公司与被保险自然人，更多的扩展责任的保障对象仅是被保险自然人。笔者对市场上常见的扩展保险责任归纳如下：

（一）延长索赔报告期条款（Extended Reporting Period Clause）

延长索赔报告期条款，又称发现期条款（Discovery Period），是指第三人在保险期限结束后一定期间内首次向被保险人提出索赔并按照保险合同约定通知了保险人的，这个索赔应属于保险责任。董责险保单中的延长索赔报告期保障根据不同情形有着不同的期限与要求：（1）如果保险单没有续保或被其他保险单替代，一般报告期为90天，被保险人无须支付额外的保险费；但是，如果其他保险人提供了董责险保障，则上述延长报告前应自其他保险单生效之日起终止。（2）如果发生控制权变更，即任何个人或机构取得投保人50%以上的股权或者取得了投保人的大多数表决权，按照保单约定，保险人仅对上述控制权变更生效日之前发生的不当行为承担保险责任且应尽快将上述控制权变更事实书面通知保险人并向保险人申请购买一定期限（通常为5~7年）的延长索赔报告期。（3）对于任何在保险期间自愿辞去在被保险公司职务或退休的全部董事及高管，保险人一般可以为其提供无限期延长报告期，但是以原保单未被续保或被替代，或者续保或替代的保险单并未承保相关的董事及高管为前提。

（二）预调查费用扩展条款（Pre-Claim Costs Extension）

预调查费用扩展条款承保被保险人（限于被保险自然人）因为应对任何预调查事件而直接产生的合理且必要的费用、成本和支出，这些费用产生的原因包括提供与预调查事件直接有关的法律意见或者为应对预调查事件而准备呈报给官方机构的报告。预调查事件一般包括以下几类情形：（1）被保险公司或其任何外部实体被官方机构突袭检查或现场检查，涉及出具、审核、复制或没收文件或者询问该被保险自然人；（2）官方机构收到被保险公司、外部实体或该被保险自然人有关怀疑该被保险自然人严重违反法定或监管义务的正式书面通知；（3）该被保险自然人直接因收到官方机构的正式通知而向该官方机构出具文件、回答问询或参加谈话。需要注意的是，上述情形满足预调查事件的前提是该突袭、检查、公告、通告或收到通知应在保险期间或延长索赔报告期内首次发生，而且预调查事件需要只针对具体被保险人，不应当包括全行业或全产业性调查、听证、检查或质询，或任何例行或定期监管审计、检查、稽核或审查。

（三）保释金费用扩展条款（Civil or Bail Bond Expenses Extension）

保释金费用扩展条款承保被保险自然人在保险期间发生的与保险责任范围内的索赔直接相关的民事或保释保函费用。保释是指在被逮捕的人提供担保或接受特定条件的情况下将其释放的制度，缴纳保证金不能说是以金钱换取犯罪嫌疑人或被告人的人身自由，而是要求其以金钱作为担保，防止其逃避侦查、起诉和审判，若犯罪嫌疑人或被告人配合相关机关的工作正常到案，则返还保证金。保释金制度在普通法系国家比较常见，例如美国的保释金制度规定，在某人被捕并被指控犯罪后，法庭会提出，被告必须交付一定金额的保释金才能得到保释，而且可以在家中等候审判。犯罪嫌疑人除了能以现金、支票和信用卡等方式缴纳法庭规定的全额保释金外，美国各州还分别采取了商业性保释和法庭收费制度，使很多犯罪嫌疑人只需缴纳保释金数额的10%，即可获得保释。保释，在中国称为取保候审，是指侦查、起诉和审判机关在刑事诉讼过程中，对被刑事追诉而又未被刑事羁押之人，为防止其逃避侦查、起诉和审判，责令其提出保证人或缴纳保证金，并出具保证书，以保证随传随到的一种刑事强制措施。取保候审虽然是刑事诉讼法所规定的一种刑事强制措施，但相对于刑事拘留和逮捕这两种强制措施而言，在我国的刑事诉讼实践中，取保候审却较少被采用。

（四）引渡程序扩展条款（Extradition Costs Extension）

如果在保险期限或延长索赔报告期限内，被保险自然人收到针对其的引渡程序，而该引渡程序是保险单承保范围内的某项索赔的一部分并且是由该索赔直接导致的，则在法律允许的情况下，保险人将代该被保险自然人支付引渡费用。引渡程序是指根据与引渡的相关规定，从世界其他司法管辖区进行引渡的正式请求、主张、逮捕令或其他法律程序。引渡制度是一项国际司法协助的重要制度，也是国家有效行使管辖权和制裁犯罪的重要保障。在国际法上，国家没有必须引渡的义务，引渡的法律依据应为包含引渡条款的国际条约、国际公约以及相关国内立法。2000 年 12 月 28日，《中华人民共和国引渡法》正式颁布施行，为中国国内有关机关处理中外之间的引渡问题提供了重要的法律依据。引渡费用应为董责险保单承保的财务损失的一部分，是指被保险自然人为获取法律建议，或提起法律程序，或就法律程序进行抗辩，包括通过司法审查或以其他方式来反对提出引渡请求的政府要求引渡被保险自然人的决定，以及提起上诉所发生的合理和必要的法律费用、成本和支出，但需要事先得到保险人书面同意。

（五）危机处理费用扩展条款（Crisis Management Costs Extension）

此条款扩展承保被保险公司支付的危机处理费用，包括投保人委托的外部公共关系/危机管理顾问（律师事务所除外）在危机发生后 30 天内发生的合理且必要的、旨在减少直接由该危机给被保险公司造成的负面公众影响或潜在负面公众影响的服务费、成本、开支和费用。此扩展条款中的危机主要指以下两种情形：（1）被保险公司的关键人员在保险期间意外身故且可能会对被保险公司的财务表现造成重大负面影响；（2）被保险公司的市值因为包括环境事故、引渡或产品召回在内的意外事件而下降超过一定比例。

（六）公共关系费用扩展条款（Public Relations Expenses Extension）

此扩展条款承保的公共关系费用，是指为防止或限制任何赔偿请求或调查可能带来的不利影响或负面宣传，被保险人合理斟酌决定聘请公关公司或顾问、危机管理公司或律师事务所而产生的合理费用及相关开支。公共关系费用的支付必须事先获得保险人的书面同意，但保险人不得无理拒绝或拖延有关同意。

（七）名誉保护费用扩展条款（Reputation Protection Expenses Extension）

此扩展条款承保的名誉保护费用，是指被保险人为宣传其获得赔偿请求的最终胜诉而聘请公关公司或顾问的合理费用和相关开支。该类费用和开支必须事先获得保险人的书面同意，但保险人不得无理拒绝或延迟有关同意。需要注意的是，有些保险人只会扩展承保被保险自然人的个人名誉保护费用，而不适用于被保险公司的名誉保护。

（八）紧急抗辩费用扩展条款（Emergency Defense Costs Extension）

如果在合理情况下，被保险人在就某索赔发生抗辩费用、引渡费用、调查费用或起诉费用之前，无法及时获得保险人的书面同意，则保险人可依其酌情权就与索赔有关的抗辩费用、引渡费用、调查费用及起诉费用给予有溯及力的认可，但是前提是在相关成本或费用发生后的 30 天内应取得保险人的同意。

（九）股东派生索赔调查费用扩展条款（Shareholder Derivative Claim Investigation Expenses Extension）

本条款扩展承保由于股东派生索赔要求导致的被保险公司派生索赔要求调查费用。派生索赔要求调查费用是指，经保险人事先书面同意（但如无正当理由不得拒绝或拖延同意）的，以被保险公司名义调查或评估对股东派生索赔要求中指控的不当行为或索赔进行起诉是否能满足被保险公司利益最大化的要求，而使被保险公司（包括其董事会、董事会下设任何委员会或监事会成员）发生的合理且必要的服务费（包括但不限于律师费和专家费）、成本、开支和费用，但不包括被保险公司的董事、高级管理人员或职工的正常或加班工资、薪水或服务费。

（十）生活保障费用扩展条款（Personal Expenses Extension）

本条款扩展承保被保险人因赔偿请求或调查造成的生活保障费用，但保险人不负责赔偿被保险人因本保险合同生效前已遭受的赔偿请求或因本保险合同生效前已进行的调查所造成的生活保障费用。生活保障费用指被保险人在保险期间内因遭受临时的或诉讼期间的司法命令，致使其不动产或个人财产的拥有权被没收、被第三方控制、被取消或被冻结；或对其不动产或个人财产的拥有权提出诉讼，被保险人因此需要向以下供应商直接支付的：（1）学费；（2）住宿费；（3）与公用事业有关的费用；（4）与个人保险有关的费用，但仅限于法院因上述情况而指示给予被保险人个人补助以支付上述费用，且该个人补助已完全耗尽。保险人将在发生上述情况的30 天后支付生活保障费用。生活保障费用的最长支付期间一般为 12 个月。

（十一）外部机构董监高责任扩展条款（Outside Entity D&O Extension）

此扩展条款承保受被保险公司指派担任任何外部机构的董事、监事、高级管理人员、受托人、总监或类似职务的自然人。这里的外部机构指任何营利机构或非营利机构，但一般不包括被保险公司的子公司或在美国境内的任何交易所交易的机构。需要注意的是，这一扩展条款仅承保超过外部机构对上述被保险自然人提供的补偿及外部机构持有任何有效的董责险所提供的赔偿的部分，如果同一保险人为被保险人与外部机构同时提供了董责险保障，则本扩展条款所能提供的最大赔偿为扣除外部机构董责险保单已赔偿给任何被保险人的金额后的余额。

（十二）并购扩展条款（M&A Run-off Extension）

根据此条款，如果发生保险合同定义中之重大交易，在满足保险人要求的附加条款、条件和额外保险费前提下，保险人可以将保障延长至保险合同届满后的一定期限（通常为 84 个月）内，承保向被保险人提起的赔偿请求或调查，但对于被保险人在保险合同生效前已遭受的赔偿请求或调查，保险人不负任何赔偿责任。本条款中的重大交易一般是指以下任何一种情况：（1）被保险公司与任何其他实体合并；（2）被保险公司向任何个人、实体或一致行动的个人或实体出售其全部或 90% 以上的资产；（3）任何个人、实体或一致行动的个人或实体收购被保险公司 50% 以上的股权或股本；（4）任何个人、实体或一致行动的个人或实体获得被保险公司的多数董事的任命权。

（十三）管理层收购扩展条款（Management Buy-outs Extension）

如果某一子公司因被其现任管理层收购而不再属于被保险机构所有，自该收购生效日起的 30 天内，本保险合同将扩展承保自该收购完成日起该子公司的被保险人实施的不当行为，但如果已经有其他有效保险承保该收购后的不当行为，则本附加条款并不适用。

（十四）税收责任扩展条款（Tax Liability Extension）

若被保险公司破产或清算，本条款将扩展承保被保险自然人因被保险公司未缴纳税款而需要承担个人责任所造成的损失，但被保险自然人有意违反任何法定纳税义务的，则保险人不承担任何赔偿责任。此外，上述损失仅限于未付税款金额，不包括任何惩罚性和惩戒性的赔偿金或任何刑事、民事的罚金或罚款。

（十五）环境管理不当及污染扩展条款（Environmental Mismanagement and Pollution Extension）

此扩展条款承保被保险人因环境事故而被提起的赔偿请求。环境事故指实际发生或指称的污染物被排放、释放、泄漏、滴漏、迁移或处置到土壤、水体或大气中。下列因环境事故导致的赔偿请求属于本条款的承保范围：（1）针对被保险人的证券类索赔；（2）针对被保险自然人不当雇佣行为的赔偿请求；（3）针对被保险自然人与环境事故有关的信息未能如实陈述或披露相关的不当行为的赔偿请求。

第四节　赔偿限额与免赔额

董责险保单的赔偿责任限额通常分为每次索赔限额与累计赔偿限额两种，一般情况下这两种责任限额的金额相同，累计赔偿限额是保险人在保险期间（通常为 1 年）内依合同约定所应支付的最高赔偿额，包括保险人应赔付的抗辩费用和上述扩展责任项下的赔偿金额。一般情况下，对于扩展责任，董责险保单会在保单明细表中列明各扩展责任的分项限额（见表6-1）。

表6-1　董责险保单赔偿限额举例

责任限额	￥100000000.00 任一赔偿请求以及所有赔偿请求累计（包括抗辩费用）	
分项责任限额 （包括在责任限额以内）	公司有价证券赔偿请求	￥80000000.00
	公司不当雇佣行为赔偿请求	￥24000000.00
	监管危机事件费用	￥1600000.00
	调查费用	￥40000000.00
	公关费用	￥1600000.00
	衍生索赔调查费用	￥1600000.00
	纳税责任	￥8000000.00
分项责任限额 （在责任限额以外）	身体伤害或财产损失的抗辩费用	￥8000000.00
	环境破坏的抗辩费用	￥8000000.00
超赔责任限额	个人超赔责任限额	￥2000000.00
	累计超赔责任限额	￥10000000.00

从表6-1中可以看出，董责险保单分项责任限额基本是保单赔偿责任限额的一定比例，且包括在保单赔偿责任限额内，但是也有例外。举例来说，对身体伤害或财产损失及环境破坏的抗辩费用，分项责任限额则在保单赔偿责任限额之外。另外，为了更好地保护董事及高管个人的财产安全，董责险通常会在保单赔偿责任限额之外提供一定额度的"超赔责任限额"，前提是保单赔偿责任限额已用尽且被保险自然人已获得所有可获得的其他财务损失补偿。

如果因同一不当行为引发多次索赔，或因相互关联的一系列不当行为引发多次索赔，或发生了有共同或相互关联的原因或起源的一次或多次调查（无论是否与索赔有关），则无论该等索赔被提起过几次或该等调查被启动过几次，均应被视为同一索赔或同一起调查，只适用一次"每次索赔赔偿责任限额"。无论该单次索赔或单起调查实际发生在哪一保险期间，均以该系列索赔中首次索赔被第一次提起的时间或该系列调查被第一次启动的时间所在的保险期限或延长索赔报告期间（如适用）为准。

董责险保险人的赔偿责任限额应是超出保单约定的免赔额以上的部分。从保险原理角度，免赔额有绝对免赔额与相对免赔额之分。绝对免赔额是指被保险人自己需要承担的费用，对于超过绝对免赔额的费用将由保险公司承担。相对免赔额是指免赔额以百分比或一定金额表示，如果被保险人的损失低于保险公司规定的比例和金额，那么保险公司不承担保险责任；如果被保险人受到的损失超过规定的比例或金额，那么保险公司将承担全部损失。董责险的免赔额一般是绝对免赔额，即需要被保险人自己承担一部分损失，有些保险人会要求被保险人不得对免赔额进行投保。在实务中，董责险的免赔额是保险合同双方约定的金额，不过为了更好地保障董事及高管的财产利益，Side A 保障部分一般可以不设免赔额，而其他部分的保障及扩展责任都有对应的免赔额。此外，如果被保险人最终获得了无须承担赔偿责任的裁决，则免赔额不适用于抗辩费用或法律代理费用。

第五节　除外责任

除外责任（Exclusions）是指保险人不承担保险责任的情形，董责险保单中的除外责任主要有以下三种类型：第一类是被保险人的故意行为。被保险人的不诚实、欺骗或故意犯罪行为以及以牟取个人不当利益为目的的行为造成的损失不在董责险保障范围。第二类是在保单约定期限之外的索赔。一方面，董责险保单格式是索赔提出制，保险人不负责赔偿被保险人在保险合同起保日或者追溯日之前的不当行为引起的索赔；另一方面，保险人不负责任何未决或先期的索赔，即在连续承保日前提起或开始或未判决的任何民事、刑事、行政、监管、仲裁、调解程序或索赔。第三类是除外道德风险的条款。主要是指原告与被告都是保险合同的被保险人的情况，例如，董事起诉公司或高管，或公司起诉董事或高管。其他一些常见的除外责任主要包括罚款罚金、大股东索赔、环境污染、身体伤害或财产损失以及专业服务等。以下对上述有代表性的董责险保单中的免责条款展开分析。

一、不诚实行为除外

不诚实行为除外，英文通常称为 Conduct ∕ Dishonest Exclusion。所谓"不诚实行为"是指被保险人的任何故意不诚实、故意欺诈的行为或不作为，从各国立法来看，不诚实行为不保是保险法的通例，这主要是源于保险基本原理与控制道德风险的考虑。一方面，保险的承保对象限于可保风险，即损失发生的不确定性风险，只有被保险人的合法行为导致的损失才得到保险人的赔偿，如果被保险人的故意不诚实行为导致的损失可以得到保险人的赔偿，则违反了保险的基本原理。另一方面，如果将被保险人的故意不诚实行为纳入保险责任范围，会引发道德风险，变相鼓励被保险人通过实施违法行为而获益，从而违反了公共政策（Public Policy）。根据各国保险市场实践，董责险合同一般都规定：对于董事及高管的任何故意不诚实与故意欺诈行为，保险人不承担赔偿责任。但是，董事及高管的行为是否属于不诚实行为有时难以判断，因为诚实或不诚实是对人的主观心态进行判断。此外，根据法律规定，保险人需要对除外责任中的事实举证证明。因此，不诚实行为除外责任在实务中容易引起被保险人的异议。

为了解决保险合同双方在不诚实行为认定上的分歧，很多保险公司在董责险保单中明确约定以不可上诉的司法程序终局判决或仲裁裁决作为认定被保险人不诚实行为的最终依据，在判决或裁决文书没有认定被保险人行为不诚实的情况下，应按照有利于被保险人的解释原则，保险人依然需要按照保险合同的约定为被保险人提供抗辩服务与承担保险责任。为了平衡保险合同双方的利益，有些保险人在其董责险保单不诚实行为除外责任中引入更多的判断，被保险人是否实施了不诚实行为的客观依据，包括被保险人的书面自认与行政机关的处罚决定书，而不局限于司法裁决文书。

在适用除外责任的过程中，还需要对实施了不诚实行为的董事或高管与没有实施不诚实行为的董事或高管做区别对待。如果仅仅是因为某个董事或高管故意实施违法行为而剥夺全体被保险人的保险权益，对于其他没有从事任何违法行为的董事和高管明显不公平。因此，董责险保单中引入了"可分割性条款"（Severability Clause），按照此条款的约定，某个被保险人的不诚实行为不会影响其他被保险人依法享有的保险权益，下文将对可分割性条款展开分析。

二、先前及未判决的索赔除外

判断是否属于先前及未判决的索赔（Prior and Pending Claims），需要理解董责险保单中的一个特有的概念，即"连续承保日"（Continuity Date）。连续承保日，也可称为"先前及未判决的诉讼日"（Prior and Pending Litigation Date），对于在保单约定的连续承保日前提起或开始或未判决的任何民事、刑事、监管、仲裁、调解程序或索赔，保险人不承担保险责任。此外，在连续承保日之前由任何有法律授权的机构指示或启动进行的或在该日期仍未判决的任何正式检查、质询、调查或其他程序所导致的索赔也不属于保险责任范围。

连续承保日与追溯日不同，追溯日适用于被保险人不当行为的实施日，而连续承保日适用于先前及未判决的索赔，从被保险人主观状态上来分析，被保险人对自己实施的不当行为一般是知晓的，而对于在连续承保日之前的先前及未判决的索赔可能并不知晓，保险人只对连续承保日之后发生的先前及未决索赔承担保险责任，而无论被保险人在连续承保日之前是否知晓。连续承保日一般会在保单明细表中列明，如果是第一次投保，保险人一般将其设为保单起保日，后续如果被保险人连续续保，则一般会将第一年保单的起保日维持为连续承保日。

三、被保险人诉被保险人除外

董责险作为一种责任保险，其主要作用是转移被保险人因其不当行为而遭受第三人索赔而应承担的赔偿责任风险。因此，第三人对被保险人提起索赔是保险人承担保险责任的前提。因为董责险的被保险人众多，既包括董事、监事及高管个人，也包括投保公司及外部机构实体，实务中难免会发生被保险人之间的诉讼，被保险人诉被保险人除外责任（Insured vs Insured Exclusion）就是保险人用来明确拒绝承担此类诉讼保险责任的条款，它主要是保险人为防止被保险人之间相互串通并以提起索赔诉讼为名骗取保险金从而损害保险人的利益。

在董责险保单没有约定此除外责任时，保险人原则上仍应当承担保险责任，这一除外责任的产生源于美国法院做出的两个著名判例，即 Bank of Am. v. Powers 案和 National Union Fire Insurance Co. v. Seafirst Corp. 案。在 Bank of Am. v. Powers 案中，美国银行对为自己工作的董事提起诉讼，理由是他们在抵押贷款投资中的失误给公司带来了 9500 万美元的经济损失，认为按照董责险合同的规定，保险人应当代替被起诉的董事承担赔偿责任。最终美国银行以 820 万美元的金额与保险人达成和解。此后，同样的问题又出险在 National Union Fire Insurance Co. v. Seafirst Corp. 案中，在该案中，华盛顿西部地方法院支持了 Seafirst 公司向其前任董事提起的诉讼。法院认为，按照董责险合同的约定，保险人应当对董事和高级职员因被提起诉讼所遭受的任何损失承担赔偿责任，而且在保险合同中没有任何条款将公司对前任董事或高管的诉讼作为保险合同的除外责任。在这两起案件发生后，大多数董责险保险人都开始在保险合同中增加了被保险人诉被保险人除外条款。考虑到这类判例来自美国，目前不少保险人将此除外条款适用的地域范围限于美国，而没有适用于非美国地区，笔者认为，这可能是因为其他地区缺乏这样的案例法支持。

随着董责险市场的发展，被保险人诉被保险人除外责任中开始增加了几类例外情形，即在这些情形下该项除外责任不适用：（1）抗辩费用；（2）股东派生诉讼；（3）雇员因指称雇佣不当行为而提出的索赔；（4）任何由过去的被保险人提出的索赔；（5）在未经任何被保险人或被保险公司的煽动、协助或参与的情况下，由外部管理者直接或代表被保险公司提出或主张的索赔或调查，外部管理者指任何外部指定的信托人、接管人、财产管理人、清算人、管理人、抵押权人或类似管理者，或者上述管理者的雇员；（6）由被保险人提出或主张的要求分摊或补偿的索赔，前提是该索赔是由保单承保的另一索赔直接导致的。

董责险被保险人为了限制被保险人诉被保险人除外责任的适用范围，可以通过与保险人协商将此除外责任可修正为"被保险机构诉被保险人"（Entity v. Insured）。此版本的除外责任仅适用于被保险机构本身向其他被保险人提起索赔的情形，如果索赔为被保险自然人提起且被保险机构没有参与，则该项除外责任不适用。这一修正版本的除外责任很明显大大缩小了原有除外责任的适用范围，所以并不是所有的保险人都会同意使用这个版本的除外责任，相对来说，被保险机构诉被保险人除外责任在上市公司董责险保单中比私有公司董责险保单更为常见。

四、罚款罚金除外

罚款（Penalty）是行政处罚手段之一，是行政执法单位对违反行政法规的个人和单位给予的行政处罚。罚款不需要经人民法院判决，只要行政执法单位依据行政法规的规定，做出处罚决定即可执行。罚金（Fine）是刑法附加刑之一，是刑罚处罚的一种方式，属财产刑，其适用对象是触犯刑法的犯罪分子和犯罪法人。罚金，只能由人民法院依刑法的规定判决。除此之外，其他任何单位和个人都无权行使罚金权。

罚款与罚金一般属于我国责任保险合同的标准责任免除，然而一些涉外董责险保单通常参照国际市场惯例会有例外规定。例如，针对海外上市的中资公司，董责险保单中的通常可以承保"依法可以承保的民事罚款或行政罚款"。某中资保险公司董责险保单对于承保损失的定义中规定："被保险自然人根据裁判应支付的民事和行政罚金和罚款，但前提是按照适用的相关司法管辖区域的法律本公司可以赔偿。"某外资保险公司的董责险保单规定："本保险合同扩展承保依法对被保险人做出的民事罚款或行政罚款，但对于本保险合同的适用法律不允许承保的民事罚款或行政罚款，保险人不负任何赔偿责任。"从全世界范围来看，不同国家或司法管辖对于罚款与罚金是否具有可保性规定不一，但绝大多数国家认为没有可保性或者没有明确的法律依据。在某些特殊情况下，法院会判决被告支付一定的民事罚金，罚金是否具有可保性，在各个国家规定有所不同。例如，在美国，有些州的法律明确规定罚金不具有可保性，而有些州的法律则认为罚金可保，还有些州的法律采取折中的态度，规定罚金只有在特定情况下才可保。

我国《保险法》第十二条规定："财产保险是以财产及其有关利益为保险标的的保险。保险利益是指投保人或者被保险人对保险标的具有的法律上承认的利益。"从保险学原理角度来看，董责险属于职业责任险的一种，其保险标的是被保险人因其不当行为而依法应向第三人承担的民事赔偿责任。行政罚款显而易见不属于民事赔偿责任的范围，但是似乎我国法律并未明确禁止其可以被作为董责险的承保损失范围。2006年，中国保监会在一份回函中指出："太平洋财产深圳分公司开发的《海关监管中港澳运输企业车辆及驾驶员保证保险条款（深圳地区适用）》以投保人违反相关法律法规后未及时补缴税款、罚款等造成海关的税金和罚金损失为保险标的，承保的是投保人的违法责任，这与保证保险的原理相悖。在中国目前的法律环境和社会经济发展水平下，保险公司尚不适于开发和经营此类保证保险。根据《保险法》的规定，投保人对保险标的应当具有保险利益，而保险利益应当是法律上承认的利益。因违法行为导致的罚款是行政处罚的一种方式，起到惩戒和制裁作用，是否能将其作为一种保险利益还有待论证。"2020年12月22日，中国银保监会颁布的《责任保险业务监管办法》第6条明确规定保险公司不得通过责任保险承保刑事罚金与行政罚款。从上述责任险新规可以看出保险业监管机构的态度是十分明确的，即责任险不得承保刑事罚金和行政罚款。虽然此规定从立法法角度不属于法律，而是部门规章，法院审理民事案件不会直接引用，但保险人从合规角度应遵守此新规规定。

近年来，有少数内资保险公司推出了与中国 A 股市场配套的董责险条款，其中一个创新是把"行政和解金"作为董责险的保险责任之一。那么，行政和解金与行政罚款有什么区别？行政和解金在董责险保单中是否具有可保性？

在证券法领域，行政和解制度起源于美国。在美国，行政和解属于一种选择性或替代性纠纷解决方法。1990 年，美国《证券执法救济和小额股票改革法》（*The Securities Enforcement Remedies and Penny Stock Reform Act*）出台，明确授权 SEC 可以通过向法院起诉或者通过自身的行政处理程序追缴证券违法行为人的违法所得，并可将其分配给受害投资者；此外，扩大了 SEC 申请民事罚款的范围和数额，SEC 还可以为公共利益在行政处理程序中直接对监管对象处以民事罚款。但民事罚款仍需上缴财政部而不属于可分配资金，因为在当时的政策制定者看来，打击证券违法行为是 SEC 的主要任务，其权限的扩张并非为了帮助受害投资者追缴钱款，而在于惩戒和威慑证券违法行为人。21 世纪初，安然、世通证券欺诈事件对美国资本市场造成巨大冲击，监管者更加认识到保护投资者也是证券执法的重要功能之一。为提振投资者信心，稳定市场预期，2002 年美国国会出台了《萨班斯—奥克斯利法案》（*Sarbanes-Oxley Act*）。其中第 308 条确立了"公平基金制度"，规定对违法行为人追缴的违法所得、民事罚款与和解金可以并入同一个基金，SEC 制订分配计划，由法院审查，将基金分配给在证券欺诈中受损的投资者。随着公平基金制度的确立，SEC 也一改不愿向被指控违法的公司追究大额赔偿与和解金的倾向，证券行政和解制度由此得到进一步发展。为应对 2007 年开始的金融危机，美国国会 2010 年出台了《多德—弗兰克法案》（*The Dodd-Frank Wall Street Reform and Consumer Protection Act*），加强对金融消费者的保护。其中第 929B 条修改了《萨班斯—奥克斯利法案》关于公平基金的规定，不论证券违法行为人是否被追缴违法所得，SEC 都可将通过处罚得来的任何民事罚款归入公平基金。

行政和解制度在中国历史比较短。《行政和解试点实施办法》（以下简称《和解办法》）经 2014 年 11 月 21 日中国证券监督管理委员会第 66 次主席办公会议审议通过，2015 年 2 月 17 日中国证券监督管理委员会令第 114 号公布。《和解办法》中所称行政和解，是指中国证监会在对公民、法人或者其他组织（以下简称行政相对人）涉嫌违反证券期货法律、行政法规和相关监管规定行为进行调查执法过程中，根据行政相对人的申请，与其就改正涉嫌违法行为，消除涉嫌违法行为不良后果，缴纳行政和解金补偿投资者损失等进行协商达成行政和解协议，并据此终止调查执法程序的行为。2020年3月1日施行的新《证券法》第一百七十一条对行政和解制度做了专门规定，并授权国务院规定具体的实施办法，为证监会深入开展行政和解工作提供了充分的法律依据。为确保做好配套衔接，充分发挥行政和解在提高执法效率、保护投资者合法权益、及时稳定市场预期等方面的积极作用，2021年10月26日国务院依照新《证券法》的规定，在总结实践经验的基础上对《和解办法》进行了修改完善，颁布了《证券期货行政执法当事人承诺制度实施办法》（以下简称《承诺办法》），《承诺办法》自2022年1月1日起施行。《承诺办法》所适用的行政执法当事人承诺是指国务院证券监督管理机构对涉嫌证券期货违法的单位或者个人进行调查期间，被调查的当事人承诺纠正涉嫌违法行为、赔偿有关投资者损失、消除损害或者不良影响并经国务院证券监督管理机构认可，当事人履行承诺后国务院证券监督管理机构终止案件调查的行政执法方式。《承诺办法》第18条规定："投资者因当事人涉嫌违法行为遭受损失的，可以向承诺金管理机构申请合理赔偿，也可以通过依法对当事人提起民事赔偿诉讼等其他途径获得赔偿。承诺金管理机构向投资者支付的赔偿总额不得超过涉及案件当事人实际交纳并用于赔偿的承诺金总额。投资者已通过其他途径获得赔偿的，不得就已获得赔偿的部分向承诺金管理机构申请赔偿。"与此同时，证监会于2022年1月1日公布并施行了《证券期货行政执法当事人承诺制度实施规定》与《证券期货行政执法当事人承诺金管理办法》（以下简称《承诺金办法》）。《承诺金办法》删除了原《和解办法》关于"和解金"的定义，并用"承诺金"来代替，即指当事人为适用行政执法当事人承诺而缴纳的资金。根据上述最新规定，通过适用行政执法当事人承诺，当事人缴纳的承诺金可用于赔偿投资者损失，为投资者提供了及时有效救济的新途径，更加有利于保护投资者尤其是中小投资者的合法权益。

综上所述，可以看出行政和解金从中外实践来看兼具民事赔偿金与行政罚款的特征。笔者认为，行政和解金或承诺金是否具有可保性，要一分为二地看。如果行政和解金或承诺金最终被用来赔偿投资者损失，则具有民事赔偿金或者民事和解金的特征，具有可保性；如果行政和解金或承诺金最终被用来上缴国库，则具有行政罚款的特征，不应成为董责险承保的损失范围。最终董责险对于行政和解金或承诺金的赔偿责任应以其被实际使用的用途作为判断标准。

五、人身伤害与财产损失除外

董责险承保的损失属于财务损失，不同于人身伤害（bodily injury）或财产损失（property damage）。因此，任何原因引起的人身伤害、疾病、精神损害或情绪伤害或困扰、恶疾或死亡，或任何有形资产的损失或破坏，包括其功能的丧失，保险人对此造成的直接损失不承担赔偿责任。实际上，人身伤害或财产损失应由其他保险产品来承保。例如，对于被保险人员工的人身伤害，可以投保人身意外保险或雇主责任保险，对于被保险人自身的财产损失，可以投保财产保险，而对于被保险人在经营过程中对第三人造成的人身伤害或财产损失，可以投保公众责任保险或产品责任保险等保险产品。但需要注意的是，本除外条款不适用于针对雇佣相关的不当行为提出的索赔及与人身伤害或财产损失相关的抗辩费用。

六、专业服务除外

董责险虽然是一种特殊的职业责任保险，但是通常会将被保险人向第三人提供的专业服务导致的索赔除外，这是因为此类索赔应由职业责任保险承保。例如，如果董事以公司法律顾问的身份给公司提供法律建议，并因提供不当的法律建议造成公司损失时而应当向公司承担赔偿责任，这种赔偿责任属于律师职业责任保险的承保范围。需要引起向客户提供"专业服务"（professional service）的被保险人注意的是，专业服务除外责任可能会使这类被保险人无法真正获得董责险的保障，因为被保险人的任何不当行为都很有可能因与其提供的专业服务有关而被排除在董责险保障范围之外。因此，投保人及其保险经纪人应特别注意保险人提供的专业服务除外责任的条款措辞，尽量避免损失与专业服务之间模糊性的关系词语，例如"起源于"（arising out of）或"基于"（based upon）等，而应该明确专业服务除外责任仅适用于被保险人提供的专业服务直接导致（caused solely by）的损失或索赔。

七、污染除外

污染是一个非常复杂的问题，由污染导致的法律责任也是如此，因此需要单独的环境污染责任保险来承保污染导致的民事赔偿责任。在包括董责险在内的其他责任保险与财产保险保单中污染基本是绝对除外的，极少数情况下才会有例外情形。因此，董责险保单中一般会有污染除外责任，对于任何指称或起因于污染的索赔或调查，保险人不承担保险责任，但是前述"环境管理不当及污染扩展条款"中的保险责任属于例外情形。

八、大股东索赔除外

有一些董责险保单中会包括大股东索赔除外条款，该条款排除了由拥有被保险公司较大比例股票（通常超过 5%~10%）的个人股东提出的索赔。这种免责条款的理由是，这种索赔往往是大股东和管理层之间的内讧或人格冲突的结果，而不是由涉及实质性商业决策的管理错误造成的。在董责险实务中，大股东索赔除外责任容易引起争议的是界定大股东股权比例的时间点不明确，是不当行为发生之日还是索赔之日，保险合同双方往往会产生争议。因此，为了避免这样的争议，笔者建议要在除外责任条款中约定清楚界定大股东股权比例的时间点。在通常情况下，大股东索赔除外条款不会提及过去的股东，尽管市场上有一些标准版本的免责条款排除了对过去股东的保障。缩小免责条款的措辞，使其仅适用于在索赔时拥有必要所有权百分比的股东，至少可以排除对在索赔前拥有必要所有权百分比但在索赔时仍拥有该所有权百分比的股东的索赔的保障。

第六节　特殊条款

董责险保险合同中有许多不同于传统责任保险合同的特殊条款，其中比较有代表性的就是可分割性条款与不可撤销条款，下文对这两个特殊条款展开分析。

一、可分割性条款

如前所述，董责险的被保险人范围很宽，不仅包括公司过去、现在与未来的董事、董秘、经理及其他高级管理人员个人（Side A&B 项下），还包括公司本身（Side C 项下），甚至还包括特殊情形下的雇员。考虑到董责险的被保险人数量很多，如果一个被保险人个人有未如实告知或者其他故意行为而使无辜的其他被保险人丧失保险保障，那么董责险的保障价值就会大打折扣。因此，国际通行董责险保单通常都会有有关的"可分割性条款"（Severability Clause 或 Severable Nature of the Policy），这一条款主要包含在董责险保单投保告知条款与不诚实行为除外责任条款中。

（一）投保告知的可分割性

董责险承保范围最常见的问题之一，保险人是根据保单投保书中包含的欺诈性或欺骗性信息，还是基于申请书中引用的作为参考的文件中包含的欺诈性或欺骗性信息，撤销保单或拒绝理赔。大多数董责险投保申请都规定，保险人依靠其进行承保和签发保单的申请材料不仅包括申请中提供的信息，还包括（并通过引用并入）公司的财务报表，包括公开文件，例如年度报告以及向 SEC 提交的季度报表。当基于公司财务报表中的虚假陈述或欺诈向公司及其董事和高级管理人员提出证券赔偿或其他索偿时，保险人可能会寻求撤销董责险保单，或拒绝理赔。理由是该保单由于保险人在同意签发保险时所依赖的信息中存在重大陈述错误，该索赔无效或拒绝理赔。

因此，为限制或防止保险人基于申请材料中的虚假陈述而撤销保单或拒绝承保，大多数国际市场董责险保单都将包含一个"可分割性条款"（有时称为"非归咎"条款，Non-imputation Clause）。该条款规定，不得基于保单的虚假陈述而拒绝理赔或撤销保障，将一个被保险人的知识推算给任何其他被保险人。该保单通常肯定地声明，允许保险人基于虚假陈述或未能在申请材料中披露重大信息而撤销或拒绝保障。但是，为了保护不知道虚假陈述的董事和管理人员，董责险保单应附有完整的可分割性条款，明确规定保险人不能撤销或拒绝对任何不了解虚假陈述的个人进行承保。

（二）不诚实行为除外责任的可分割性

如上文所述，不诚实行为除外责任是董责险保单的一个标准除外责任，所有标准的董责险保单均不承保被保险人的某些不良行为，例如欺诈、不诚实、违反法律以及非法的个人利润或报酬。但是，投保人必须仔细检查此类除外责任条款措辞，因为这些除外条款往往涉及大多数针对董事和高级管理人员的索赔。不诚实行为除外条款通常也会包含一个"可分割性条款"，规定与一个被保险董事或高级管理人员有关的事实和拥有的知识将不归咎于或归因于任何其他被保险人，以致一名高管人员的不良行为不会损害该保单所投保的其余无辜董事和高管人员的保险责任。许多标准的董责险保单都包含这样的术语——有时也称为非归咎或可分割性除外责任（Non-imputation or Severability of Exclusions Clause）。但是，许多保单都会规定，某些公司高管的不良行为可能会归咎于公司，以确定 Side B（补偿董事和高级职员的责任）还是 Side C（公司保障）保障同样适用不诚实行为除外责任。保险公司几乎总是坚持认为，可以将首席执行官（CEO）和首席财务官（CFO）的知识归咎于公司，但保险公司通常也希望总法律顾问和其他高级职员也列入名单。显然，限制可将被保险人的知识归咎于公司的高管范围对于被保险人来说更为有利，这需要保险人与投保人及其保险经纪人协商确定。另外，最好明确地说，只有保单中"名义被保险人"（Named Insured）（与保单中每个子公司或关联公司有所区别）的首席执行官或首席财务官及其他人员拥有的实际知识可以被归咎于公司，以适用不诚实行为除外责任。

二、不可撤销条款

在保险合同中一般会有关于合同解除条款的约定，保险合同双方根据约定通常都有按照约定解除保险合同的权利，这也是法律赋予合同双方的基本权利。根据我国《保险法》第十五条的规定：除本法另有规定或者保险合同另有约定外，保险合同成立后，投保人可以解除合同，保险人不得解除合同。从此条规定可以看出，为了保护投保人与被保险人的合法权益，保险法对保险人的合同解除权做出了一定限制，但是赋予了保险合同双方另行约定的权利。

不可撤销条款（Non-rescindability Clause）符合上述保险法的基本精神，且与可分割性条款有一定的关联性。如上文所述，如果有被保险人在投保时有任何不如实告知情形，为了保护不知道虚假陈述的董事及高管，根据董责险保单中可分割性条款，保险人不能撤销保单或拒绝对任何不了解虚假陈述的被保险自然人依约承担保险合同。根据不可撤销条款，投保申请书应视为每一被保险自然人单独投保的申请书，个别被保险自然人在投保申请书内提供的陈述、说明或信息或其所知的信息，在确定是否履行如实告知义务时，不应被认为是其他被保险自然人所提供的陈述、说明或信息或其他被保险自然人所知的信息。针对投保申请书内因故意或重大过失所致的错误陈述或隐瞒事实，保险人不应解除保险合同或针对被保险人行使任何权利。然而，如果某一被保险自然人在保险合同成立时知道投保申请书内包括对保险人错误陈述的事实或事件的真实情况，或知道任何被隐瞒的事实，则对基于、起因于或由于真实情况或被隐瞒的事实提出的索赔所致该被保险自然人的损失，保险人有权解除保险单对该被保险自然人（Side A）及机构（在机构可以补偿该被保险自然人的范围内，Side B）提供的保障。

但是，对于董责险"被保险公司的保障"（Side C）项下提供的保障，若被保险公司过去、现在或未来的董事长、首席执行官（或首席财务官）、董事会秘书（或与前述职位相当者）知道投保申请书中存在对保险人的错误陈述的事实或事件的真实情况，或知道任何被隐瞒的事实，则保险人不承保被保险公司基于前述已知的真实状况或未披露的事实，或任何欺诈性的不实陈述，或隐瞒事实而导致的赔偿请求所引起的任何损失，并且保险人有权解除保险合同对于被保险公司的保障，但有的保险合同对此情形下保险人的合同解除权还设置了下列前提条件：（1）经被保险人或其代表正式书面承认确定；（2）经司法终局判决或最终仲裁裁决认定。通过上述不可撤销条款的内容可以看出，董责险试图在保护被保险人合法权益与维护保险人正当利益之间取得平衡。

第七章　董事责任保险投保与承保实务

本章分别从投保人与保险人角度阐述了各自在投保与承保过程中的实务问题，投保人与保险人因为立场不同各自的关注点也会不同，但其中有不少共同点可以互相呼应。

第一节　董事责任保险投保实务

董责险是一个比较复杂的保险产品，作为普通的投保公司及其董事与高管在其投保过程中需要专业人士的协助，特别是专业保险律师与保险经纪人，他们站在被保险人的立场帮助投保公司做出符合其风险管理需求的决定。本节将基于保险利益原则来分析董责险保险利益的特殊性、保费的支付主体、限额选择、投保流程及其他需要投保人注意的问题。

一、保险利益分析

保险利益原则是保险法的基本原则之一，直接关系到保险合同的成立与生效等重大法律问题。保险利益原则指投保人或被保险人必须对保险标的具有保险利益，否则保险合同无效。我国《保险法》第十二条规定，保险利益是指投保人或者被保险人对保险标的具有的法律上承认的利益，财产保险是以财产及其有关利益为保险标的的保险。对于财产保险来说，法律上承认的利益具体需要满足三个条件：一是合法利益，具备法律上承认并为法律所保护的利益；二是经济利益，具备可以用货币计算和估价的利益；三是确定利益，必须是经济上已经确认或能够确认的利益。《保险法》第四十八条进一步规定："保险事故发生时，被保险人对保险标的不具有保险利益的，不得向保险人请求赔偿保险金。"保险法中的财产保险是广义财产保险概念，包括财产损失保险、责任保险、信用保证保险等。我国保险法学者一般认为责任保险的保险利益属于一种消极的期待利益，指基于现有利益而期待某种责任不发生的利益；自然人或法人依法对他人承担的赔偿责任，也是一种保险利益，当事人可以将其可能对他人负有的法律责任进行投保，这种保险利益称为责任利益，一般是指民事赔偿责任，包括侵权责任和合同责任。①

董责险属于一种特殊的职业责任保险，其保险利益为公司或其董事及高管对他人依法应承担的民事赔偿责任，董事及高管承担责任的原因是其履行职务行为。因此，公司及其董事对于董责险都具有保险利益，也就是都可以成为董责险的投保人。我们知道，董责险的保障通常包括董事个人赔偿责任保障（Side A 和 Side B）与公司赔偿责任保障（Side C），公司对于其自身的赔偿责任具有保险利益容易理解，然而，当公司为董事的个人赔偿责任投保时是否具有保险利益有一定的争议。笔者赞同公司对董事的个人赔偿责任享有保险利益的观点，主要原因有两个：（1）在存在公司补偿制度的情况下，公司有义务根据有关法规或公司章程的规定对董事履行职务行为导致的个人赔偿责任进行补偿，因此公司对于 Side B 保障无疑具有保险利益；（2）如果公司无法为董事的个人赔偿责任投保，则因为董事的个人赔偿能力有限，面对巨额的财务损失风险，董事及高管必然在履行职责过程中因为害怕承担责任而畏首畏尾，不利于公司吸引人才，更不利于公司的经营，从而最终造成公司的经济损失，因此公司对于 Side A 保障也应有保险利益。

考虑到实践中董事为自己购买董责险的情况相对较少，由公司作为投保人为董事及高管购买董责险是目前市场惯例，这也具有一定的合法性。美国所有州的公司法都明确规定公司可以作为投保人为其董事和高管购买董责险。例如，《特拉华州普通公司法》第 145 条第 7 款规定："对于公司中过去和现在的董事和高级职员以及那些应公司的请求，在其他公司中担任董事和高级职员职务或曾经担任上述职务的人员，公司可以为其购买和维持董事责任保险合同，从而减轻上述人员的责任风险。"美国《示范公司法修正本（1991）》第 8.57 条规定："公司可为那些担任董事和经理职务的人员购买和维持董事责任保险合同，以减少其因为执行职务所遭遇的责任风险。"②

我国法律法规没有对公司是否需要购买董责险做出规定，但是在证监会发布的有关部门规章中做出了明确规定。中国证监会颁布的《上市公司

①　李玉泉. 保险法［M］. 3 版. 北京：法律出版社，2019：80.

②　孙洪涛. 董事责任保险合同研究［M］. 北京：中国法制出版社，2011：74.

治理准则》第 24 条规定：经股东大会批准，上市公司可以为董事购买责任保险；责任保险范围由合同约定，但董事因违反法律法规和公司章程规定而导致的责任除外。2022 年 1 月 5 日证监会颁布并施行的《上市公司独立董事规则》第 29 条规定：上市公司可以建立必要的独立董事责任保险制度，以降低独立董事正常履行职责可能引致的风险。由此可见，我国也是允许公司作为董责险的投保人，但需要经过股东大会的批准。

在董责险的发展历史上，各国学者对于公司作为投保人支付董责险保险费是否具有合理性这一问题进行过激烈的争论。下文以董责险最发达的美国市场为例说明。在董责险发展的初级阶段，美国学者针对由公司为董事支付保险费是否与公司法的基本原理相冲突存在两种不同的观点。持反对观点的学者认为，如果董事的赔偿责任不属于公司补偿制度的保障范围，由公司为董事购买董责险不能为公司带来任何利益，相反，可能会导致公司资产的非法流出。此外，董责险的直接受益人是公司的董事和高管，根据权利义务相一致的原则，保险费应当由董事及高管本人支付。持支持观点的学者认为，虽然从表面上看，公司为董事支付保险费会导致公司额外支出一部分费用，但从长远看，上述措施可以确保那些能力突出的董事和高管安心地为公司服务；与公司支付的小额保险费相比，一旦董事因履职不当行为应承担数额巨大的赔偿责任时，由于董事个人赔偿能力有限，可能无法弥补公司遭受的损失，因此，由公司支付保费的做法并无不妥。为了平息这场争论并为实务界确立规范标准，从 1967 年特拉达华州开始，美国各州分别通过立法的形式，明确规定公司可以用其资金为董事及高管购买保险。此后，支持公司支付保费的观点逐渐占据上风。

与美国一样，我国在引入董责险产品之后，围绕由公司支付保费是否具有合理性的问题国内学者也产生了激烈的争论。持反对观点的学者观点与美国学者类似，认为由公司支付保费违背了市场经济中权利义务相一致的原则。持支持观点的学者也不少。孙宏涛（2011）① 认为，由公司支付保险费为董事购买保险并未损害公司的合法权益，其理由主要包括：（1）由公司为董事支付保险费并不违反权利义务相一致的原则，如果公司购买了董责险，则可以要求保险人承担保险责任，在董事赔偿能力不足时可以弥补其所遭受的损失，董事在享受董责险保障的同时也必须尽更大的努力为公司服务；（2）由公司为董事购买保险并不会诱发董事注意义务的松

---

① 孙洪涛. 董事责任保险合同研究［M］. 北京：中国法制出版社，2011：78-79.

懈,因为董责险合同的赔偿限额与免赔额的存在,董事个人仍然面临需要承担一定赔偿责任的风险;(3)从风险归属来看,应当由公司支付保险费,因为董事个人赔偿责任的来源是其履行公司职责所致,其责任风险与公司有很大相关性;(4)从负担能力上看,应当由公司支付保费,因为董事个人支付能力有限;(5)从董责险对利益相关主体的保护作用上分析,应当由公司支付保费,因为董责险机制可以完善公司治理结构与实现公司的社会责任。

二、责任限额选择

对于为董责险购买者提供建议的专业人士来说,最具挑战性的问题之一是,什么是正确的责任限额,这是一个不可避免地涉及艺术和科学的交叉问题,特别是因为分析这个具有挑战的问题还受到客户保费成本和风险承受力等基本考虑的影响。虽然有一些客观的基准可以帮助我们分析这个问题,但这些基准必须与影响分析这个问题的相关因素一起考虑。笔者认为,董责险的责任限额的选择问题首先取决于投保公司是上市公司还是私有公司,两者之间的分析差异不仅在于购买保险的数量,还在于如何分析责任限额选择问题。下文将分别讨论上市公司和私有公司的董责险责任限额选择问题以及其他一些考虑因素。

(一) 上市公司限额选择

对于上市公司来说,存在一些基本的参考点和一些额外的考虑因素,每个保险购买者都应该全面评估一下。上市公司首先要从基本限额充足性的角度来处理围绕限额选择的问题,同时考虑到公司可能的证券集体诉讼风险。证券诉讼风险是适当的限额选择的分析起点,因为对于大多数上市公司来说,在大多数情况下,证券诉讼代表了公司最大的管理责任风险。包括保险经纪人在内的第三方专业人士应向投保公司提供足够的信息,使其能够评估与公司规模和其他特征相同的公司的证券诉讼和解金的范围和分布。上市公司可能要考虑的第二个基准是同业的购买模式。也就是说,其他像他们这样的公司购买多少董责险?投保公司可以将这些信息作为参考,但是应该始终注意其他公司的投保决定有其自身的特殊考虑,可能不适用整个行业。

除这些基本的、相对客观的准则,如证券诉讼和解趋势和同业的购买模式，还有一些额外的考虑因素也应该被考虑在内。首先，上面讨论的关于证券集体诉讼和解的信息，没有考虑到抗辩费用，而责任限额的选择必须考虑抗辩费用，因为根据大多数董责险保单，抗辩费用会消耗责任限额。每一元钱的抗辩费用意味着可用于和解或判决的费用减少一元钱。为确保公司有足够的责任限额来抗辩和解决严重的索赔，必须适当考虑可能的抗辩费用以及和解金额。以美国市场举例，我们必须注意到，近年来，证券集体诉讼和解和抗辩费用一直在上升，比经济通胀率上升快得多。其次，应该考虑的另一个问题是，董责险最重要的价值是在发生巨灾性索赔时为董事及高管个人提供的财务保护。当情况变得非常严重时，董责险可能是董事及高管个人的"最后一道防线"。当巨灾性的索赔事件发生时，公司和董事及高管个人可能会发现自己同时在与多个法律程序作斗争。此外，各诉讼程序中各被告的利益可能会有很大的冲突，特别是当被赶走的前管理层被指责应为公司的困难负责时。通常当这种情况发生时，每个被告都会单独聘请律师。在这种情况下，抗辩费用可能会迅速增加，导致可用的保险责任限额迅速被消耗，甚至被完全耗尽。发生可能会耗尽可用的限额的灾难性索赔的可能性突出了仔细考虑限额选择问题的重要性。

简单地说，其他案件在过去可能以什么方式解决，或者其他公司购买了多少保险，可能对某一公司在未来可能需要多少保险的问题没有太大的指导意义，特别是因为有关证券诉讼和解和董责险购买模式的数据往往是向前看的，包含可能与未来要求无关的历史模式。另外，使用灾难性索赔情景的困难在于，它可能很快导致一个相当无益的结论，即没有多少保险足以解决最高层级风险。在某些时候，分析必须从保险的数量转向保险的结构，这个问题笔者将在下文进一步讨论。

（二）私有公司限额选择

对于私有公司来说，限额选择问题与上市公司是不同的，主要是因为私有公司通常没有面临证券集体诉讼风险。然而，虽然私有公司没有证券诉讼风险，但是并不意味着私有公司及其董事和高管不会面临严重的责任风险。事实上，在美国市场我们已经看到许多私有公司的董事责任索赔案件最终以数百万美元和解。[①]

---

① Kevin M. LaCroix. Executive Protection: D&O Insurance – Limits Selection and Program Structure [J]. The D&O Diary, October 28, 2010.

对于私有公司，客观的参考标准是按公司资产规模划分的同业购买模式。这些同业的数据与上市公司的数据有相同的好处和局限性，但许多买家在购买保险的过程中发现这些数据很有用，让人放心。私有公司董责险的责任限额与上市公司董责险的责任限额一样，在大多数情况下会受到抗辩费用的消耗。因此，在选择私有公司责任限额的问题上，也应考虑到许多有关抗辩费用的因素。私有公司董责险的一个额外考虑是，私有公司保单中的实体保障比上市公司保单中的实体保障要广泛得多。上市公司实体保障仅限于证券索赔；而私有公司的保单则没有这样的限制，例如通常还会保障针对公司的雇佣行为责任索赔。私有公司保单中更广泛的实体保障创造了一种可能性，即责任限额可能会被实体的抗辩费用和和解金所消耗，有可能使董事及高管个人剩下的保险更少或没有，从而导致被保险自然人无法用于自我辩护或解决索赔。实体保单中更广泛的实体保障可能会影响一些买家增加董责险的责任限额，作为防止实体类索赔侵蚀或耗尽责任限额的一种方式。

（三）其他考虑因素

除上市公司与私有公司在限额选择上的区别，投保人在选择董责险责任限额时还需要考虑下列因素。

1. 所在行业

毫无疑问，不同行业的公司及董事面临的责任风险差异较大。以生物医药行业为例，因为围绕估值的潜在问题，以及在产品或想法可能未经测试和验证的领域更频繁地需要投资，知识产权也可能会有更多的争议。因此，所在行业诉讼风险较高的公司就需要购买更高的责任限额。

2. 公司规模与市值

公司规模与市值对推动任何损失的潜在程度都很重要。考虑到与诉讼有关的潜在成本，低于一定规模水平的公司可能不会引起诉讼出资人或受害债权人的兴趣，但毫无疑问，限额的选择肯定与公司规模和市值相关，孤立地看，非常简单的观察是，规模越大，市值越高，则风险越高，限额要求也就越高。

3. 财务情况

董事责任风险的许多风险特征是直截了当的，如财务风险。如果债务人不还钱，债权人会想知道原因，并会设法确定原因是否为基于任何管理不善或虚假陈述。债务与一个公司的财务状况的更广泛的评估联系在一起，一个负债累累的公司同时面临着承保人缩小保障和要求提高责任限额的挑战，以符合其财务指标。保险经纪人在推荐限额时，首先想到的应是可能存在的财务丑闻和企业责任事件。众所周知，这些事件的调查是漫长与昂贵的，并涉及对参与公司管理的董事及高管进行调查。

4. 地域范围

地域范围是任何限额评估的关键考虑因素。公司的任何海外活动都会增加不可预测性，因为海外地区的损失处理成本必然较高，而外语挑战会使这种情况在各种情况下更难以驾驭。众所周知，在美国的任何风险暴露程度比任何其他地区都更能推动风险状况上升。如果一个公司在美国有一个公开交易的项目，即使它在那里的实际风险很小，它也会面临更高的索赔可能性和比国内事件高得多的抗辩费用。美国证券集体诉讼仍然是对董事的最大威胁之一，也是考虑限额选择的一个关键因素。在美国的诉讼通常是昂贵的、耗时的，并且需要对美国的法律制度有所了解和认识。因此，美股上市公司因其面临的证券集体诉讼风险最高，其需要的董责险责任限额也应比港股和 A 股的上市公司相对较高。

5. 潜在风险

董事的职责之一是主动发现新出现的风险。在制定责任限额条款的背景下，这在很大程度上取决于这些风险有多大可能转化为一个公司可能面临的当前或直接风险，以及它们何时可能表现出来。气候变化和 ESG 就是很好的例子，尽管在这个阶段，它们对上市公司和大型组织来说更可能是一个问题。环境、健康和安全、人权和社区影响正在获得管理层的关注，随着 ESG 披露压力的增加，公司将不得不考虑它们的风险，在某些情况下，重新思考它们的战略。

6. 损失历史

损失历史是一个非常有用的评价责任限额适当性的指标，但也是最难获得的，因为市场对董事责任的损失信息一般是保密的。因此，董责险买家与专业顾问对风险的态度与意见将成为参考的重点，但这也是一个可能很少有一致性的领域。

7. 董事及高管数量

这一点看起来可能相当明显，董事和高管的人数是选择限额的一个重要因素。一份标准董责险保单保障过去、现在和未来的董事和高级职员，但如果只有一名董事，那么就只有一名董事可以获得保单限额。因此，在评估限额要求时，有足够的资金承担每一名董事及高管的潜在赔偿责任是一个非常直接的考虑因素。

三、投保方案结构

鉴于董责险平均索赔的严重程度不断上升，以及和解金额与抗辩费用有可能耗尽保单限额的巨灾损失可能性，董责险投保人应在参考上述限额选择方法与考虑因素的基础上结合自身风险管理的需求确定合理的责任限额。然而，仅仅提高限额并不能解决所有的问题，解决方案的一部分必须是考虑董责险方案结构设计。显然，可能导致保单限额耗尽的因素之一是许多不同的人在使用保险，特别是当有多个同时发生的索赔。一个明智的公司董事或高管可以确保他们不会没有保险来保护他们个人的方法是通过补充董责险的保险结构来专门用于保护他们自己。

这些补充结构可以采取任何一种不同的形式，包括为特定的个人群体提供超额的 Side A 保险，或者甚至通过个人董责险保单（所谓的 IDL 保险）。虽然这种补充保险的结构有多种方式，但发生灾难性索赔的可能性强调了作为保险购买过程的一部分解决这些问题的重要性。这些补充保险结构的重点是确保无论发生什么事，董事及高管个人将有一笔钱，上面有他们的名字，以保证个人不会被动面对未解决的索赔而没有剩余的保险可以为自己辩护。

此外，这些补充方案的保障范围往往比传统的董责险保障范围更广。例如，它们往往包含更少的除外责任，还可以提供在相关的传统董责险保险人已经破产或寻求撤销保单时所谓的"下沉"（drop down）保护。此外，由于这些替代性保险方案只保护特定的个人，保险不能被抽走用于支付实体类索赔或针对其他未在该方案下投保的个人的索赔。

四、投保人告知义务

（一）告知方式

投保人如实告知义务是各国保险法的重要规则，是保险法的基本原则之一，也是最大诚信原则的体现之一。因为保险合同双方的信息不对称，当事人之间需要更高程度的诚实信用，因为保险人对于保险标的的了解主要基于投保人提供的信息，投保人应当将有关保险标的的各种事实情况对保险人进行告知和披露，此即为保险法上的投保人如实告知义务，它是一种法定义务。我国《保险法》第十六条第 1 款规定：订立保险合同，保险人就保险标的或者被保险人的有关情况提出询问的，投保人应当如实告知。我国保险法采用的告知方式是"询问告知"，即保险人需要就其想要了解的信息向投保人书面询问，保险人没有询问的情况，投保人没有告知，不构成违反告知义务。实务中，保险人一般以要求投保人填写投保问卷或风险询问表的方式，投保人需要仔细阅读其中保险人的问题，做到如实告知，下文承保实务中笔者会对投保问卷中保险人经常询问的问题展开具体分析。

（二）告知内容

告知义务制度的目的与功能在于为保险人提供评估风险的相关事实，因此，投保人告知的内容应限于与保险标的的风险评估有关的重要事实，而非与保险标的有关的所有事实。重要事实（Material Facts）这一概念源于英国保险法，1906 年《英国海上保险法》第 18 条将"重要事实"界定为"足以影响一个谨慎的保险人据以确定保险费，或者决定是否承保的情况"。按照该规定，如果某一事实的存在会直接影响"谨慎保险人"对风险的评估，则可认定这一事实属于投保人应当告知的重要事实。因此，"谨慎保险人"概念的准确界定就成为正确适用该标准的前提和基础。从通常意义上理解，"谨慎保险人"是根据一个国家保险市场发展的具体水平判断，参照保险市场中整体上一般保险人具有的知识水平、识别能力、习惯做法、经验等确立的抽象保险标准。①

我国《保险法》第十六条第 2 款将"重要事实"界定为"足以影响保险人是否同意承保或者提高保险费率的事实"。从这款规定可以看出，我国保险法对于重要事实的界定没有采用谨慎保险人标准，而是从未如实告知对保险人承保决定的影响程度来判断。按照这个标准，在订立董责险合同的过程中，那些会对保险人是否订立合同或者提高保险费率产生决定性影响的事实才属于投保人应当如实告知的重要事实。这个标准相对比较客观，方便当事人举证，符合世界大多数国家保险法的发展趋势。

需要投保人注意的是，在订立董责险合同过程中，对于下列事项，投保人可以免除告知义务：（1）保险人已经知悉或应当知悉的事项。对于投

---

① 孙洪涛. 董事责任保险合同研究 [M]. 北京：中国法制出版社，2011：104.

保公司，尤其是上市公司，包括工商登记信息与上市公司公开披露的信息等为公众知晓的事项，保险人可以从有关公开查询渠道获得，不需要投保人再另行告知，这已是董责险市场的惯例。（2）减少保险人所承担的风险程度的事项。在通常情况下，减少保险标的危险程度的事项对保险人准确评估风险非常重要，但即使投保人未将上述事项告知保险人，也不会对其造成不利影响，因此投保人对此不负告知义务。（3）保险人未询问的事项。如上文所述，我国保险法采用的是书面询问告知模式，即投保人仅对董责险保险人提出的书面询问事项承担告知义务，若保险人未以书面方式进行询问，则无论保险人是否以口头方式询问，投保人不负告知义务。

此外，投保人还需要注意投保问卷中保险人以"概括性条款"来进行询问。所谓"概括性条款"，是指缺乏具体内涵、外延难以界定的条款。实践中，概括性条款一般是以"其他""除此之外"等兜底条款的方式出现，例如，投保人是否知悉任何可能导致赔偿请求的事实、情形、行为和不作为等。根据我国《保险法司法解释二》第6条的规定："保险人以投保人违反了对投保单询问表中所列概括性条款的如实告知义务为由请求解除合同的，人民法院不予支持。但该概括性条款有具体内容的除外。"因此，对于保险人询问的此类概括性问题，投保人可以向保险人进一步澄清明确其具体内容，以免双方对此再发生争议。

（三）告知主体

投保人作为告知义务的主体已为世界各国立法所承认，但是被保险人是否应为告知义务的主体，世界各国的保险立法还存在相当大的差异。综观世界各国对告知义务主体的规定，大致有三种立法例：（1）投保人主义，即负有告知义务的主体仅为投保人而不包括被保险人，采用此例的国家有瑞士、法国、意大利、俄罗斯等；（2）区别对待主义，如日本商法根据损失保险和人寿保险分别做出不同的规定，在损失保险中，仅投保人负有如实告知义务，在人寿保险中投保人和被保险人均负有如实告知义务；（3）有的国家要求投保人和被保险人均负告知义务，如韩国以及美国的许多的州。[①]

我国的保险立法对告知义务主体的规定并不统一，一方面，按照我国

---

① 刘玉杰. 保险告知义务的经济学解析——兼论我国保险法第十七条规定的不足与完善[J]. 喀什师范学院学报，2004（4）.

《保险法》第十六条的规定，仅投保人负告知义务；另一方面，按照我国《海商法》第二百二十二条的规定，仅被保险人负告知义务。① 在学理解释上，对于被保险人是否负告知义务，存在一定的争议。有学者认为，被保险人应负告知义务，因为在财产保险中，投保人通常就是被保险人，在二者并非同一人的场合，被保险人为财产标的的所有权人或权利人，其对保险标的物的状况知之甚详；在人身保险中，投保人和被保险人不是同一人时，被保险人对自己身体健康状况的了解最为透彻，就保险契约为最大善意契约的本质而言，被保险人也应承担告知义务，以便保险人衡估保险费。② 持否定说观点的主要理由包括以下两个方面：（1）如果要求被保险人也承担告知义务，被保险人就应当与投保人一样具有完全民事行为能力。但在某些情况下，被保险人可能达不到上述要求，例如，当被保险人是限制民事行为能力人或无民事行为能力人时，他的告知是不会产生任何法律效力。（2）不要求被保险人承担告知义务并不会影响保险人对危险的正确评估，原因在于，一方面，投保人与被保险人分属两人时，由于法律要求投保人与被保险人之间必须存在某种特定关系，使投保人对被保险人情况的了解是非常清楚的；另一方面，现代科学技术在保险中的运用，可以克服由于被保险人不负告知义务带来的困难。③

笔者认为，投保人与被保险人是两个不同的概念。我国《保险法》第十条规定："投保人是指与保险人订立保险合同，并按照合同约定负有支付保险费义务的人。"第十二条规定："被保险人是指其财产或者人身受保险合同保障，享有保险金请求权的人。投保人可以为被保险人。"对于董责险合同来说，如上文所述，投保人一般为公司，而被保险人包括公司及其董监高个人，即公司既是董责险的投保人又是被保险人之一，而董事及高管个人除非是仅为自己投保，一般仅是董责险的被保险人。公司作为投保人对于本公司的情况比较清楚，包括为公司服务的董事及高管，因此，公司作为投保人依法负有告知义务比较合理，这也符合我国保险法的要求。有国内学者认为，虽然公司可能会对董事的相关信息有一些了解，但终究不如董事自身了解得更清楚，因此，从诚实信用和对价平衡的角度考虑，为

---

① 我国《海商法》第二百二十二条第 1 款规定："合同订立前，被保险人应当将其知道的或者在通常业务中应当知道的有关影响保险人据以确定保险费率或者确定是否同意承保的重要情况，如实告知保险人。"

② 施文森. 保险法总论 [M]. 北京：三民书局，1985：155.

③ 葛延珉. 海上保险法最大诚信原则研究 [D]. 大连海事大学，2005.

了确保保险人能够正确计算保险费率并决定是否承保，应当要求作为被保险人的董事及高级职员履行如实告知义务。① 笔者认为，要求董责险的被保险人承担如实告知义务既没有保险法上的依据，在实践中也不具有可操作性，因为董责险的被保险人主体众多，既包括投保公司的子公司，又包括在过去、现在及将来担任董事及高管职务的个人，如果要求所有的被保险人都要履行告知义务，则投保流程将会变得非常烦琐。因此，由公司作为投保人履行告知义务对于董责险合同具有合法性与可操作性，公司应根据保险人对于被保险人有关事项的询问就其了解的情况如实告知，在不了解情况时应主动与有关被保险人了解核实并代其向保险人如实告知。

需要注意的是，虽然投保人依法负有告知义务，但实操中有一些董责险保单约定了被保险人负有告知义务。笔者认为，这虽然与我国保险法的现行规定不一致，但并没有违反禁止性法律规定，保险合同告知义务条款经提示应为有效约定，但实操难度较大，容易引起理赔纠纷。

（四）未告知法律后果

投保人违反告知义务会产生一定的法律后果，从各国保险惯例、学说及立法的发展趋势来看，违反告知义务的法律后果存在从"无效主义"向"解约主义"转变的过程。我国《保险法》第十六条即采纳了解约主义原则，规定："投保人故意或者因重大过失未履行前款规定的如实告知义务，足以影响保险人决定是否同意承保或者提高保险费率的，保险人有权解除合同。投保人故意不履行如实告知义务的，保险人对于合同解除前发生的保险事故，不承担赔偿或者给付保险金的责任，并不退还保险费。投保人因重大过失未履行如实告知义务，对保险事故的发生有严重影响的，保险人对于合同解除前发生的保险事故，不承担赔偿或者给付保险金的责任，但应当退还保险费。保险人在合同订立时已经知道投保人未如实告知的情况的，保险人不得解除合同；发生保险事故的，保险人应当承担赔偿或者给付保险金的责任。"同时，该条对于保险人行使合同解除权的期限做了明确规定，即"自保险人知道有解除事由之日起，超过三十日不行使而消灭。自合同成立之日起超过二年的，保险人不得解除合同；发生保险事故的，保险人应当承担赔偿或者给付保险金的责任"。考虑到违反告知

---

① 孙洪涛. 董事责任保险合同研究［M］. 北京：中国法制出版社，2011：99.

义务带来的严重法律后果，投保人应向保险人如实履行告知义务，避免其保险合同权利受到损害。

第二节　董事责任保险承保实务

作为一名合格的董责险核保人，不仅需要对董责险保险合同的条款内容有正确且深刻的理解，而且需要对投保人的风险做出全面的评估，在此基础上根据保险公司的承保指引做出是否承保及以什么样的条件承保的决定。下文中，笔者将以保险人的角度对董责险的承保要点从风险调查、核保考虑因素、定价方法、方案设计等角度结合业务实操与相关案例逐一展开分析。

一、风险调查

董责险核保流程与其他保险产品一样起始于风险调查，保险人一般会通过要求投保人填写风险调查问卷（Questionnaire）或投保书（Application Form）的方式获取必要的核保信息，这也是我国保险法中"询问告知"原则的要求。《保险法》第十六条规定：订立保险合同，保险人就保险标的或者被保险人的有关情况提出询问的，投保人应当如实告知。因此，保险人应对其需要了解有关投保人与保险标的的重要情况在调查问卷中列明并要求投保人依法履行如实告知的法定义务。从市场上常见的董责险调查问卷中，可以归纳出保险人需要了解的重要核保信息包括投保公司的经营情况、雇佣行为、有价证券事项、索赔及潜在索赔情况、投保历史与保险要求等。

（一）公司经营情况

保险人需要了解的投保公司经营情况一般包括投保人名称、注册地址、营业性质、经营年限、财务状况等基本信息。此外，需要告知的经营情况还包括：（1）投保人或其子公司在过去5年中是否发生过任何收购或合并；（2）投保人的营业性质在过去5年是否发生过重大变化；（3）投保人或其子公司管理层在过去5年是否发生过重大变化；（4）投保人或其子公司在未来12个月是否知悉任何已在进行或已在计划中的股权收购或合并；（5）投保人或其子公司在未来12个月是否有计划进行公开或非公开发行证券；（6）投保人或其子公司在过去5年是否曾重编财务报表等。

对于投保人的财务状况，通常需要投保人提供有关的财务报表，主要是资产负债表、利润表和现金流量表。资产负债表（Balance Sheet）反映企业在某一时点的"家底"情况，由资产、负债、所有者权益三部分组成。利润表也叫损益表（Income Statement），它能告诉核保人企业在一定时期内，比如一个月、一个季度或一年，赚了多少钱；若收入大于支出，那么利润为正，公司盈利；反之，利润为负，公司亏损。现金流量表（Statement of Cash Flows）是企业生命的"血脉"，一旦现金流断裂，哪怕是再大的企业也会摇摇欲坠；若现金流大于零，是正向现金流，意味着现金流入企业；反之，是负向现金流，意味着现金流出企业。需要注意的是，如果投保人是上市公司，上述财务报表等信息都是可以通过公开渠道查询到，投保人一般不需要提供，除非是一些非公开但保险人又明确询问的信息，如投保人未来是否有任何涉及股权收购或合并的计划等，这类非公开信息需要投保人按照投保问卷的要求如实告知保险人。

董责险保险人需要注意的是，对于投保人是上市公司的情形，法院可能认为保险人可以不需要投保人主动提供而获取其公开信息，不能因为投保人没有提供财务报表等公开信息而认为投保人没有履行如实告知的义务。上海市某中级人民法院在一起涉及共同保险的董责险案件中认为："投保公司作为在美国纳斯达克上市的公司，其相关信息虽然发生在国外，但仍属于公开信息；美国上市公司的年报、季报均在美国证监会网站上公开发布；在互联网络技术发达的今天，一个普通人尚可通过搜索引擎查询到关于投保公司并购、重述的大量资料，更何况一个开展国际业务的保险公司；董责险属于相对高端的保险产品，保险公司在承保前应当进行必要的核保流程，对目标公司的财务状况、并购、重述等情况做一定了解和评估，由此判断分析是否承保以及确定保费的高低。"因此，董责险核保人应主动查询上市公司投保人的重要公开信息作为其核保的依据之一。上市公司公开信息的来源包括：上市公司年报、网络舆情、券商分析报告与证监会指定的信息披露网站，如巨潮资讯网、中证网、中国证券网等。

（二）雇佣行为

询问雇佣行为信息主要是为了评估投保人的雇佣行为责任风险从而为保险人承保投保公司的雇佣行为责任保险（Side D EPLI）做依据，一般来说，主要的雇佣行为有关信息包括：（1）投保人及其子公司所有雇员的人数，需要按照全职员工、董事及监事以及临时工分开计算；（2）投保人及其子公司在过去3年内员工流动率；（3）投保人及其任一子公司是否正进行或计划在未来12个月内进行裁员或缩编程序，包括因任何形式的公司结构调整或关闭营业单位所致者；（4）投保人及其子公司是否均设有人力资源部门；（5）投保人及其子公司是否有载明如性骚扰、员工惩戒、中止任用与裁员等事项的人力资源手册或类似的书面管理准则等。

（三）有价证券事项

如果投保公司是上市公司，为评估证券赔偿责任风险，董责险核保人需要了解以下基本信息：（1）上市公司所在的证券交易所或柜台买卖中心（OTC）；（2）首次公开发行的日期；（3）募集的股权资本金额；（4）子公司的有价证券是否在任何公开市场上交易；（5）所有直接或间接持有投保公司股份5%以上者的详细资料。

如果投保人有美国地区的有价证券风险，则还需要回答下列问题：（1）若投保人或其子公司的有价证券以美国存托凭证（ADR）或144A计划的方式交易，则需要告知：（a）其为参与型（sponsored）或非参与型（un-sponsored）？（b）在美国发行的总市值。（c）占所有已发行股本的百分比。（d）美国存托凭证持有者的人数。（e）所有持有其已发行美国存托凭证股本5%或以上者。（f）ADR属于哪一层？Level 1、Level 2或Level 3？（2）投保人或其子公司是否已按照美国法律、规则或命令设有内部审计委员会？（3）若投保人或其任一子公司须遵守美国一般公认会计原则（GAPP），其财务报表是否已符合GAPP要求？（4）投保人是否有雇用任何美国的律师以帮助其针对美国的信息披露做出建议？如有，须提供律师事务所的名称、律师名字及服务项目的明细。

（四）索赔及潜在索赔情况

投保人的索赔或潜在索赔情况是保险人在做出承保决定前需要了解的关键信息，它影响保险人是否承保及以什么样的条件承保，保险人一般会询问下列问题：（1）投保人、其子公司，或其董事、高级管理人员、监事或雇员是否正遭受任何证券交易所或监管机构（包括但不限于美国证券交易委员会、美国国税局、中国证券监督管理委员会、香港证监会等）调查，或被要求提供前述机构或相关个人任何的信息？（2）是否有任何人于过去5年内对投保人、子公司，或其董事、高级管理人员、监事、合伙人或受托人提出过任何赔偿请求？（3）投保人、其子公司，或其董事、高级管理人员、监事、合伙人或受托人于讯问后，是否知悉任何可能导致赔偿请求之行为、疏漏、事件或情形？

（五）投保历史与保险要求

了解投保人的投保历史有助于核保人评估其风险敞口，同时也可以做好后续保障方案的衔接。一般来说，董责险核保人需要询问投保人或子公司有无投保董责险或职业责任保险，如果有，最好要求投保人提供以往的保险单做参考。另外，还要询问投保人、其任一子公司或其董事及高管是否曾遭保险公司拒绝投保、撤销或拒绝续保之情形？如有，则需要投保人提供书面详细资料。此外，保险人还需要询问投保人对于董责险的基本要求，主要是投保人预投保的赔偿限额、打算自行负担的免赔额、保障范围（Side A、Side B、Side C、Side D）、保费预算及拟起保日期等，以便保险人可以制订有针对性的报价方案。

二、核保考虑因素

董责险核保人进行风险调查后，在审核投保人提供的核保信息以及可查询的公开信息的基础上，根据保险公司的承保指引做出承保决定。每家保险公司对于董责险的风险偏好与承保指引各不相同，但具有相同的考虑因素，如公司因素、行业因素、财务因素、公司治理因素与证券风险因素等。笔者将在下文中对这几大类核保考虑因素展开分析。

（一）公司因素

董责险核保人在做是否承保的决定时，首先需要了解投保公司的运营情况及其未来的发展计划，主要包括合并收购、未来公开发行与回购、董事及高管所持股权、诉讼档案、公众形象与合规情况等。

1. 合并收购

过往的大量证券诉讼案件表明，公司一旦涉及合并与收购活动，其董事及高管的诉讼风险就会上升，这主要是因为并购后的经营活动或实际收益经常离并购前的预期收益相差较大。当今，公司并购计划被宣布后股东随即发起诉讼的情况比较常见。在大多数情况下，被收购的目标公司董事会被指称在试图为股东争取最佳可能收购价格上未尽到勤勉尽责或足够的注意义务，有时收购公司的董事及高管会被指称与被收购公司的董事会一起以牺牲目标公司利益的代价不公正地使董事会获益。并购活动在收购公司的董事会与被收购公司的董事会之间制造了潜在的利益冲突，因为各自股东会向其董事索赔指称其在并购活动中有不当行为或者误导了他们，所以双方公司遭受其股东索赔的可能性增加了董事及高管被诉的风险。因此，核保人应考虑投保公司任何以前发生、正在进行或未来可能的涉及投保公司的并购或分拆活动。以往发生的并购活动能帮助核保人更好地理解公司管理层如何处理公司并购事宜，核保人需要重点关注以往并购的历史规模、资本的获取渠道与公司评估某一并购交易的过程及其自身的尽职履责过程。

2. 未来公开发行与回购

实务中，公司可能会通过增发股票的方式募集更多资本，核保人需要搞清楚这是不是投保公司已经计划的增长战略的一部分或者是因为投保公司现金流出现了问题，因为股票增发可能引发不高兴的股东发起诉讼。股东不高兴的原因主要是额外的股份稀释了他们的股权地位或者与公开发行相关的表述有问题。此外，股东也可能反对公司回购股票行为，因为他们相信回购资金可以用在更好的地方，例如购买或扩充公司资产，或者公司试图通过减少流通股的数量来巩固每股收益。

3. 董事及高管所持股权

并购活动与内幕交易是董事及高管面临的两大主要风险。在大多数董事诉讼中，至少有一个内幕交易的索赔被提起。因此，作为董责险核保流程的组成部分，核保人需要检视董事及高管持有多少股份以及他们买卖这些股份的频率。一般来说，董事及高管持有公司股票对公司有益。当董事基于在公司的职位而对股东负有一定义务时，股权能够进一步保障他们对于公司未来的利益。因此，董事及高管通常会接受期权（stock options）作为他们年度薪酬的一部分。然而，董事及高管有时想要卖出他们所持有的公司股票以获得现金收入。董责险核保人需要检查董事及高管的股票交易历史以及股票出售模式。如果交易历史或模式正好与公司股价的大涨或大跌同时发生，这也许意味着内幕交易或者非法交易的存在。为防止此类行为的发生，公司应该制定针对董事及高管的股票交易政策，并且董事及高管应知晓这些政策以及证券监管部门对于他们股票交易的披露要求。核保人需要审查这些与董事及高管有关的政策与流程。此外，核保人还需要了解任何控股股东的情况，因为控股股东可能对董事及高管施加重要的影响，核保人应该对控股股东是否影响董事会的决定和行动以及其如何最终影响公司的未来保持关注。

4. 诉讼档案

如果核保人正在考虑是否承保某一个潜在客户的董责险业务，需要知道客户是否涉及任何类型的重大诉讼。虽然任何当前针对董事及高管的索赔也许是重要的警示，但是核保人也需要理解投保公司正在处理的其他类型诉讼，例如涉及公司的刑事或商事诉讼。检查投保公司的诉讼历史可以帮助核保人了解其是否有更高可能性在未来发生诉讼以及投保公司在过去有没有任何事件使其更容易遭受诉讼？为此，核保人需要审核任何相关诉讼的类型和规模，举例来说，石棉诉讼相对于不当解除劳动合同诉讼显然具有很多不同的意义。这些诉讼的不同点需要在核保分析中考虑，因为这些情况可能成为股东向董事及高管索赔的基础，特别是当诉讼没有被处理好或者诉讼代价很高时，有时会产生向公司提出的股东代位诉讼。因此，董责险核保人需要评估投保公司的"易诉性风险"（vulnerability risk），即未来某一事件可能导致诉讼的可能性。例如，公司在未来半年有没有计划发布一个新产品？公司有没有宣布进入一个新市场的扩展计划？如果股东和股票市场对于结果感到失望，这些事件可能增加未来诉讼的机会。

5. 公众形象

许多公司非常重视公司的公众形象，很多媒体杂志（如《福布斯》或者《财富》）发布年度最佳公司榜单等，作为董责险核保人不能轻易被这些评比所误导而需要做出自己的评估，因为财富 500 强公司有时在财务造假上也是具有创新精神的，例如以前因财务造假而倒闭的美国安然公司（Enron）曾经被一个主流媒体连续 6 年评为美国最具创新力的公司。因此，核保人需要向客户索取或搜寻投保公司的有关宣传材料，并结合网络舆情与其独立的分析结果做对比。一般来说，一个公众形象不太好的公司比一个公众形象良好的公司更有可能遭受诉讼。但是，对于一个公众形象良好的公司，如果其不能在未来满足股东的期望，这种良好的印象可能会迅速变化，而好的财务结果对这两类公司都不会造成伤害。

6. 合规情况

公司作为一个商事主体，首先需要遵守法律法规，其次还需要接受多个政府部门的监管，因此公司的经营活动是否符合法律法规与监管的要求至关重要，否则可能导致被监管部门行政调查与处罚，进而引发针对公司及其董事与高管的诉讼。因此，董责险核保人需要审核投保公司是否建立了有关的企业合规管理制度。尤其对于上市公司，需要审查投保公司是否符合证券监管部门对于其信息披露的合规要求，例如在美上市公司需要符合《萨班斯法案》① (Sarbanes-Oxley Act) 中有关改善公司财务与披露的合规要求。如果投保公司符合这些合规要求，则表示公司有计划通过良好的公司治理来降低董事及高管面临的风险。

（二）行业因素

影响董责险风险的最重要因素之一是行业类型，有些行业就是比其他行业有更多的董责险索赔，例如高科技行业和医疗行业。表 7-1 展示了标准普尔 500 强公司在特定年度遭受董事及高管证券诉讼数量的行业占比，从中可以看出健康管理行业、通信服务和 IT 行业与工业占比较高。从历史上来看，有些公司或行业对他们的市场变化或者外部因素非常敏感，这主要表现在公司股价的波动性上，例如水果制造商的股价并不会像航空公司股价那么具有波动性，因此，在高波动性行业中的公司具有更高的董事诉讼风险。

表 7-1　标准普尔 500 强公司证券诉讼数量行业占比　　　　　　单位：%

年份	平均值 2001—2020	2012	2013	2014	2015	2016	2017	2018	2019	2020	2021
非必需消费品	4.5	1.6	4.4	2.5	0.0	2.8	8.2	4.7	0.5	2.2	0.0
消费日用品	4.2	14.0	0.0	0.0	1.9	1.0	6.7	15.2	9.1	1.8	17.7
能源/材料	2.7	0.9	0.0	0.2	0.0	19.8	2.3	1.4	1.2	0.4	12.0
金融/房地产	14.5	11.0	0.0	0.3	3.0	11.9	1.5	12.5	2.2	16.9	0.0
健康管理	11.5	0.8	4.4	0.0	3.1	13.2	2.7	26.3	6.6	4.7	0.0
工业	8.9	1.2	0.0	1.7	0.0	8.7	22.3	19.4	21.6	4.9	0.5
通讯服务/电子/信息科技	8.8	2.2	16.6	0.0	7.0	12.3	4.4	19.4	18.0	1.6	8.2
公用事业	6.2	0.0	0.0	0.0	3.7	4.4	9.6	6.5	7.9	6.6	0.0
所有标普500强公司	8.4	4.3	4.7	0.6	2.8	10.0	6.1	14.9	10.0	4.3	5.1

0	0~5%	5%~15%	15%~25%	25%+

资料来源：Cornerstone Research。

---

① 《萨班斯法案》又被称为《萨班斯—奥克斯利法案》，其全称为《2002 年公众公司会计改革和投资者保护法案》，由参议院银行委员会主席萨班斯 (Paul Sarbanes) 和众议院金融服务委员会 (Committee on Financial Services) 主席奥克斯利 (Mike Oxley) 联合提出，又被称为《2002 年萨班斯—奥克斯利法案》。该法案对美国《1933 年证券法》《1934 年证券交易法》做出大幅修订，在公司治理、会计职业监管、证券市场监管等方面做出了许多新的规定。

不同的行业可能面临不同的问题，董责险核保人必须理解这些不同的因素如何影响一个公司。举例来说，软件行业通常面临使其易被诉的财务挑战，因为软件公司可能会过早地确认收入，即当软件被购买时而不是等到其实际被交付给最终用户就报告收入。此外，软件开发的成本很高，这也造成了不少关于这些成本如何产生及何时花费的会计问题。许多工业制造公司属于重资产公司，他们需要机器设备来生产其产品，因此他们被认为是高杠杆的行业，这种高杠杆可能是致命的，例如国际上很多钢铁行业公司因为杠杆率过高而破产。有些行业具有内生性风险，例如生命科学行业的诉讼风险一直处于高位，这是因为他们需要与医保、政府补助与第三方补偿机构打交道，在这个过程中容易产生会计问题与过度补贴等问题，从而导致董事责任诉讼。

行业规模和前景也能对董事责任索赔的潜在频率和种类产生重大影响。当董责险核保人在评估一个投保公司时必须评估公司所处行业的整体前景，即该行业是否处于上升阶段与创造新的产品与市场？如果投保公司处在这样一种增长模式中，则其前景是良好的；但是，如果公司不能追上同一行业中的其他公司，则意味着利润下滑、裁员或者甚至破产，这些都可能导致董事责任索赔。此外，核保人还需要理解投保公司的盈利模式，如果难以理解投保公司的盈利模式则需要保持谨慎的核保态度。

（三）财务因素

财务分析是董责险核保的核心内容。如前所述，董责险核保人需要用来评估公司财务状况的很多信息并不在投保书上而是在财务报表中，后者主要是指资产负债表、利润表与现金流量表这三张表。因此，作为一名合格的董责险核保人，需要具备一定的财务基础知识，核保人尽管不一定是财务专家，但是能够读懂基本的财务报表是成为一名合格的董责险核保人的基本素质。以下对投保公司的财务分析内容展开简单介绍：

1. 资产负债表分析

资产负债表通常作为公司年报的一部分，其展示了公司的资产、负债与所有者权益，即公司拥有什么与欠其他人什么。资产负债表展示的是公司在某一个时点上的财务状况，董责险核保人需要通过资产负债表分析公司的流动性、资产负债率、无形资产与商誉以及所有者权益。

（1）流动性。流动性（Liquidity）是指公司偿还其短期债务的能力，短期偿债能力是指企业流动资产对流动负债及时足额偿还的保证程度，是衡量企业当前财务能力，特别是流动资产变现能力的重要标志。企业短期偿债能力分析主要采用比率分析法，衡量指标主要有流动比率与速动比率。

流动比率（Current Ratio）是流动资产与流动负债的比率，表示企业流动负债有多少流动资产作为偿还的保证，反映了企业的流动资产偿还流动负债的能力。其计算公式为

$$流动比率=流动资产/流动负债$$

一般情况下，流动比率越高，反映企业短期偿债能力越强，因为该比率越高，不仅反映企业拥有较多的营运资金抵偿短期债务，而且表明企业可以变现的资产数额较大，债权人的风险越小。但是，过高的流动比率并不均是好现象。从理论上讲，流动比率维持在 2：1 是比较合理的。但是，由于行业性质不同，流动比率的实际标准也不同。所以，在分析流动比率时，应将其与同行业平均流动比率，本企业历史的流动比率进行比较，才能得出合理的结论。

速动比率（Quick Ratio），又称酸性测验比率，是企业速动资产与流动负债的比率。其计算公式为

$$速动比率=速动资产/流动负债$$

其中：速动资产=流动资产–存货

或：速动资产=流动资产–存货–预付账款–待摊费用

计算速动比率时，流动资产中扣除存货，是因为存货在流动资产中变现速度较慢，有些存货可能滞销，无法变现。至于预付账款和待摊费用根本不具有变现能力，只是减少企业未来的现金流出量，所以理论上也应加以剔除，但实务中，由于它们在流动资产中所占的比重较小，计算速动资产时也可以不扣除。传统经验认为，速动比率维持在 1：1 较为正常，它表明企业的每 1 元流动负债就有 1 元易于变现的流动资产来抵偿，短期偿债能力有可靠的保证。速动比率过低，企业的短期偿债风险较大，速动比率过高，企业在速动资产上占用资金过多，会增加企业投资的机会成本。但以上评判标准并不是绝对的。

（2）资产负债率。资产负债率又称负债比率（Leverage），是企业的负债总额与资产总额的比率。它表示企业资产总额中，债权人提供资金所占的比重，以及企业资产对债权人权益的保障程度。其计算公式为

$$资产负债率=（负债总额/资产总额）\times100\%$$

资产负债率高低对企业的债权人和所有者具有不同的意义。债权人希望负债比率越低越好，此时，其债权的保障程度就越高。对于所有者而言，最关心的是投入资本的收益率。只要企业的总资产收益率高于借款的利息率，举债越多，即负债比率越大，所有者的投资收益越大。一般情况下，企业负债经营规模应控制在一个合理的水平，负债比重应掌握在一定的标准内。对于董责险核保人而言，一般认为高负债比意味着高风险，这是因为公司犯错的空间更小。

（3）无形资产与商誉。无形资产（Intangible Assets）是指没有实物形态的可辨认非货币性资产。无形资产具有广义和狭义之分，广义的无形资产包括金融资产、长期股权投资、专利权、商标权等，因为它们没有物质实体，而是表现为某种法定权利或技术。但是，会计上通常将无形资产作狭义的理解，即将专利权、商标权等称为无形资产。需要核保人注意的是，有些公司的资产大部分都是无形资产，例如软件著作权与专利等，所以核保人在审核投保公司的无形资产时必须理解其产品和市场。

商誉（Goodwill）通常是指企业在同等条件下，能获得高于正常投资报酬率所形成的价值。商誉是一种不可确指的无形项目，它不具可辨认性故属于无形资产。它不能独立存在，具有附着性特征，与企业的有形资产和企业的环境紧密相连。它既不能单独转让、出售，也不能以独立的一项资产作为投资，不存在单独的转让价值。它只能依附企业整体，商誉的价值是通过企业整体收益水平来体现的。实务中，监管部门会重点关注"商誉减值"中存在的问题。按照《企业会计准则第20号——企业合并》的规定，在非同一控制下的企业合并中，购买方对合并成本大于合并中取得的被购买方可辨认净资产公允价值份额的差额，应当确认为商誉。在实务操作中，公司在商誉初始确认环节，往往存在合并成本计量错误（如未考虑或恰当考虑应计入合并成本中的或有对价）、未充分识别被购买方拥有但未在单独报表中确认的可辨认资产和负债（如合同权益、客户关系、未决诉讼、担保）等问题。

（4）所有者权益。所有者权益（Equity）也称为股东权益，它是一个很重要的财务指标，其计算公式为

$$股东权益（净资产）= 总资产 - 总负债$$

股东权益是测量公司长期流动性的重要指标。基于所有者权益计算的负债权益比率（负债总额/权益总额，Debt/Equity Ratio）用于评估有关证

券持有人的相关风险和杠杆率。负债权益总额，反映被审计单位财务结构的强弱，以及债权人的资本受到所有者权益的保障程度。负债权益比率高，说明公司总资本中负债资本高，因而对负债资本的保障程度较弱；负债权益比率低，则说明公司本身的财务实力较强，因而对负债资本的保障程度较高。因此，董责险核保人需要仔细检查投保公司的负债权益比率并将其与行业平均水平作对比。从历史数据来看，具有高负债权益比率的公司更有可能涉及董事诉讼。

2. 利润表分析

利润表又称损益表，是用于反映公司在一定期间利润实现（或发生亏损）的财务报表。利润表的编制以收入与费用的配比原则为基础，即将某一会计期间的营业收入与应由当期收入摊销的费用（包括非常项目和非营业损益净额）相配比，以正确决定当期的净收益。利润表可用来分析企业的获利能力、预测企业未来的现金流量，它揭示了经营利润、投资净收益和营业外的收支净额的详细资料，可据此分析企业的盈利水平，评估企业的获利能力。同时，报表使用者所关注的各种预期的现金来源、金额、时间和不确定性，如股利或利息、出售证券的所得及借款的清偿，都与企业的获利能力密切相关。所以，收益水平在预测未来现金流量方面具有重要作用。

利润表中的"收入"（Revenue）展示的是公司通过出售商品或服务或其他活动获得的现金金额。对于某些行业的收入评估要比其他行业复杂很多，例如作为设备销售合同一部分的长期服务合同使其更加困难被判断此合同与服务何时应被公司财务做账确认为收入。董责险核保人需要注意的是，收入可能通过以下方式被夸大：（1）过早确认收入，即公司可能在销售或服务完成前记录收入；（2）通过记录回款或使用错误的估计数来记录错误收入；（3）没有在正确的数量或时间段记录打折或者销售商促销计划。当核保人审核投保公司的财务信息时应明白错误陈述收入可能导致的法律后果，实际上"重述以往的收入"是重大股东诉讼的一个主要原因。财务分析是一个复杂的专业，核保人也许需要来自外部专家的帮助来更好地理解收入确认问题，通常核保人最好能做到的是判断什么样的账户与其他账户相比具有更高的重述风险。

此外，核保人还需要审核利润表中的利润率（Profit Margin），其计算公式为

$$利润率=利润/成本×100\%$$

利润率如果为正值，表示公司实际从其营业活动中在赚钱，较高的利润率也许意味着有限的行业竞争或者公司具有某种竞争优势，这对公司的未来是一个积极的信号。利润率如果较低，并不一定得出对公司的负面评价，因为有些行业竞争更为激烈，在这些行业中较低的利润率是正常情况，核保人需要理解投保公司所处的行业和其面临的竞争情况。例如，计算机软件行业一般具有较高的利润率，但连锁水果店的利润率却低很多。在做利润率分析时，核保人需要评估现在的情况并做出一定时间内的趋势分析，且需要与行业结果作对比。

3. 现金流量表分析

现金流量表分析是指对现金流量表上的有关数据进行比较、分析和研究，从而了解企业的财务状况，发现企业在财务方面存在的问题，预测企业未来的财务状况，为报表使用者的科学决策提供依据。现金流量表的分析主要包括对经营活动、投资活动以及融资活动产生的现金流量进行分析。无论是企业的经营者还是企业投资者、债权人、政府有关部门以及其他报表使用者（包括董责险核保人），对现金流量表进行分析都具有十分重要的意义。通过现金流量表分析，可以了解企业本期及以前各期现金的流入、流出及结余情况，从而正确评价企业当前及未来的偿债能力和支付能力，发现企业在财务方面存在的问题，正确评价企业当期及以前各期取得的利润的质量，科学地预测企业未来的财务状况，从而为其科学决策提供充分的、有效的依据。

4. 估值分析

公司的价值可以通过许多的方法计算，它不仅因为公司拥有的资产而且因为公司为其所有者与股东创造收入的能力。估值（Valuation）是决定商业价值的一种财务测量工具，最典型的估值指标就是股票市盈率（P/E Ratio）。股票市盈率是股票价格除以每股盈利的比率，亦称本益比。市盈率是投资者所必须掌握的一个重要财务指标，它反映了在每股盈利不变的情况下，当派息率为100%时及所得股息没有进行再投资的条件下，经过多少年我们的投资可以通过股息全部收回。一般情况下，一只股票市盈率越低，市价相对于股票的盈利能力越低，表明投资回收期越短，投资风险就越小，股票的投资价值就越大；反之则结论相反。从董责险核保人的角度来看，投保公司的市盈率如果处于行业平均以上水平，则其股价更容易遭受大幅下降。关于市盈率还有一点需要注意的是其分母每股盈利，如果每股盈利相对较低也会推高市盈率。

测量公司价值的方法还有许多，如账面价值（Book Value）是指按照会计核算的原理和方法反映计量的企业价值。《国际评估准则》指出，企业的账面价值，是企业资产负债表上体现的企业全部资产（扣除折旧、损耗和摊销）与企业全部负债之间的差额。账面价值是一个简单的测量方法并表明一旦公司立即不能经营其价值多少。许多公司比它们的账面价值更值钱，这是因为它们被期待可以增长并在未来产生更多利润。其他估值比率还包括股价与账面价值比率（Price/Book Ratio），也称为市净率，计算方式为股票当时收盘价格除以最近一个季度的账面价值，这个指标更多在收购公司时使用，尤其是对于金融性公司，其账面价值的资产都是以市场价标价的，意味着其账面价值与实际价值非常接近。股价与销售额比率（Price/Sales Ratio），也称为市销率，其计算方式为当时股价除以每股收入，它主要用来评估股票估值相对本身往绩、其他公司及市场总体的水平。

董责险核保人在核保过程中可能需要使用几种不同的估值方法，这取决于投保公司的类型与其所处的行业。在核保过程中通过预测投保公司的价值可以使核保人发现可能的公司估值过高或者过低问题，这些问题都有可能导致股票价格波动与未来的董事责任索赔。

5. 外部机构看法分析

核保人对于投保公司的看法也许与其股东与投资人的看法不一样。因此，核保人可以找到有关公司的信用或其他独立财务评级的分析做参考。例如，当很多投行或券商雇佣的分析师对具体股票的未来趋势与预测收入出具报告与推荐后，股价可能立即上升或下降。核保人应该仔细审核这些报告与推荐，因为某个分析师为某个现在或潜在客户出具报告时可能存在利益冲突。但是，如果若干个分析师都发现了公司未来的某个重要问题，核保人就需要进一步调查以判断它是否会影响其承保决定。

6. 小结

综上所述，核保人在审核上述财务因素时还需要寻找以下四个高风险警示标志：

第一，复杂的商业模式。如果核保人不能理解投保公司的商业模式与盈利模式，应谨慎承保这类公司。

第二，审计师、董事或高管的变化。如果发生了重大变化，那么在如何运营业务或者会计流程上可能存在问题或者分歧。

第三，增长和收入与业内其他公司明显不同，尽管它们在运营上有些区别。

第四，管理层讨论和分析（MD&A）中陈述与公司财报中反映的财务状况或公司运营不一致。

（四）公司治理因素

作为董责险核保流程的一部分，核保人需要评估董事及高管自身以及他们如何管理公司，这需要仔细审核公司董事会，了解董事会成员是谁、管理经验以及他们如何做出影响公司的决定。核保人也许在核保流程中会遇到投保公司的首席执行官、其他高管甚至董事会成员，与他们就公司情况交谈，这是评估其管理风格与企业文化的一个不错的方法。此外，核保人应审核任何公司治理政策与公司网站上的信息。

1. 董事会构成

董事会通常包括外部董事与内部董事，前者是指独立董事，后者通常是公司的高级管理人员。公司首席执行官同时担任董事会主席的情况在实践中非常普遍，然而国际市场上独立董事担任董事会主席的情况越来越多。核保人在审视董事会时需要考虑以下问题：（1）多少董事会成员是独立董事？（2）董事会成员的经验主要在哪些方面，包括会计、法律、科技等？（3）公司的创始人是不是董事会主席、首席执行官或者总裁？（4）董事会主席在多少个委员会中任职？（5）董事会成员是否还在其他公司就职？这些公司的名誉如何？

良好的公司治理需要相对独立的董事会，独立董事可以为审计、提名、薪酬委员会提供必要的经验。中国证监会 2022 年发布的《上市公司独立董事规则》要求：上市公司应当建立独立董事制度，上市公司董事会成员中应当至少包括 1/3 独立董事；上市公司董事会下设薪酬与考核、审计、提名等专门委员会的，独立董事应当在审计委员会、提名委员会、薪酬与考核委员会成员中占多数，并担任召集人；上市公司应当在公司章程中明确，聘任适当人员担任独立董事，其中至少包括 1 名会计专业人士，美国《萨班斯法案》也要求上市公司审计委员会至少要有 1 名财务专家。

一般来说，董事的任期是由公司章程规定的，核保人应审核任期限制并注意董事在其任期结束前是否经常发生变动，如果有，需要向投保人询问变动的原因，因为董事或高管频繁发生变动或辞职可能表示投保公司在整体管理上存在问题。

2. 管理层薪酬

尽管董事及高管持有公司股权有重要作用，但是核保人应对那些以非工资收入项目（包括期权与基于股价的奖金）为管理层主要薪酬基础的公司保持警惕，因为这种薪酬体系可能导致管理层为了增加公司利润与收入而采取激进的财务手段。董事会通常负责建立或批准公司高管的薪酬体系，尽管批准不恰当的薪酬也许不违法，但是股东可能发起派生诉讼，指控董事会在批准薪酬体系上违反其注意义务或者有过错。因此，核保人需要评估高级管理人员的薪酬是否与公司的其他财务情况一致。

3. 利益冲突

公司董事应基于其独立的商业判断在董事会做决策，因此他们在做决策时不应夹带个人利益。然而，董事会成员通常都是商业群体中受人尊敬的成员，他们也许在其他公司拥有股份或利益或担任董事会成员，也许会与许多会计师事务所、律师及其他保险专业人士一起工作。这其中涉及的利益可能不会产生利益冲突，但是董事有义务在利益冲突明显时披露他们的其他利益。在某些情形下，董事在存在利益冲突时有义务豁免其自身进行表决或者讨论有关事宜。因此，核保人在评估投保公司董事与高管时必须知道与其有关的公司与其他董事会。

此外，核保人需要了解内部董事和公司高管的情况。例如，如果公司法律顾问是一名董事，那么这也许会在公司与董事之间就未来的法律诉讼活动造成利益冲突。这种情况同样适用于公司的其他专业人员，例如董事会成员同时也是公司的首席财务官。如果公司某一位具有高职位的雇员（如首席执行官、董事长或者总裁）对公司似乎具有异乎寻常的高度掌控，那么这应被视为一个高风险因素，因为此雇员可能通过控制公司给自己非常高的薪酬（如一定比例的销售额或利润）或者使用他的其他公司作为供应商等。董事及高管应该努力避免这种利益冲突，核保人必须调查与评估这些情况的独特性与重要性，因为股东可能因此发起诉讼。

（五）证券风险因素

对于上市公司来说，有价证券赔偿请求是最常见的诉讼类型，因此证券风险因素是上市公司董责险核保考虑中最重要的因素，这也是上市公司风险与私有公司风险在董责险核保考虑上的最大区别。

证券市场可以让核保人知道股东如何看待上市公司：股东是否购买或卖出股票与公司股价上下波动情况。核保人需要了解证券市场如何看待公司，然后基于前述财务分析与其他核保因素做出自己的决定。一个股票表现好的公司也许从核保角度是一个差的风险，而一个股票表现不好的公司也许从核保角度是一个好的风险。因此，核保人需要从以下角度作证券风险分析。

1. 上市地点

证券风险的法律基础取决于证券交易市场所在地的法律环境。实践中，中国公司的主要上市地点包括美股、港股与 A 股三个主要资本市场。众所周知，在美上市公司面临的证券民事诉讼风险最高，港股虽然属于普通法系股票市场但证券民事诉讼风险相对美股来说要低不少，这主要是因为香港没有证券集体诉讼制度，而市场认为 A 股的证券民事诉讼风险原来比港股更低，但近几年随着新《证券法》的实施与落地而显著上升，这主要是因为新《证券法》借鉴了美国的证券集体诉讼制度，建立了中国特色的证券特别代表人诉讼制度。因此，董责险核保人首先需要基于上市公司的上市地点而对其证券民事诉讼风险有基本的认识，并根据不同的上市方式评估其证券风险。

美国股票市场是世界上最发达的股票市场，无论是股票发行市场还是流通市场，无论是股票发行及交易品种的数量、股票市场容量还是市场发育程度，在世界上均首屈一指。中国公司赴美上市有如下几种方式：（1）首次公开募股（IPO），是指一家公司第一次将它的股份向公众出售。（2）美国存托凭证（ADR），是指美国商业银行为协助外国证券在美国交易而发行的一种可转让证书，通常代表非美国公司可公开交易的股票和债券。（3）美国证监会在 1990 年颁发实施了 Rule 144A（144A 条例），规范了一些豁免上市登记的做法，目的是吸引外国企业在美国资本市场发行证券，提高美国私募证券市场的流动性和有效性。有意募集资金的外国公司在符合规定的条件下，利用这些豁免来达到不经过严格的公开上市程序而能发行股票的目的。（4）反向兼并，俗称借壳上市，是一种简化快捷的上市方式，指一家中国公司买下一家上市的美国公司，通过重组、合并或交换股份，收购方得到该上市公司的股份，把拟上市企业的资产注入这家公司，实现借壳上市。此外，私人公司并入上市公司后，持有控股股权。与

IPO 相比，反向收购具有上市成本明显降低、所需时间少以及成功率高等优势。（5）直接上市，指不通过上市流程发行新股或筹集资金，不需要承销商，只要简单地登记现有股票，便可在资本市场上自由交易。（6）SPAC（Special Purpose Acquisition Company）直译为"特殊目的并购公司"，也称作"SPAC 平台"，是美国资本市场特有的一种上市公司形式。其目的是并购一家优质的企业（目标公司），使其快速成为美国主板上市公司。作为一个上市平台（壳公司），SPAC 只有现金，而没有实际业务。目标公司与SPAC 合并即可实现上市，并同时获得 SPAC 的资金。SPAC 是区别于传统"IPO 上市"和"借壳上市"的一种上市方式，其创新之处在于：不是买壳上市，而是先行造壳、募集资金，然后再进行并购，最终使并购对象成为上市公司。

内地企业到香港上市主要有三种模式："红筹"模式上市、H 股上市模式、买壳上市。目前，国家有关部门、中国证监会皆鼓励境内企业通过 H股在香港上市，并且境内企业在香港以 H 股上市后，仍然可以在国内 A 股上市，实现"A+H"股两地上市。（1）"红筹模式上市"。红筹股是指在中国境外注册、在香港上市的带有中国内地概念的股票。"带有中国内地概念"主要指中资控股和主要业务在中国内地。红筹模式：指境内公司将境内资产权益与股权资产收购或协议控制（VIE）等形式转移至在境外注册的离岸公司，而后通过境外离岸公司来持有境内资产或股权，然后以境外注册的离岸公司名义申请在境外交易所（主要是香港联交所、纽约证券交易所、伦敦证券交易所、法兰克福证券交易所、纳斯达克证券交易所、新加坡证券交易所等）挂牌交易的上市模式。随着我国各种法律法规和规范性文件对"红筹模式"控制和监管的日益加深，"红筹模式"也不断变换着具体操作形态，以规避或绕过境内法律控制。但是，整体而言，绝大部分"红筹模式"都采取了在境外设立特殊目的公司（Special Purpose Vehicle，SPV），然后采取返程投资方式与境内企业权益建立控制关系，然后实现境外主体私募或公募融资的目的。（2）"H 股上市模式"。H 股也称国企股，指注册地在内地、上市地在香港的外资股。H 股上市适用中国的法律和会计制度，向香港投资者发行股票，在香港主板或创业板上市，但仅在香港发行的股票可以在香港证券市场上市流通，其他股票不在香港市场流通。H 股公司向境外股东支付的股利及其他款项必须以人民币计价，以外币支付。（3）"买壳上市"，又称"后门上市"或"逆向收购"，是指非上市公司购买一家上市公司一定比例的股权来取得上市的地位，然后注入自己有关业务及资产，实现间接上市的目的。一般而言，买壳上市是民营企业的较佳选择。买壳上市作为赴港上市的一个重要途径，正越来越受到内地企业尤其是民营企业的关注，这不仅因为在香港买壳上市具有方式更灵活、融资速度更快和投入产出比高等比较优势，而且在于它可以提供相对广阔的私下操作空间。

中国企业之所以选择境外上市，主要原因大致有：（1）企业利润较低，不符合在国内上市对财务标准的要求，但企业又想早日上市；（2）企业不符合国内证券市场对产业政策的宏观调整要求，如房地产企业、教育企业、游戏企业等在境内融资受到较多限制；（3）境内上市审核周期长，行政约束强，不确定因素较多，而境外上市的市场化程度较高，注册上市，融资灵活。

A股的正式名称是人民币普通股票。它是由我国境内的公司发行，供境内机构、组织或个人（不含港、澳、台投资者）以人民币认购和交易的普通股票。A股上市方式主要有两种：（1）首发股票上市（IPO上市），指按照有关法律法规的规定，公司向证券管理部门提出申请，证券管理部门经过审查，符合发行条件，同意公司通过发行一定数量的社会公众股的方式直接在证券市场上市。（2）买壳上市，是指在证券市场上通过买入一个已经合法上市的公司（壳公司）的控股比例的股份，掌握该公司的控股权后，通过资产的重组，把自己公司的资产与业务注入壳公司，这样，无须经过上市发行新股的申请就直接取得上市的资格。

A股的上市板块最主要的分为主板、创业板、中小板与科创板。主板市场也称为一板市场，指传统意义上的证券市场（通常指股票市场），是一个国家或地区证券发行、上市及交易的主要场所。中国内地主板市场的公司在上交所和深交所两个市场上市，上海A股代码以6开头，深圳A股代码以000开头。创业板又称二板市场，针对一些高科技、高成长企业上市，创业板代码是300开头。创业板是与主板市场不同的一类证券市场，专为暂时无法在主板上市的创业型企业、中小企业和高科技产业企业等需要进行融资和发展的企业提供融资途径和成长空间的证券交易市场。中小板即中小企业板，是指流通盘1亿元以下的创业板块，是相对于主板市场而言的，有些企业的条件达不到主板市场的要求，所以只能在中小板市场上市。中小板在深市上市，中小板的市场代码是002开头。新三板，是指全国中小企业股份转让系统，它是与上交所和深交所并立的第三个全国性股权交易市场。科创板是独立于现有主板市场的新设板块，并在该板块内进行注册制试点。2019 年 6 月 13 日，科创板正式开板。设立科创板并试点注册制是提升服务科技创新企业能力、增强市场包容性、强化市场功能的一项资本市场重大改革举措。科创板股票代码前三位数是 688。

董责险核保人需要理解不同上市地点与不同上市方式对于上市公司及其董事责任风险的影响不同。举例来说，美股 ADR 上市方式可以细分为四种：

一级 ADR（Level Ⅰ）。一级 ADR 只能在柜台交易市场（OTC）交易，是最简便的在美上市交易方式。美国证监会（SEC）对一级 ADR 的监管要求也是很少的，不要求发布年报，也不要求遵从美国会计准则（GAAP）。一级 ADR，是以数量计占比最高的一类 ADR。

二级 ADR（Level Ⅱ, listed）。二级 ADR 要比第一级复杂得多，它要求向美国证监会注册并接受美国证监会的监管。此外，二级 ADR 必须定时提供年报（Form 20-F），并服从美国会计准则。二级 ADR 的好处是可以在证券交易所交易，而不仅限于柜台市场。

三级 ADR（Level Ⅲ, offering）。三级 ADR 是最高一级的 ADR，美国证监会对其的监管也最为严格，与对美国本土企业的监管要求基本一致。三级 ADR 的最大好处是可以实现融资功能，而不仅限于在证券交易所交易。为了融资，公司必须提供招股说明书（Form F-1）。此外，这类公司还需要满足公开信息披露要求，以 Form 8K 的形式向美国证监会提交。

此外，还存在一类名叫非参与型的存托凭证（Unsponsored Shares），它只能通过柜台交易市场（OTC）交易，且无监管要求，是更低级的一种 ADR，但它不属于主流的 ADR 种类。

以上四种 ADR 交易方式因为受到美国证监会监管程度的不同，所以其证券诉讼风险也不同，从董责险风险水平由低到高依次排序为 Unsponsored Shares、ADR1、ADR2 和 ADR3。对于 A 股上市公司来说，通过注册制上市的科创板上市公司通常被认为其证券诉讼风险要比通过审核上市的主板上市公司要高。

2. 市场价值

市场价值（Market Cap），简称市值，是指公司的规模与价值，它是公司所有流通股的总市场价值，计算方式为股价乘以公司流通股总量。市值也代表市场认可的整个公司的价值，以下是按照公司规模对市值大小的分类。

表7-2 市值大小分布举例

大市值	大于50亿美元
中市值	大于5亿美元小于50亿美元
小市值	大于1.5亿美元小于5亿美元
小微市值	小于1.5亿美元

董事诉讼的概率有时与股东数量有关，公司的股东越多，则某一股东发起诉讼的可能性就越高，公司规模越大，则诉讼规模越大。董责险核保人在核保过程中、保费厘定或保障谈判时应考虑增加的诉讼风险。从历史上来看，公司规模与董事责任索赔存在较强的正相关关系。

3. 交易量

为理解公司股票的实际情况，核保人应了解多少股票正在被交易。如果不考虑交易量，单纯的股价可能会给核保人错误的信号，因为交易量的变化也许发生在股价变化之前，所以核保人需要分析股票交易趋势。股票交易量出现震荡可能是行业周期的一部分，但是这些震荡也可能表明在业务上或投资者价值上有重大变化。

4. β值

β值，是一种风险指数，用来衡量个别股票或股票基金相对于整个股市的价格波动情况。β值越高，意味着股票相对于业绩评价基准的波动性越大；反之则相反。当 $\beta=1$ 时，表示该股票的收益和风险与大盘指数收益和风险一致；当 $\beta>1$ 时，表示该股票收益和风险均大于大盘指数的收益和风险，此时董事诉讼风险就更高。

5. 股价下跌

尽管股价上升时也有可能发生董事责任索赔，但这是非常少见的。大多数董事责任索赔发生在股价下跌之后，下跌幅度越大，公司被诉可能性就越高。因此，任何导致股价下跌的原因都有可能被视为董事责任索赔的原因。举例来说，公司宣布其不会达到季度或年度收入预期、收不到监管部门对新产品的批文或者失去一个大客户，这些都是可能导致股价下跌的原因。因此，董责险核保人需要仔细分析过去5年特别是过去1年投保公司股价趋势。

6. 做空威胁

做空（Short）是股票期货市场常见的一种操作方式，操作为预期股票期货市场会有下跌趋势，操作者将手中筹码按市价卖出，等股票期货下跌之后再买入，赚取中间差价。做空是做多的反向操作，理论上是先借货卖出，再买进归还。中国 A 股没有做空机制，只有股票上涨的时候才能实现，而在美股与港股市场，股票可以被做空，即只要对股票走势判断正确，就算在熊市中也能赚钱。因此，美股与港股上市公司面临着股票被做空威胁，这一风险在美股尤其突出，因为美国市场存在大量做空机构，最出名的就是以做空中概股而闻名的美国浑水公司（Muddy Waters）。

浑水公司是一家美国知名的做空和匿名调查机构。它先通过一些消息人士、行业人士和财务报告等途径获得一家公司有异常信息的蛛丝马迹，然后对其进行详细调查，随后与律师事务所、审计机构、会计师事务所和对冲基金等机构进行合作，如果确认涉嫌财务造假或估值过高，浑水公司和华尔街的投资机构就会根据报告提前在券商那里借入股票，然后公开发布报告，等待市场做出反应。通常情况下，市场看到这样的报告都会导致股价下跌，浑水公司和投资机构就趁机在低位买入股票并归还给券商，从而赚取中间差价。简言之，股票跌得越惨他们赚得越多。而这在华尔街已经形成一条清晰的盈利产业链。

在海外金融市场，除证券监管机构和媒体监督之外，这种做空机构也形成了另外一种对上市公司的监管。做空机构的这种监管是由利益驱使的，这就让他们有足够的动力去不断寻找新的上市公司的虚假信息，形成对上市公司另外一种威慑形式。不否认有些做空机构的确会发布一些不实报告来达到自身盈利的目的，但并不是所有的做空报告都会被市场接受。例如，浑水公司曾经对中国展讯公司提出了质疑，但展讯之后的股价却屡创新高。总之，如果是一个无缝的蛋，苍蝇再怎么叮，也会完好无损，甚至会因为苍蝇的存在还能吸引更多投资者的关注，但有裂缝的蛋迟早都将坏掉，苍蝇的存在只是加快坏的过程。因此，董责险核保人应注意收集市场上是否有关于投保公司的做空信息，如果其面临做空威胁，则需要谨慎承保，因为一旦公司被做空成功就很有可能引发证券集体诉讼。

三、定价方法

在分析上述风险因素后，如果认为投保人的风险可以承保，董责险核保人需要根据公司的定价指引（Rating Plan）来决定合适的保险费。保险公司的定价指引展示了不同的风险因素如何被用来计算保险费。一般来说，计算保费的第一步是确立一个基础费率（Base Rate），然后是量化投保公司的各个风险因素，即对每一个风险因素一个数值以使用这些风险因素来修改基础费率。

（一）确定基础费率

基础费率是决定保费的起始点，它代表了保单限额对应的保费金额。对于董责险保单来说，基础费率通常由投保公司的总资产或总收入决定。其他种类的职业责任保险使用不同的因素来决定基础费率，例如，雇佣行为责任保险（EPLI）使用员工数量来决定基础费率，而会计师职业责任保险使用会计师事务所的年收入与执业会计师数量综合考虑来决定基础费率。

（二）确定费率修改因子

费率修改因子作为基础费率的百分比来增加或减少基础费率，反映了核保人对每一投保人风险的分析。以下对主要的费率修改因子对基础费率的影响展开分析。

1. 行业类型

行业类型是最重要的定价因素之一。一个公司所从事的业务类型在很大程度上决定了它们可能面临的索赔类型。例如，在软件公司中，技术变化的快速性意味着软件可能会被淘汰，公司可能在一夜之间破产。一个董事可能会被指控没有充分沟通公司对一种软件的依赖。然而，石油和天然气领域的公司面临潜在的污染索赔。又如，董事和经理是否实施了适当的环境保护政策。在调整行业的费率时，应特别注意查看业务交易的时间，以及由此产生的董事责任风险是否随着时间的推移而改变？此外，对行业类型的描述不应过于笼统，即其是否准确描述正在进行的业务。如果投保公司在不同的行业经营，应记录其在不同行业中的业务比重，并按行业类型比重进行加权的比率调整。

2. 财务状况

财务状况也是重要的定价因素，核保人应考虑各种财务指标、标普评级、邓白氏评级等。这是衡量公司履行其未来财务义务的能力，因为无法做到这一点可能会影响董事及高管的能力，威胁未来的收益，并使公司因各种形式的管理不善或疏忽而面临法律诉讼。

比如：

> A 公司的杠杆率低，资产流动性强，安全性高，盈利稳定，可以获得 10% 的基本保费折扣，因为它比一般的客户更有能力应对信用风险要求。

> B 公司的杠杆率高，资产流动性差，收益不稳定，可能会被增加基本保费的 20% 的附加保费，因为收益的不稳定，杠杆率和流动性差，使该公司处于比平均风险更差的位置来应对信贷要求。

财务指标可能会导致核保人增加或减少保费，但更有可能的是，核保人会综合使用所有这些信息，以达到对公司财务信息导致的风险水平的总体评估，而不是对个别财务指标进行调整。

3. 运营情况

根据核保人对被保险人一般业务的看法对保费进行调整，一个理想的公司应是多元化的、稳定增长的并实行明确的有风险意识的战略。

比如：

> A 公司是一家跨国公司，已经经营了几十年，并随着时间的推移在多个产品线上稳步发展；它可能会在定价中获得 5% 的保费折扣，因为它比一般的风险更多样化（在地域和产品上），并随着时间的推移执行稳定的增长战略。

> B 公司成立仅 5 年，逐年大幅增长，地域集中，专注于一种产品，并严重依赖承包商与外包；它可能会需要支付 25% 的附加保费，因为缺乏地域和产品多样化，使其收益受到新进入者和不可预见的压力情景的破坏。对非雇员的依赖也增加了经营和最终收入稳定性的风险。

4. 公司治理

根据核保人对被保险人公司治理结构的看法对保费进行调整，理想的公司应该有明确的内部治理以及对运营和架构的控制。同时有独立的外部审计师来审查财务和治理情况，并有明确的程序来使用反馈意见，在认为合适的情况下调整治理与运营。

比如：

> A 公司是一家成熟的上市公司，有明确的治理和内控制度（使用独立的外部审计师），它可能会得到 10% 的保费折扣，因为坚实的治

理实践减少了管理层疏忽的频率和严重性。

➢ B公司是新进入市场的公司，正在建立一个董事会认可的公司治理结构，并且没有使用外部审计师；由于缺乏控制措施来预防对公司不利的行为（这可能导致疏忽和管理不善的索赔），可能需要支付10%的附加保费。

5. 证券风险

首先，相对上市公司，核保人可以对私有公司给予一定的费率折扣；其次，对于上市公司，根据其上市地点与上市公司调整相应的费率。如前所述，美股上市公司面临的证券索赔风险最高，因此其费率应比港股与A股费率高很多，当然这还受到市场费率水平的影响。对于同样是在美国上市的中国公司，其上市方式不同，费率也应有所区别，例如对于通过ADR上市的公司，ADR Level 1上市公司显然因为其面临的证券诉讼风险最低，其费率应低于通过ADR Level 2和Level 3上市的公司。

6. 索赔历史

根据被保险人的历史索赔经验进行保费调整，这通常是核保人的判断，因为个体董事责任索赔经验在大多数情况下缺乏可信度。

比如：

➢ A公司成立5年，至今没有发生过保险索赔；由于董责险业务的长尾性质，5年的个体索赔经验不够可信，因此可能不会对保费进行调整。

➢ B公司在过去10年中，由于内部控制不力，可能发生了两次大的损失（确定分别为二十五年一遇的损失和五十年一遇的损失），这些问题还没有完全解决：它可能会需要支付30%的附加保费，因为该公司似乎比平均风险更容易遭受损失；根据公司治理，还可能需要支付进一步的附加保费。

7. 保障范围

保险费是保险人承保某一风险的对价，因此核保人需要根据保障范围调整费率，比如：

➢ 不同级别的保障：Side A（董事及高管个人责任）或Side A、Side B（董事及高管个人责任+公司补偿责任）或Side A、Side B、Side C（董事及高管个人责任+公司补偿责任+公司证券赔偿责任）驱动索赔金额；这取决于公司的风险状况，例如，财务状况不佳的公司在

Side A 索赔方面会产生更多的风险。

> 包括"条件差异"（Difference in Conditions Drop Down）的超赔层保障比没有此保障的超赔层产生更多的风险。

> 保障范围的限制，如除外拥有超过 10% 股份的大股东索赔，减少了索赔频率和严重程度的风险。

> 保障范围的扩展，如包括调查费用的保险，需要根据行业类型进行评估，受到高度监管的高风险行业，如金融机构。

8. 赔偿限额与免赔额

对于责任保险来说，保单赔偿限额越高，则费率越高。因此，核保人需要以一定限额的费率为基础费率，在此基础上乘以"限额增加系数"（Increased Limit Factors, ILF）得到对应赔偿限额的费率。每家承保董责险业务的保险公司所用的 ILF 系数不同，一般由保险人精算师根据过往索赔经验与市场费率制定。ILF 系数对于保险人承保超赔董责险（Excess D&O）业务也具有重要作用，因为系数对应的额外保费基本是超赔层的保费。

如果保单免赔额越高，投保人需要自己承担的损失就越高，因此费率应越低，核保人可以根据免赔额的水平给予投保人一定费率折扣。

（三）计算保费

在确定了基础费率与费率修改因子后，核保人就可以根据以下公式计算出投保人应付的保费：

年保险费 = 基础保费 × （1 + 所有费率修改因子）

各家保险公司的定价指引各不相同，但是保险人通常会使用上述原则根据风险评估结果计算出保费，表 7-3 给出一个某公司保费具体计算示例供参考：

表 7-3　董责险保费计算举例

基础保费	¥，基于一千万元保额	10000
费率修改因子		
行业类型	10000×1.00 =	10000
财务情况	10000×0.90 =	9000
运营情况	9000×1.20 =	10800
证券风险	10800×1.10 =	11880

续表

基础保费	¥，基于一千万元保额	10000
索赔历史	11880×1.00 =	11880
保障范围	11880×1.50 =	17820
赔偿限额	17820×1.50 =	26730
免赔额	26730×0.90 =	24057
年保费		24057

四、承保方案设计

董责险核保人在为投保人设计具体承保方案时，除了需要对投保人的风险进行评估与定价，还需要考虑承保能力投放、险种协调、再保险与共同保险等实务问题。

(一) 承保能力投放

董责险属于特殊的职业责任保险，虽然损失发生的频率相对不高，但是损失一旦发生其严重性相对较高，特别是对于上市公司董责险业务来说，这主要是因为上市公司面临的证券诉讼风险。因此，目前上市公司是董责险的主要投保人，且其所需的保单赔偿限额较高，以 A 股公司为例，基本要求赔偿限额不低于 5000 万元。随着 2020 年施行的新《证券法》大幅提高了 A 股上市公司及其董事与高管的证券赔偿责任风险，越来越多的上市公司希望投保赔偿限额不低于 1 亿元的董责险，这对承保董责险业务的保险人的承保能力（Capacity）提出了挑战，因为很多保险人考虑到董责险的风险敞口较高而在投放承保能力时比较谨慎。至于在具体风险上如何投放承保能力，保险人需要根据本公司的资本金、净自留要求与再保险安排综合考虑。

因为董责险的赔偿限额一般较高，因此"分层承保"的方式较为普遍，这一点对于中概股董责险业务更为常见。所谓"分层承保"，指针对某一个投保公司所需要的赔偿限额，不同保险人通过参与"基础层保单"（Primary Policy）或"超赔层保单"（Excess Policies）的组合加总来满足其要求。基础层保单一般只有一个，但超赔层保单有时可能有若干层，当基础层保单赔偿限额消耗完，则第一层超赔保单提供保障，当第一层超赔保单限额消耗完，第二层超赔保单提供保障，以此向上类推。例如在图 7-1 中，某公司购买了 2 千万美元保额的董责险，包括一张 1 千万美元保额基础层保单和两张 500 万美元保额超赔层保单；如果针对一个索赔，保险人需要赔 1700 万美元，那么基础层保单需要赔 1 千万美元，第一层超赔保单赔 500 万美元，第二层超赔保单赔 200 万美元，此后，第二层超赔保单在剩余 300 万美元保额内对被保险人按照此超赔保单约定承担保险责任。

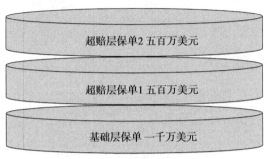

图 7-1　董责险保单分层举例

如果核保人选择参与超赔层保障，不仅要对投保公司进行必要的核保评估，而且还需要仔细评估基础层保单，因为超赔层保单一般是跟随式保单（Follow Form），其保障范围一般与基础层保单保持一致。因此，超赔层核保人应仔细评估基础层保单条款是否能够被其接受，虽然超赔层保单与基础层保单往往不是同一保险人出具，但是被保险人希望超赔层保单条件与基础层保单条件保持一致。另外，超赔层保险人需要在超赔层保单中明确是否在基础层保单限额消耗完之后提供任何"下沉式保障"（Drop Down Cover），如果没有，需要在超赔层保单中明确说明。

（二）再保险问题

1. 再保险的常见形式

董责险核保人在做出核保决定之前还需要了解本公司所有可以适用董责险业务的再保险承保能力，包括合约再保险与临分再保险。合约再保险（Treaty Reinsurance）指分出公司和分入公司订立合约后，分出公司必须将合同订明的业务范围内的业务按合同规定的条件分给分入公司，而分入公司也必须接受，合同双方均不得对业务进行选择的再保险安排方式。临分再保险（Facultative Reinsurance）指保险人临时与其他保险人或再保险人约定，将其承担的保险业务，部分向其他保险人或再保险人办理再保险的经营行为。海外保险市场有再保险公司专门针对董责险业务提供合约再保险承保能力，而在中国市场因为董责险的发展历史较短且风险较高基本没有再保险公司愿意专门针对董责险业务提供合约再保险承保能力，因此临分再保险或特约临分再保险成为很多保险人的选择。临分再保险分为比例临分与非比例临分两种形式，前者是以保险金额为基础确定再保险分出人自留额和再保险接受人分保额的再保险方式，而后者是以赔款金额为基础确定再保险分出人自负责任和再保险接受人分保责任的再保险方式，目前在中国市场比例临分是保险人比较偏爱的再保险方式，因为非比例临分对保险人的核保技术要求较高且不是中国保险市场的常用再保险方式。特约临分是指应直接保险客户（被保险人或直接保险经纪人）明确要求再保险分出人必须向其指定的再保险接受人办理分保的临分安排或再保险接受人交由分出人出单并要求回分给再保险接受人的临分安排以及根据相关合约约定进行的指定临分分保。

2. 再保险共命运原则及其例外

再保险合同与原保险合同应遵循共同命运原则（Follow-the-Fortunes Doctrine）。其基本含义体现在两个方面：一是共同核保命运，即原保险人有自主承保或核保的权利，再保险人应以原保险人的核保结果为准，这一点对于合约再保险尤其如此，但是对于临分再保险，再保险人可以基于其自身的核保要求审查原保险人的核保结果并做出是否接受的承保决定；二是共同理赔命运，即原保险人有自主理赔的权利，在原保险人根据保险条款尽职厘定损失的前提下，其理赔决定自动适用于再保险人，即再保险接受人。该原则起源于欧洲大陆国家，法国的再保险合同最早规定了共命运条款，现已成为再保险实务中的惯例，并成为再保险合同中的标准条款，尽管不同版本的内容会有所差别。

对于再保险的赔款分摊问题，我国《保险法》中的规定比较原则，主要参见前述提道的《保险法》第二十八条与第二十九条。此外，《再保险业务管理规定》第5条规定："保险人、保险联合体和保险经纪人办理再保险业务，应当遵循审慎和最大诚信原则。"《财产保险公司再保险管理规范》（保监发〔2012〕7号）第三章第一节第6条规定："再保险双方应严格按照分保条件约定进行赔案管理，任何一方均不能以任何理由拒绝履行或拖延履行发送出险通知、提供赔案资料和摊回赔款等责任。赔款摊回适用'共命运'原则，即在分出公司根据保险条款尽职厘定损失的前提下，分出公司的理赔决定自动适用于再保险接受人。再保险接受人的赔偿责任限于原保单以及再保险合同约定的保险责任范围，分出公司自身的坏账、倒闭等财务风险，以及未经再保险公司同意的通融赔付（分出公司明知无实际赔偿责任的自愿赔付）等除外。"

因此判断是否需要承担摊赔责任时，没有直接的法律依据，在参考上述监管规定的基础上，需要综合考虑再保险的合同属性，并结合保险法的原则性规定进行审查。一般来说，原保险人若要获得再保险赔付，应同时满足三项条件，即损失确实发生、损失在原保险合同的承保范围内、该损失也在再保险合同的承保范围内，这是损失补偿原则在再保险合同中的体现。

共同命运原则的适用存在例外情形，再保险人若拒绝分摊，应承担举证责任证明存在适用共同命运原则的例外，主要包括原保险人未根据保险条款尽职厘定损失，原保险人的理赔超出原保险单保险责任范围，原保险人的理赔超出再保险合同约定的保险责任范围，原保险人的通融赔付、自身坏账或财务风险等，以及再保险合同约定特别的理赔条件。需要注意的是，再保险接受人是否需要承担摊赔责任的前提是原保险的赔付符合保险法和原保险合同的约定，这也是再保险合同从属性的体现。因此，依据再保险合同的独立性，法院应首先对原保险合同的赔付进行实质性审查，不因为原保险合同的保险人即再保险分出人对原保险合同进行了赔付，再保险接受人就必须进行摊赔。①

（三）共保问题

1. 共保的法律依据

除再保险外，共同保险（Co-insurance），简称共保，也可以解决保险人承保能力不足的问题。共保是指两个或两个以上保险人联合承保同一笔保险业务或共同分担同一笔损失的保险行为。共保在董责险业务中比较常见，一方面可以解决承保能力问题，另一方面缺乏董责险核保理赔经验的从共保险人（Follower）可以依赖有经验的首席共保人（Leading Coinsurer）来参与承保这一业务，从而积累承保理赔经验。因此，作为从共的保险人需要审查首席共保人所采用的保险单条款，虽然首席共保人的承保决定可

---

① 孙亚楠. 再保险纠纷中共同命运原则的适用与例外［EB/OL］. 上海海事法院官网，2022-04-28.

以作为参考，但是从共方应有自己独立自主的判断力，而不能完全依赖首席共保人的决定。此外，从共方应注意审查首席共保人是否具有让其放心的理赔队伍与经验，因为共保协议中一般会约定首席共保人可以代表所有的共保方做出理赔决定。

我国保险法并未对共保法律关系做出明确规定，根据中国保监会制定的《关于大型商业保险和统括保单业务有关问题的通知》（保监发〔2002〕16号），"共保是共同保险的简称，是指两个或两个以上的保险公司及其分支机构（不包括同一保险公司的不同分支机构）使用同一保险合同、对同一保险标的、同一保险责任、同一保险期限和同一保险金额进行的保险"。中国保监会制定的《关于加强财产保险共保业务管理的通知》（保监发〔2006〕31号）还规定，规范的共保业务应符合以下要求：被保险人同意由多个保险人进行共保；共保人共同签发保单，或由主承保人签发保单，同时附共保协议；主承保人向其他共保人收取的手续费应与分保手续费平均水平有显著区别。

2. 共保与再保的区别

实务中，保险人在实操中容易混淆共保与再保。北京金融法院在（2021）京74民终534号案件民事判决书指出了区分再保险与共同保险应注重以下几个关键点："参与主体方面，共同保险发生于投保人与保险人之间，系数个保险人与投保人建立的直接保险合同关系；而再保险发生于保险人与保险人之间，参与主体仅为再保险分出人与分入人。权利义务方面，共同保险权利义务直接发生于投保人与保险人之间，而再保险人分入人与投保人不存在直接的权利义务关系。保险费收取方面，共同保险投保人系向数名保险人提出保险要求，由各保险人承担保险责任并收取相应保险费；而再保险中，再保险分出人从投保人处收取保费后向再保险分入人支付相应保费，再保险分入人并不直接从原保险投保人收取保费。责任分摊方面，共同保险是两个或两个以上的保险公司及其分支机构（不包括同一保险公司的不同分支机构）使用同一保险合同、对同一保险标的、同一保险责任、同一保险期限和同一保险金额进行的保险，是对责任的横向分担；而再保险合同中，再保险分入人就原保险合同的责任进行承保，不直接对原保险合同的被保险人承保，原保险人通过合同约定，将原保险合同的保险业务部分转移给再保险分入人，系责任的纵向分担。"因此，核保人应注意共保与再保的区别，在业务操作中依法依规经营，避免因实施所谓的名为再保实为共保的"暗共行为"而引发理赔争议。

笔者基于上述分析，对于共保与再保的区别做了以下对比（见表7-4）。

表7-4　共保与再保对比

区别点	共保	再保
参与主体不同	投保人与共保人	分出人与分入人
权利义务不同	原保险合同法律关系	再保险合同法律关系
保费收取对象不同	共保人直接向投保人收取保费	分入人向分出人收取保费
责任分担方式不同	横向分担（比例承担）	纵向分担（成数或超赔）

资料来源：笔者整理。

3. "暗共"产生的原因

我国保险市场上习惯将共保分为"明共"和"暗共"。"明共"就是共同保险人对被保险人披露共保参与主体、各自承保份额及相关事宜，一般情况下明共协议项下各共保主体对被保险人承担各自份额内的责任，并需要被保险人在共保协议中对此书面同意。"暗共"是我国保险市场的一个特殊业务形式。举例来说，保险人A以自己的名义与被保险人B先行订立保险合同，然后保险人A再与保险人C签订"共保协议"约定双方在保险合同中各自应承担的保险责任比例（类似于比例临分再保险），一般A为首席共保人，负责出单与保费收取，C为跟随共保人，从保险人A处收取共保保费，被保险人B对共保协议安排一般并不知情，从而最终形成了名为共保实则再保的不规范业务形式。

尽管共保与再保险的区别明显，为什么在实践中还会时常出现"暗共"这一不规范的业务形式呢？笔者结合自身多年从事保险与再保险的行业经验并与市场交流后认为，"暗共"业务的产生主要是与我国再保险监管制度的变化与保险公司内部保费考核制度有关。《中国保监会关于加强财产保险公司再保险分入业务管理有关事项的通知》（保监发〔2014〕76号）第4条规定：财产保险公司再保险分入业务的核保、核赔、会计处理、财务结算应由总公司职能部门统一办理。除中国保监会另有规定外，分支机构不得办理再保险分入业务的核保、核赔、会计处理、财务结算。银保监会于2021年修订的《再保险业务管理规定》（中国银行保险监督管理委员会令2021年第8号）也规定"直接保险公司开展再保险分入业务的，应当满足以下条件：（一）由总公司统一办理，除银保监会另有规定外，分支机构不得办理再保险分入业务；（二）设立独立的再保险部门……"因此，很多保险公司分支机构因为没有办理再保险分入业务的权限，为了承揽更多的业务，采用与实际再保险分出人签订"共保协议"的方式试图从形式上避开上述行业监管规定，同时再保险分出人为了获得更多的承保能力也默许了此形式，因为有时再保险市场承保能力不足或者排分流程较慢。此外，保险公司分支机构因为没有开展再保险分入业务的权限，就需要由总公司统一办理，而由此产生的再保险保费收入一般又不计入分支机构的保费收入，这样保险公司分支机构更不愿意开展再保险业务，而是通过共保的方式开展业务合作，因为共保保费收入纳入分支机构业绩考核。

4. "暗共"的法律风险

如上文所述，"暗共"是一种违反监管规定的业务行为，它不仅使有关保险机构因违反再保险有关规定而受到监管部门处罚的合规风险，而且因为其存在的法律瑕疵而使有关合同主体权利义务处于不稳定的状态，具有较高的法律风险，这主要表现在两个方面：

第一，"暗共"损害了原保险合同被保险人的知情权与索赔权。在上述"暗共"举例中，被保险人 B 只知道保险人 A 与其订立了保险合同，并不知道还存在共保协议及共保人 C，因此当保险事故发生后保险人 A 基于共保协议约定只愿意向 B 承担其份额内的保险责任，而要求 B 直接向 C 主张剩余的保险赔偿金，这往往不符合被保险人的合理期待，损害了被保险人基于原保险合同的索赔权益。

第二，"暗共"可能造成首席共保人不能顺利从共方摊回赔款。同样以上述"暗共"行为举例，当保险事故发生后，如果首席共保人 A 依照原保险合同约定向被保险人 B 履行了100%的赔偿责任，然后基于共保协议中约定的共保比例向从共方 C 要求摊回其应承担的赔款，这时 C 可能会以共保协议实际为再保险合同为由向 A 主张其赔付行为不符合原保险合同或再保险合同中的约定，并基于再保险独立于原保险法定原则声称有权拒赔。这种情况在司法实践中已经比较常见。

5. "暗共"协议的法律适用

因为"暗共"业务具有较高的法律风险，所以实务中在参与此业务的保险人之间容易产生理赔纠纷，双方对"暗共"业务是属于共保还是再保险争议较大，因为这直接关系到理赔纠纷的法律适用问题。如前所述，共保法律关系与再保法律关系在法律性质上有明显区别，其法律适用也有明显不同。为了说明这个问题，我们需要首先明确"暗共"中共保协议的法律性质，这需要我们透过现象看本质。在司法实践中，由于"暗共"业务产生的理赔纠纷并不少见，法院一般不会拘泥于共保协议的形式，而是会透过现象看本质，以"实质重于形式"原则，结合合同履行情况与合同条款约定内容，明确案涉保险合同中再保险的因素，根据保险法中对再保险的规定以及上述共保与再保的区别，一般会认定此类协议为再保险合同。

如上文所述，根据《再保险业务管理规定》，保险公司分支机构不能办理再保险分入业务，从法律层级上属于部门规章，并不属于法律或行政法规的强制性规定，因此一般法院认为违反部门管理规定并不必然导致再保险合同无效，而需要从是否违反公序良俗的角度进一步审查。北京金融法院在（2021）京74民终534号案件民事判决书中指出："违反规章一般情况下不影响合同效力，但该规章的内容涉及金融安全、市场秩序、国家宏观政策等公序良俗的，应当认定合同无效。人民法院在认定规章是否涉及公序良俗时，要在考察规范对象基础上，兼顾监管强度、交易安全保护以及社会影响等方面进行慎重考量……关于分支机构不得办理再保险分入业务而需经总公司核准和备份的规定，系对保险公司分支机构经营范围的规定，属于典型的管理性规定，且仅就保险公司分支机构未经总公司核准而从事再保险分入分出业务而言，难以与违背金融安全、市场秩序、国家宏观政策等公序良俗建立直接联系。"

第八章　董事责任保险索赔与理赔实务

本章首先分析了董事责任保险索赔与理赔的基础问题，然后分别从被保险人与保险人的角度讲述了索赔注意事项与理赔管理实务，最后对董责险索赔的结案方法进行了深入讨论。

第一节　董事责任保险索赔与理赔基础

本节主要对董事责任保险索赔与理赔中的基础问题做简要介绍，包括重要日期的概念、启动索赔的条件与定义以及在索赔理赔中涉及的各方当事人的角色与定位。

一、重要日期的概念

包括董责险在内的职业责任保险单中有几个重要日期的概念是其索赔理赔的基础，包括不当行为之日、被保险人被提起索赔之日或被保险人首次知道潜在索赔之日、索赔或潜在索赔报告给保险人之日以及诉讼被提交与送达之日。

（一）不当行为之日

职业责任保险只承保导致保险责任被启动的不当行为，因此不当行为发生之日是理赔过程中一个关键日期。如上文所述，董责险保单一般是索赔发生制保单，但是索赔发生制保单也有两种形式。在纯粹的索赔发生制保单（pure claims-made policy）项下，如果针对被保险人的索赔是在保险期间被提出的，无论不当行为何时发生，该索赔属于承保范围。然而，在索赔发生并报告的保单（claims-made and reported poicy）项下，只有针对被保险人的索赔与向保险人报告都发生在保险期间或保单约定的报告期内，该索赔才属于承保范围。

索赔发生制保单通常会设有一个追溯日（retroactive date），约定保单承保的被保险人的不当行为须发生在追溯日之后，这通常是启动职业责任保险的前提之一。但是，随着董责险业务的发展，追溯期保障变成了市场标准保障，现在对于不当行为发生之日很多董责险保单并不做限制，即提供了"无限追溯保障"（full retroactive cover），但需要注意的是，这并不是意味着在保单起保日之前已发生的诉讼或索赔在董责险承保范围内，在之前的诉讼或索赔需要结合保单连续承保日（Continuity Date 或者 Prior and Pending Litigation Date）来分析。

（二）向被保险人提出索赔或潜在索赔之日

根据职业责任险保单条款约定，其索赔流程一般开始于以下两个时间点：（1）索赔人针对被保险人在提供专业服务过程中的被指称的错误或者不当行为向其提起索赔；（2）被保险人意识到可能导致索赔的事实或情形。在大多数职业责任险保单项下向被保险人提出索赔之日或者被保险人知道可能导致索赔的情形之日对于理赔流程至关重要，因为首次索赔之日会决定与影响保险责任。

与一般责任险不同的是，针对专业人士的索赔可能在不当行为发生之后一段时间才被获知。例如，一名医生也许在手术中犯了一个错误，这个错误直到病人做完手术后若干年才被发现；或者一名律师在其撰写的遗嘱中犯了一个对继承人不利的错误，这个错误直到若干年后遗嘱被执行时才被发现。对于公司董事及高管来说，上市公司在年报中没有正确披露有关事实，这一不当行为可能要过几年后在被监管调查后才被发现。因此，从不当行为发生之日到向被保险人提出索赔之日往往会有一段发现期。董责险保单通常是索赔发生制保单，只有当第三人向被保险人提出索赔时，保单才会被启动。但是，许多保单会要求被保险人在收到第三人索赔或者知道潜在索赔后"尽快"或者"在合理时间内"通知保险人，因为没有具体时间的约定，一旦发生争议需要法院来判断被保险人通知的合理性。

（三）索赔报告给保险人之日

如上文所述，被保险人一旦知道索赔或潜在索赔有义务通知保险人。根据保险单的约定，索赔可以通过被保险人、保险代理人、保险经纪人或者对索赔有利益的其他主体（如保险凭证所有者或潜在的共同被告）通知给保险人，通知的要求取决于保单的约定。因此，被保险人必须仔细阅读保单中关于索赔通知的要求，因为在索赔发生并报告的保单中，如果索赔没有在保单规定的报告期内被报告给保险人，则保单将会不承保这一索赔。保险人越快被通知，调查工作就会越快展开且抗辩也能越快被准备。在知道索赔或潜在索赔后立即通知保险人符合被保险人的最佳利益，这样损失才能被预防或被减轻，而且才能得到保单项下的保险责任的保障。

（四）诉讼被提交与送达之日

当一个索赔首次以诉讼的形式向被保险人提出时，或者当被保险人首次知道一个潜在索赔时，诉讼被提交与被送达的日期在理赔过程中就变得非常重要。如果首次通知的索赔是一个诉讼，那么董责险保单中有关条款在某些情况下会对保险责任造成负面影响并导致保障缺口的出现。

正如前文所述，大多数董责险保单都会包括一个除外责任，即在某一个日期前已经发生或者仍在持续的诉讼引起的索赔不属于保障范围，这个除外责任被称为"先前及未决索赔或诉讼除外"（Prior and Pending Claim or Litigation Exclusion）。适用于这个除外责任的日期通常为第三人向被保险人提出索赔的日期，这个先前及未决诉讼日在有些董责险保单中也被称为连续承保日。如果诉讼在此日期前被提交或被送达，则此除外责任适用并排除了保险责任。举例来说，假设某公司在 2022 年投保了董责险，保单起保日为 2022 年 1 月 1 日，保单中有先前及未决诉讼除外责任，其所适用的连续承保日期同保单起保日一样，那么在 2022 年 1 月 1 日之前已经发生或者未判决的任何诉讼则不在 2022 年这张董责险保单的承保范围。如果针对该公司的一个诉讼在 2022 年被提交和送达，那么就不适用先前及未决诉讼除外责任，这个索赔应属于承保范围。

综上所述，启动董责险保单需要同时满足以下四个条件：（1）索赔必须在保险期间首次向被保险人提出；（2）引起索赔的不当行为应发生在保单追溯日（如有）之后；（3）索赔必须在指定的延长报告期（如有）报告给保险人；（4）如果被保险人首次收到的索赔通知是一个诉讼，那么这个诉讼必须是在先前及未决除外责任中连续承保日之后被提交。举例来说，某公司向保险人 A 连续 10 年投保董责险，保单中约定的追溯日是 2012 年 1 月 1 日，即第一张索赔发生制保单的起保日，这张保单承保在追溯日之后发生且在保险期间报告的不当行为导致的索赔。2021 年底，该公司决定向另外一家保险人 B 续保董责险。新保险人 B 出具的续保保单保留了原保单的追溯日，即 2012 年 1 月 1 日，但是增加了先前及未决索赔与诉讼除外责任，此除外责任约定的连续承保日是新保单的起保日，即 2022 年 1 月 1 日。然而，在 2021 年 12 月，针对该公司的一个诉讼被提交但是直到 2022 年 2 月才被送达给公司。因为先前及未决索赔与诉讼除外责任的存在，新保险人 B 不会承保这个索赔，因为此诉讼是在 2022 年之前被提交。而原保险人 A 也不一定承担这个索赔，这个还需要看 2021 年保险人 A 出具的保单中是否有延长报告期（ERP）。许多董责险保单会提供有限的免费延长报告期，例如 30 天或者 60 天，如果需要更长时间需要经保险人同意并缴纳额外的保险费。此外，保险人 A 是否承担保险责任还需要看其保单中对于索赔的定义以及被保险人是否之前已经知道第三人已计划诉讼，但不管如何，被保险人应在保单约定的延长报告期内向保险人报告索赔，否则保险人 A 也不承担保险责任。在这种情况下，前后两个保险人都不承担保险责任，这就导致被保险人面临保障缺口的问题。因此，索赔人或理赔人员必须理解每一张董责险保单的功能及其保险责任如何适用，这需要仔细分析所有可能适用索赔的保单条款。

二、索赔的定义

如上文所述，董责险保单通常为索赔发生制保单，被保险人在保险期间收到第三人的索赔是启动保单的前提条件之一。因此，保单中有关"索赔"（Claim）的定义非常重要，然而很多董责险保单对于索赔的定义并不统一，每一个保险人在其董责险保单中对于索赔有其自己的定义，这会在很大程度上影响保险人的保险责任范围与承保风险。通常索赔可以被定义为三种类型：（1）书面要求或诉讼；（2）民事、刑事或行政程序；（3）监管机关的调查。民事诉讼在职业责任保险单中是最常见的索赔。

在董责险保单中，针对董事及高管的索赔在性质上通常是行政行为、监管行为或调查性质，并且经常起源于证券集体诉讼或证监会的监管程序，其索赔要求通常是金钱补偿。董责险项下的索赔可能来自股东、雇员、客户、竞争对手或者政府机构，索赔的对象包括公司及其董事与高管个人。在实务中，董责险保单赔付的索赔大部分是来自发起集体诉讼的股东或者股东派生诉讼，后者是股东代表公司向董事或高管发起的诉讼。

以某家在华外资保险人的董责险保单条款举例，保单承保的索赔包括：
（1）因第三方认为存在任何事实上的不当行为而送达或提出的要求获

得经济赔偿或经济救济（包括强制救济）的书面请求；

（2）以送达索赔函、起诉书、信息或类似文书的回执或立案回执提起的民事、刑事、行政、监管法律程序或诉讼（包括反诉），以及仲裁/调解；

（3）在保险责任范围内针对被保险个人的调查，且调查机构书面认定可能对该被保险个人启动刑事、行政或监管程序；

（4）针对被保险公司发行证券的买卖或买卖要求进行的调查，但仅限于对被保险公司的该项调查也同时持续针对公司的董事、监事或高级管理人员时；

（5）证券类赔偿请求，是指被保险公司的证券持有人以其作为被保险公司证券持有人的身份就其在被保险公司发行的证券中所享有的权益提起的赔偿请求，或者代表被保险公司或以被保险公司的名义以股东派生索赔的形式向被保险人提起的赔偿请求；

（6）雇佣行为赔偿请求，是指某行为违反雇佣行为准则并以此为基础提出的赔偿请求；

（7）预调查事件（Pre-claim Event），具体见下文；

（8）剥夺资产和自由的诉讼，是指直接或部分由所承保的对董事及高管索赔或进行调查引起的官方机构对被保险个人启动的司法或行政程序，包括没收或冻结被保险个人的财产或限制其自由的裁定、命令或决定；

（9）环境管理不当赔偿请求，是指因环境事故导致的任何赔偿请求，但仅限该赔偿请求属于证券类赔偿请求、针对被保险个人的雇佣行为赔偿请求、系针对被保险个人的不当行为提出的且该不当行为与环境事故等信息未能如实陈述或披露相关或被保险个人引发的财务损失；

（10）安全防护事件，是指在被保险公司雇佣工作期间的任何被保险个人被以武力或欺骗手段扣留、羁押或带走的事件或系列事件，但仅限于索要赎金的情形。

另外，保单中对"调查"定义为，任何官方机构启动的任何正式的刑事、行政或监管调查、听证或质询。保单中对于预调查事件，是针对行使职务的被保险个人而言，是指：

（1）被保险公司或任何外部实体被官方机构突袭检查或现场检查，涉及出具、审核、复制或没收文件或者询问被保险人个人；

（2）官方机构收到被保险公司、外部实体或该被保险个人有关怀疑该被保险人严重违反法定或监管义务的正式书面通知；

（3）被保险个人直接因自查报告的结果而收到官方机构的通知，迫使该被保险个人向该官方机构出具文件、回答询问或参加谈话。

同时，预调查事件不应包括全行业或全产业性调查、听证、检查或质询，或任何理性或定期性监管审计、检查、稽核或审查。

三、各当事人的角色

购买董责险的主要目的是保护董事及高管，但是一旦索赔被提出，就会涉及多方当事人，一方是索赔人及其律师，另一方是被保险人、保险经纪人、保险人及其律师。虽然保险人与被保险人及其各自律师对索赔抗辩有着共同的利益，但是有时似乎并非如此。

（一）保险人方面

代表保险人的律师对于保险责任问题给出专业意见并在索赔抗辩与和解中代表保险人的利益，通常被称为案件管理律师（Monitoring Counsel）或保险责任律师（Coverage Counsel）。正如其名字所示，案件管理律师或保险责任律师为了保护保险人的利益而监督诉讼的进展，有时他们被称为外部律师（Outside Counsel），对于保险责任问题为了保险人而作为与发声，并且向保险人提供其在董责险项下的权利与义务。保险责任律师因为其在董责险保障上的经验也可以对保险责任相关的问题作为被保险人律师的资源。

当保险人收到被保险人的索赔通知，保险人的核赔人需要及时地采取合适的行动，通常他们需要进行初步调查和发出权利保留函（Reservation of Rights）。随着索赔相关信息被进一步披露，他们需要审核和分析保险责任问题并通知被保险人。保险人收到索赔通知后应立即指定保险责任律师，因为核赔人需要和他们一起对于保险责任问题和进行中的诉讼密切合作。

此外，在理赔过程中，董责险核保人也需要与核赔人和律师一起合作。在董责险实务中，核保人通常会和保险经纪人进行业务合作并解释董责险保险责任与保单措辞。因为核保人已与保险经纪人与被保险人密切合作过，他们能够在理赔过程中帮助解释保险单与核保人的真实意思。同时，核保人也能提供在投保过程中被保险人的任何交流与陈述内容，这些与被保险人的关系在诉讼与和解过程中有助于协助重要相关信息的沟通。

（二）被保险人方面

董责险保单通常不为董事与高管提供抗辩律师服务，这是因为董责险保险人一般没有义务为被保险人提供抗辩服务，而是支付抗辩费用、和解金和判决赔偿金。因此，被保险人需要有条件地为其自身抗辩，这就涉及外部律师、内部律师以及公司内部在理赔诉讼中提供指导的其他人员。

虽然由董事及高管或他们的公司提供抗辩，大多数董责险保单对于被保险人选择的抗辩律师会设置一些条件，有些保单要求被保险人从一个事先批准的律师事务所名单（Panel Counsel）中做出选择。如果保单对此不做要求，那么通常会对所选择的律所的"合理费用"有要求。因此，保险人应让客户知道合理费用的标准或者向他们提供能被认可的收费标准（如有）。许多保险人会提供这方面的指引，说明他们认为合理的抗辩费用，包括律师费、专家费、文本费、研究费及其他项目，并且解释哪些项目他们认为不属于抗辩费用并不会支付，例如员工加班费或者某些行政费用。一些保险人要求被保险人的外部律师提供一个收费费率表并且准备一份索赔抗辩费用的书面预测。尽管这些保险人的指引试图提供成本可控但有能力的抗辩，一些被保险人可能认为这些指引不在原董责险保单范围内而与保险人产生争议。

在抗辩实务中，选择一位律师或律师事务所代表所有的成为被告的被保险人也许能节省费用，但是这可能产生利益冲突，这一点在股东派生诉讼中尤为明显，即当股东起诉董事以行使公司权利时。从司法实践中来看，如果公司起诉董事，那么就需要为公司和董事安排不同的律师。在其他案件中，董事和高管可能存在不同的阵营，他们想要代表其自身利益的律师进行抗辩与和解。尽管选择不同的律师也许可以避免利益冲突，被保险人需要记住随着抗辩费用的增加，能够在保单限额内用来支付和解金与判决赔偿金的金额也会减少。

现在许多公司，特别是上市公司，会有自己的公司律师，这些律师理解他们的组织与业务经营的类型，但是他们可能在处理董责险索赔上缺乏经验。公司律师在董责险投保阶段也许曾与保险经纪人和核保人一起工作过，并且在为董事工作的外部律师与为保险人工作的案件管理律师之间起到中介作用。虽然如此，如果公司与董事在同一个诉讼中成为被告，对于公司律师来说就可能存在利益冲突，因为这种情况下公司律师一般会代表公司的利益。与保险人聘请的保险责任律师类似，被保险公司也许会雇用一名精通董责险保障与诉讼问题的外部律师，但是这种外部律师的费用不属于董责险的保障范围，因为董责险保单支付索赔抗辩费用，但不承担被保险人对于保单责任问题的咨询费用。

规模较大的公司可能会有风险经理（Risk Manager）来负责保险与责任保障事宜，风险经理与保险经纪人和董责险核保人建立了业务关系，可以成为董事与高管的有价值的顾问来协助处理有关保险责任问题。虽然保险经纪人与保险人和被保险人都建立了业务关系，当发生保险责任争议时，保险经纪人应对其客户，即被保险公司与被保险的董事与高管，负有一定法定义务与合同义务。保险经纪人应在保险合同双方之间起到有效的调解人角色，因为他们应理解保险人承保的保单与售卖给被保险人的保障。

第二节　被保险人索赔注意事项

本节主要从董责险被保险人视角，提醒被保险人在索赔过程中应注意遵守的法定义务与合同义务以及为了索赔成功可以采用的方法与技巧，最后提出几点公司及其董事与高管可以采用的损失预防与风险控制的方法。

一、被保险人的义务

董责险的被保险人除支付保险费的基本义务与投保时如实告知的义务，在保险合同履行过程中还需要依照法律规定与保险合同约定履行有关义务，这些义务的履行情况会影响被保险人能否顺利索赔。根据市场上常见的董责险保单条款，这些义务主要包括通知义务、抗辩义务、提供索赔资料的义务、协助代位求偿的义务等。

（一）通知义务

尽管市场上董责险保单对于索赔报告的要求并不统一，但是被保险人一般必须在保险期间或者保单结束后 30~60 天尽快将索赔报告给保险人。我们看到市场上的董责险保单在报告要求上有四种形式：（1）在保险期间索赔且报告；（2）尽快报告；（3）尽快报告但必须在某个时间段之内（通常是30~60 天）；（4）尽快报告，但是必须在保险期间内或再加上 30 天。如果董责险保单采用的是索赔发生并报告格式，索赔必须首次在保险期间提出并且在保险期间书面报告给保险人。当董事或高管在保险期间快要结束之前收到第三人索赔，这将产生一个问题。举例来说，如果董事在索赔期间最后一天收到一个诉讼通知，他将此索赔在保单结束之前报告给保险人将变得困难。为了消除这个问题，许多董责险保单会提供一个保单结束后较短的时间以方便被保险人可以在规定的期间报告索赔，此期间即延长报告期。

　　索赔报告中有两个问题比较典型，即报告迟延与向正确的保险人报告。因此，重要的是被保险人理解保单报告的要求，因为法院一般会支持有关适当且及时索赔通知的保单要求，特别是当报告迟延会影响保险人承担的保险责任时。另外，被保险人收到索赔时需要通知提供保险保障的所有保险人，包括基础层董责险保险人、超赔层董责险保险人、董责险共保人、职业责任险保险人及其他提供超赔保障的保险人。如果通知了错误的保险人或者没有通知所有可提供保障的保险人，那么这可能违反了有关保单中索赔报告的规定并损害被保险人索赔的权利。我国《保险法》第二十一条规定："投保人、被保险人或者受益人知道保险事故发生后，应当及时通知保险人。故意或者因重大过失未及时通知，致使保险事故的性质、原因、损失程度等难以确定的，保险人对无法确定的部分，不承担赔偿或者给付保险金的责任，但保险人通过其他途径已经及时知道或者应当及时知道保险事故发生的除外。"需要注意的是，尽管董责险保单一般约定索赔通知的义务主体是被保险人，但是我国保险法规定的通知义务主体包括投保人、被保险人或受益人。在董责险保单中，不存在受益人，投保人一般是公司，但被保险人包括公司及董事与高管个人，涉及主体较多，因此笔者认为约定被保险人为通知义务主体显然对保险人更有利。

　　除正式的索赔之外，许多董责险保单允许董事及高管为"潜在的索赔"通知保险人有关情形，这些情形可能是在保险期间或延长报告期变成正式索赔的不当行为或情形。潜在索赔的通知通常要求对不当行为、日期和人员细节提供书面通知，这个通知如果操作得当将使被保险人锁定保障，当未来某个时间，即使可能在保险期间届满之后，报告的情形导致一个向被保险人提出的正式索赔。在董责险投保过程中，被保险人会被要求提供一个先前及未决诉讼的披露清单以及任何在未来可能导致索赔的事实或情形。核保人在评估这些潜在索赔的风险后可能承保或拒保这些潜在索赔，并且基于此类信息设置先前及未决诉讼除外责任中的连续承保日。被保险人在提供这个清单时需要谨慎，因为它不仅可能会影响原保险人的保险责任，也可能会影响新保险人的承保决定，虽然清单上的潜在索赔事项越长似乎对被保险人越有利，但它会影响下一年度董责险的价格和市场承保意愿，对被保险人来说是一把"双刃剑"。

（二）抗辩义务

董责险保险人在收到被保险人的索赔通知后根据保险合同的约定一般没有抗辩义务，相反大部分董责险保单会明确被保险人有义务自行抗辩针对其所提出的任何赔偿请求，但保险人有权全面参与涉及被保险人的抗辩及和解协商。保险人同意，在必要的情形下，各被保险人为避免实际或可能发生的重大利益冲突可分别聘请代理人处理法律事务。若赔偿请求是由被保险公司针对被保险个人提出的，保险人无义务也无责任就该赔偿请求与任何其他被保险个人或被保险公司进行沟通。此外，被保险人有义务向保险人提供与索赔的调查、抗辩、和解或上诉有关的所有事项，并在上述过程中与保险人保持有效沟通。

（三）提供索赔资料的义务

提供索赔证明资料是被保险人的基本法定与合同义务。我国《保险法》第二十二条规定：保险事故发生后，按照保险合同请求保险人赔偿或者给付保险金时，投保人、被保险人或者受益人应当向保险人提供其所能提供的与确认保险事故的性质、原因、损失程度等有关的证明和资料。此条同时规定：保险人按照合同的约定，认为有关的证明和资料不完整的，应当及时一次性通知投保人、被保险人或者受益人补充提供。

被保险人应当提供真实的索赔证明资料，如果提供虚假资料，保险人不承担保险责任，甚至可能构成犯罪。《保险法》第二十七条规定：保险事故发生后，投保人、被保险人或者受益人以伪造、变造的有关证明、资料或者其他证据，编造虚假的事故原因或者夸大损失程度的，保险人对其虚报的部分不承担赔偿或者给付保险金的责任。我国《刑法》第一百九十八条规定：有下列情形之一，进行保险诈骗活动，数额较大的，处 5 年以下有期徒刑或者拘役，并处 1 万元以上 10 万元以下罚金；数额巨大或者有其他严重情节的，处 5 年以上 10 年以下有期徒刑，并处 2 万元以上 20 万元以下罚金；数额特别巨大或者有其他特别严重情节的，处 10 年以上有期徒刑，并处 2 万元以上 20 万元以下罚金或者没收财产：（1）投保人故意虚构保险标的，骗取保险金的；（2）投保人、被保险人或者受益人对发生的保险事故编造虚假的原因或者夸大损失的程度，骗取保险金的；（3）投保人、被保险人或者受益人编造未曾发生的保险事故，骗取保险金的。保险事故的鉴定人、证明人、财产评估人故意提供虚假的证明文件，为他人诈骗提供条件的，以保险诈骗的共犯论处。

（四）协助代位求偿的义务

代位原则是保险损失补偿原则的派生原则，指保险人依照法律规定或保险合同约定，对被保险人所遭受的损失进行赔偿后，依法取得对财产损失负有责任的第三者进行求偿（或追偿）的权利或取得被保险人对保险标的的所有权。代位求偿权是指当保险标的因遭受保险责任事故而造成损失，依法应当由第三者承担赔偿责任时，保险人自支付保险赔偿金之日起，在赔偿金额的限度内，相应取得向对此损失负有责任的第三者请求赔偿的权利。① 我国《保险法》第六十条规定：因第三者对保险标的的损害而造成保险事故的，保险人自向被保险人赔偿保险金之日起，在赔偿金额范围内代位行使被保险人对第三者请求赔偿的权利。

根据我国《保险法》的有关规定与董责险保单的约定，索赔发生后、保险人未赔偿前，被保险人放弃对有关责任方请求赔偿权利的，保险人不承担赔偿责任；保险人向被保险人赔偿后，被保险人未经保险人同意即放弃对有关责任方请求赔偿权利的，该行为无效；因被保险人故意或者重大过失致使保险人不能行使代位求偿权的，保险人可以扣减或者要求返还相应赔偿金。此外，保险人向第三者行使代位请求赔偿的权利时，被保险人应当向保险人提供必要的文件和所知道的有关情况。

二、索赔风控方法

董责险是公司与董事转移其责任风险的一种工具，但是它并不能取代有效的风险管理与损失控制措施。每一个公司，无论是上市公司还是私有公司，都应该理解建立风险管理体系的重要性。风险管理与损失控制措施不保证董事责任索赔不发生，但是它们能减少索赔的频率与减轻索赔所带

---

① 李玉泉.保险法［M］.3版.北京：法律出版社，2019：88.

来的损失的严重性。因此，董责险的被保险公司与被保险自然人为了预防与降低其被索赔的风险，可以采取一定的风险预防与风险控制手段。考虑到上市公司与私有公司面临的索赔风险有所不同，本书分别从上市公司与私有公司两个角度提出几点建议，供公司及其董事及高管参考。

（一）上市公司风控方法

1. 完善公司治理

正如前文所述，公司治理与董责险诉讼风险具有一定的相关性，因此，完善公司治理可以降低公司与董事的诉讼风险，而独立董事在公司治理中发挥着关键作用。良好的公司治理需要相对独立的董事会，独立董事可以为审计、提名、薪酬委员会提供必要的经验。上市公司执行董事比例过高，形成执行董事占优，导致内部人控制，非执行董事大多代表大股东利益，成为核心所有者监控经营者的主要手段，但比例过高也会形成大股东操控董事会的局面。独立董事的引入是摆脱大股东操纵的重要力量，但要使其真正成为专业化的、在公司治理中发挥重要作用的群体，中国证监会 2022 年发布的《上市公司独立董事规则》要求：上市公司应当建立独立董事制度，上市公司董事会成员中应当至少包括 1/3 独立董事；上市公司董事会下设薪酬与考核、审计、提名等专门委员会的，独立董事应当在审计委员会、提名委员会、薪酬与考核委员会成员中占多数，并担任召集人；上市公司应当在公司章程中明确，聘任适当人员担任独立董事，其中至少包括 1 名会计专业人士。因此，上市公司应按照上述规则的要求建立独立董事制度，发挥独立董事在完善公司治理中的积极作用。

此外，公司需要为其董事及高管提供履行职责的必要支持。首先，董事及高管应接受必要的入职培训与继续教育，使其能够及时了解法律与监管政策的重要变化以及其他可能增加诉讼可能性的领域。其次，公司内部的信息流动是关键。董事需要被及时且日常地告知有关公司运营的信息，包括合同、财务报告以及任何与股票和公司资产相关的计划，这是因为董事没有获得重要信息或者没有适用或没有理解这些信息可能会导致违反了其注意义务。因此，董事应在做出决定前研究相关信息并参加与公司管理层的日常会议。

2. 完善信息披露制度

每一名董事与高管都必须了解其应遵守的报告与信息披露法律，不了解有关规则并不能对抗证券监管部门的监管行动或者第三方责任索赔，从国内外以往的司法实践看信息披露问题是导致上市公司董责险发生索赔的最主要原因。因此，良好的公司治理应包括书面的政策与程序并确保董事及高管理解和遵循与信息披露有关的法律法规与公司制度。从索赔预防与风控角度出发，笔者认为上市公司及其董事与高管应在信息披露工作中做好以下几点：（1）公司应建立年报与季报审核制度，特别应在其中披露新问题、新趋势与不确定性因素。如果董事会决定不披露有关信息，那么这个决定及其原因应当被记录归档以防未来的诉讼。（2）董事与高管必须确保公司首席执行官与首席财务官接受他们履行有关信息披露职责所需要的必要培训或专家建议。（3）公司应具有强大的公关与披露制度，建立包括首席执行官、首席财务官以及其他公司高管在内的信息披露委员会来审核公司的年报与季报。此外，为控制信息向公众传递的渠道公司应从管理层中指定一名发言人，由发言人发表所有需要公开的信息并回答来自股东、分析师、公众与媒体的询问。（4）公司应建立对于未来展望陈述（forward-looking statements）的审核制度，斟酌未来展望信息中的有关风险提示措辞，确保其发出明显的警示信息，清晰地披露每一个预测信息的假设前提及其可能发生变化的原因，及时更新与修改措辞以使其符合最新情况。

3. 降低内幕交易风险

内幕交易和操控股票是股东向董事与高管发起索赔的常见类型。为了避免或减少这类索赔，公司应设置交易窗口期以允许董事与高管在此期间售出他们的股票，但在锁定期则不允许其交易股票。此外，公司应按照有关交易所规则建立必要的交易流程。例如，美国证监会 2000 年制定的 Rule 10b5-1 规则就是允许上市公司的内部人员就其持有的股票进行交易的规则。在 Rule 10b5-1 项下，董事、大股东、高管和其他重要的可能接触重大非公开信息的内部人员可以事先制订一个书面计划，对其在事先确定的时间出售和购买股票事项做出提前的规划。这样的话，在他们不掌握重大非公开信息时可以按照该计划进行交易，而不被指控为"内幕交易"。

4. 密切监控公司交易风险

正如上文所述，公司交易行为，例如合并与收购，是董责险高风险因素。当评估这些交易时，董事与高管必须恪守他们对股东的忠诚义务，在达成协议前开展尽职调查，他们必须知道交易的目的是什么以及交易对象是谁，如果没有做到这一点，董事及高管很有可能被认为有过错。因此，董事及高管需要聘用独立的法律顾问与其他专业顾问，在做出决定前增加其工作时间与注意力，确保他们的行为符合股东的利益并且能通过展示其尽职履责和诚信来为其决定辩护。

（二）私有公司风控方法

如前文所述，私有公司董事及高管面临的责任风险与上市公司董事及高管有显著区别，他们最主要的风险不是来自外部股东而是企业内部，因此，私有公司要降低董责险索赔风险所采用的风控方法与上市公司相比也有所不同。笔者认为，私有公司及其董事和高管应特别注意以下几点：

1. 雇佣政策与实践

雇佣行为责任风险是私有公司董事及高管面临的主要责任风险之一，因此公司应制定合适的雇佣政策，包括录用、考核、劳动纪律与解约相关的政策与流程。此外，公司应向员工提供员工手册、反歧视与骚扰政策及必要的培训。

2. 董事会政策

近年来，对上市公司董事会的要求日益被应用于私有公司董事会。美国证监会代表曾在新闻稿中明确表示："公司高管必须向投资者提供准确的信息，无论他们的公司是公开上市还是私下交易。"尽管美国私有公司没有被要求遵守《萨班斯法案》，但是董责险保险人更愿意承保遵守《萨班斯法案》关于财务信息与董事会政策要求的私有公司，因为这些要求被认为是公司的最佳实践。

3. 合规

董事及高管具有服从的义务，这要求他们应当依法经营其组织或者对于非营利组织的董事及高管来说其行为应与组织的使命保持一致。公司或组织可以从自觉遵守有关法律法规的要求中获益，因为这会降低其受到监管措施的风险。

4. 隐私与数据安全

随着科技的发展，公司得以存储越来越多有关它们客户、供应商、债权人及员工的数据。尽管这些信息能够改善服务与提高效率，但很多数据包含敏感个人信息。存储客户数据与购买数据的私有公司必须注意其应遵守的有关数据存储与隐私保护的法律法规，理解其在存储与处理这些数据时应遵守的法定义务，并采取一定的合理措施保护个人隐私与数据安全。

第三节　保险人理赔管理实务

本节主要从保险人的角度出发，阐述了董责险理赔流程与保险人应承担的合同义务，以及在发生诉讼时保险人应如何进行诉讼管理，最后是超赔董责险保险人在理赔管理中应注意的特殊问题。

一、理赔流程

（一）与被保险人的沟通

被保险人对于保险人的服务是否满意的一个关键因素是索赔体验，因为保险理赔员与被保险人之间的沟通直接影响保险客户对于保险人的满意程度。理赔是保险人核心经营活动之一，因此保险人与客户打交道时是否专业与有效至关重要。然而，在董责险被保险人与保险人双方之间因为保险行业与理赔本身的性质有时会产生冲突，被保险人希望理赔流程快速简单，但是董责险理赔流程却相对复杂而需要更多的时间来解决。结案并不是总发生在理赔过程的早期，有时被保险人与其前客户达成和解是比较困难的，诉诸诉讼的赔案需要花更多的时间被解决。

理赔专业人士，简称理赔员，在管理保险人与被保险人的关系中起到最重要的作用。例如，董责险理赔员在调查索赔中就需要同理心，因为这关系到上市公司及其董事与高管的名誉。不同的行业都有它们自身独特的问题与挑战，因此理赔员必须理解被保险人的特殊行业问题，这样他们才能更有效地管理特定被保险人面临的索赔。但是，相对于被保险人对董责险的期待，被保险人与理赔员之间对于保单实际提供的保障有时会因为产生差异而逐渐产生冲突。

许多董责险的保单限额会被有关费用消耗，所以理赔员必须对于在索赔调查与抗辩过程中产生的费用谨慎处理，因为这些调查与抗辩费用会减少最终用来解决索赔所需要的资金。此外，许多董责险保单会要求与第三方索赔人的最终和解方案需要被保险人的同意，因此，与被保险人保持一个富有成效的工作关系对于帮助保险人及时达成一个有利的和解结果至关重要。

董责险理赔员对推动索赔能被尽快解决负有多种责任，他们必须获得与索赔有关的事实，判定所能提供的保险保障以及分析被保险人在索赔中的责任与损害赔偿金额。在理赔过程中，理赔员可以采取下列措施帮助保持与被保险人的有效沟通：（1）管理好被保险人对于索赔流程及其所需时间的合理期待；（2）解释清楚被保险人所需提交的有关信息或资料；（3）及时告知被保险人任何潜在的保险保障问题；（4）如果涉及诉讼，向被保险人解释诉讼流程并给予其必要的辅导。

（二）董责险理赔基本流程

一个董责险索赔从它第一次被收到到最终被解决结案需要经历许多阶段，理赔员需要在索赔的每一个阶段工作并履行许多相当复杂的职能。简单来说，董责险理赔员必须决定保险责任、调查索赔、与抗辩律师合作、分析被保险人的法律责任、评估索赔金额、协商和解、授权支付赔款与及时结案。尽管所有董责险保险人都有他们自己的理赔流程，但许多基本步骤是相同的，如图 8-1 所示就是一个典型的理赔处理流程。

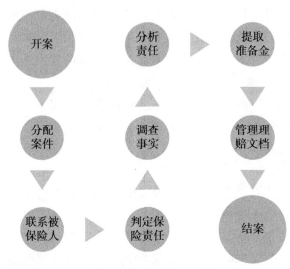

图 8-1 董责险理赔基本流程

（资料来源：笔者整理）

1. 开案

理赔流程的第一步是接到索赔通知，许多董责险保单要求索赔通知必须以书面方式提交。通常一个索赔会由被保险人或其保险代理人或保险经纪人报告给保险人。索赔通知应提供足够的信息以使理赔员能开始理赔流程，这些信息应至少包括：（1）被保险人对于第三人索赔内容的详细描述；

（2）被保险人实施不当行为的日期；（3）索赔涉及的或对索赔知情的其他主体；（4）被保险人对于第三人提起的索赔的意见。如果针对被保险人的诉讼或其他行使的程序已经被启动，那么与这些诉讼或程序有关的资料应与索赔通知一起发送给保险人，因为这些资料具有时效性且要求保险人为保护被保险人的利益在一定时限内采取行动。因此，如果针对被保险人的诉讼或任何程序一旦被启动，有关资料必须立即被发送给保险人审核。一旦保险人收到被保险人发来的损失通知，理赔程序即启动并且理赔案号应被建立，这一案号应出现在后续与索赔相关的所有函件中。通常来说，保险人应在收到初步损失通知的 24 小时内建立理赔案卷，因为及时处理索赔非常重要。

2. 分配案件

将索赔案件分配给合适的理赔员对于保险人来说是十分重要的。因为董责险理赔是一项专业且复杂的工作，许多董责险理赔人员具有法学专业背景和包括董责险在内的某一职业责任险领域的高度技能。为有效地管理好索赔案，理赔员必须对被保险人的专业与行业领域非常熟悉。保险人通常基于以下几个理赔管理标准来分配案件给理赔员：（1）索赔种类和严重性；（2）案件复杂程度与严重性；（3）保险产品条线；（4）地域。除上述标准，保险人还必须考虑理赔部门的案件量和人手因素，包括分配到每个理赔员的案件数、每月新案件数以及结案率。每个保险人对于案件量与人手配备都有其自己的不同标准，其目标是使具有合适技能的理赔员准确且有效地管理案件。此外，理赔主管或理赔经理一般给若干个理赔员提供指导，他们需要定期审核理赔案卷以评估理赔员的工作质量并根据需要向其提供指导，批准向被保险人发出的确认或拒绝保险保障的信函以确保其保障分析与应用保单条款的准确性和一致性。保险人需要根据不同的理赔赔款金额设定不同级别的权限，包括设定准备金、批准赔款和费用的权限，权限的级别取决于保险人的理赔指引以及理赔员的经验和技能。

3. 联系被保险人

董责险保险人必须及时回应索赔通知并且快速收集信息及调查索赔。许多保险人建立了理赔指引或最佳实践（best practices）以指导理赔员在理赔中的活动，这些指引或最佳实践设定了有关董责险索赔应如何被处理的建议、预期或要求。许多理赔指引推荐理赔员在收到索赔之后的 24 小时内联系被保险人来确认收到索赔并向其提供联系方式，这也是理赔员要求或获取有关没有包含在索赔通知中索赔的额外信息的机会。如果索赔是由被保险人的保险代理人或保险经纪人发出，那么理赔员应向代理人或经纪人确认收到索赔并提供联系方式。此外，保险人有义务识别并向被保险人及时警示任何潜在的可能影响索赔的保险保障问题，这是理赔员的最重要工作之一。越早发现保障问题并快速清晰地与被保险人沟通这些问题是理赔流程的关键组成部分，没有及时地向被保险人告知任何潜在保险保障问题可能对保险人造成不利后果。

保险人在收到索赔通知后首先需要考虑的问题之一，就是判断其是否在合适的时间内收到通知。正如上文所述，及时报告索赔给保险人是非常重要的，这是因为：第一，许多董责险保单要求对被保险人的索赔必须在保险期间报告给保险人，未能及时报告给保险人可能使保险保障产生问题；第二，迟延通知索赔可能影响保险人为被保险人充分抗辩或保全证据，也可能对保险人减少损失产生负面影响。我国《保险法》第二十一条规定："投保人、被保险人或者受益人知道保险事故发生后，应当及时通知保险人。故意或者因重大过失未及时通知，致使保险事故的性质、原因、损失程度等难以确定的，保险人对无法确定的部分，不承担赔偿或者给付保险金的责任，但保险人通过其他途径已经及时知道或者应当及时知道保险事故发生的除外。"

4. 判定保险责任

一旦收到索赔通知，理赔员应立刻开始分析保险责任。保险责任分析决定索赔或者部分索赔为保单所承保，理赔员应审核包括所有批单和责任免除在内的保单条款，并将索赔中的指控与保单措辞作对比。此外，作为保险责任分析的一部分，理赔员还需要审核投保单以及核保文件。在保险责任分析过程中，理赔员首先需要审查索赔中的关键日期，包括上文提道的不当行为之日、向被保险人提出索赔之日、索赔报告给保险人之日及诉讼被提交与送达之日，从而判断索赔是否在保险期限内，这对于早期判定保险责任是否成立非常重要。其次，理赔员必须判定索赔是否符合保险责任的要求，如果发现任何潜在的保险责任问题，必须尽早与被保险人书面沟通。

5. 调查事实与分析责任

在这一步中，理赔员需要调查与索赔有关的事实与情况以分析索赔的风险敞口。理赔员可能需要联系被保险人来收集更多的细节与事实，例如是什么情形导致索赔或者索赔人是如何与何时首次与被保险人联系的。此外，理赔员需要审核被保险人的客户资料与任何索赔人及被保险人提供的其他相关文件。在调查事实之后，理赔员也许可以对被保险人在索赔中被指称要承担的法律责任作初步的责任分析，这一分析对于理赔过程起到重要作用，它会协助理赔员决定从被保险人或索赔人处还需要取得什么信息来最终决定被保险人依法应承担的法律责任。包括董责险在内的所有职业责任保险理赔都涉及判定法律责任与损害赔偿，而法律责任成立的基础是被保险人有过错，而过错的成立要件一般包括：（1）对索赔应负一定义务；（2）义务被违反；（3）产生损害后果；（4）损害后果与违反义务之间有因果关系。除判定被保险人是否有过错，理赔员还需要调查其他主体的过错是否也导致或部分导致损害后果的产生。通过转移或分担法律责任，被保险人及其保险人的赔偿责任可能会被减少或消除。

6. 提取准备金

一旦理赔员有足够的信息来预估潜在的索赔赔偿金额，理赔员应及时建立准备金。虽然保险人设定赔款准备金的方法不尽相同，但是赔款准备金应为理赔员认为最终应付的赔款金额。提取赔款准备金对保险人非常重要，主要原因包括：（1）确保有足够的资金可以支付所有的索赔；（2）预估索赔的真正金额来决定合适的保费；（3）设定合适的准备金是基于偿付能力合规的要求。

理赔实务中常见赔款准备金类型通常包括案件准备金（Case Reserves）、可分摊损失理算费用（Allocated Loss Adjustment Expenses，ALAE）、不可分摊损失理算费用（Unallocated Loss Adjustment Expenses，ULAE）以及已发生未报告准备金（Incurred But Not Reported Reserves，IBNR）。案件准备金是为具体索赔的赔偿金与抗辩费用而建立；可分摊损失理算费用与某个具体索赔有关，通常包括律师费、专家费及其他法律费用；不可分摊损失理算费用与某个具体索赔无关，通常是指理赔部门的人员办公费用，包括工资、办公场所租金及其他相关费用；已发生未报告准备金是为那些已经发生但没有被报告给保险人的索赔准备的基金，它不是为具体的索赔设立而通常是为不特定索赔集体设立的，需要用精算分析方法来分析保险人的具体损失经验数据、行业数据或其他相关信息来预计准备金大小。

7. 管理理赔文档

理赔是保险人的核心职能之一，代表保险人最重要的现金流出。实务中保险人正试图优化理赔部门的运营活动以使其更加有效率与提高准确性，其中理赔管理系统是理赔流程的关键组成部分，因此许多保险人都会使用某种电子理赔管理系统。理赔员负责在系统中更新有关理赔信息，包括索赔性质与损害赔偿金类型等，一些系统还可以辅助理赔员判定保险责任或分配任务。理赔系统的一个重要功能是能够管理和追踪与索赔有关的赔款支付、准备金与费用。此外，理赔管理系统可以使保险人识别许多与索赔相关的变量和特征，这些信息对于核保人与精算师的核保与定价工作非常有用，能够帮助他们做到：（1）基于损失类型评估准备金；（2）计算每一类型索赔的数量；（3）决定每一类索赔的赔款；（4）识别赔款与费用的去向；（5）作为定价的数据资料。

8. 结案

理赔员总是试图尽快且有效率地解决索赔。如果索赔涉及诉讼，理赔员需要在整个理赔过程中与抗辩律师合作来设计抗辩策略与管理案件状态。一旦索赔通过和解或判决被解决，理赔员向受害方支付赔款，包括损害赔偿金和可分摊损失理算费用。如果保单包含免赔额且被保险人还未支付，那么理赔员需要采取必要的措施来收回免赔额。一旦所有的损失与费用被支付完毕，理赔员就可以结案，如果涉及第三方责任人，还有可能启动有关代位追偿程序。

二、保险人的义务

董责险保险人的合同义务主要是赔偿、抗辩与补偿。下面我们分别解释这三个主要合同义务。

（一）赔偿义务

董责险保险人的基本义务是赔偿义务，英文为 duty to imdenify 或 duty to pay，是指保险人根据保险合同的约定代表被保险人向索赔人支付被保险人因其不当行为而依法应承担的有关损害赔偿金。损害赔偿金是基于法院判决或和解而产生的金额，而如果损失不在保险责任范围或者被有效地免责条款除外，那么保险人没有赔偿义务。我国《保险法》第六十五条规定："保险人对责任保险的被保险人给第三者造成的损害，可以依照法律的规定或者合同的约定，直接向该第三者赔偿保险金。责任保险的被保险人给第三者造成损害，被保险人对第三者应负的赔偿责任确定的，根据被保险人的请求，保险人应当直接向该第三者赔偿保险金。被保险人怠于请求的，第三者有权就其应获赔偿部分直接向保险人请求赔偿保险金。"此外，我国保险法还对保险人及时支付保险赔偿金的时限要求做出了明确规定，《保险法》第二十三条规定："保险人收到被保险人或者受益人的赔偿或者给付保险金的请求后，应当及时做出核定；情形复杂的，应当在三十日内做出核定，但合同另有约定的除外。保险人应当将核定结果通知被保险人或者受益人；对属于保险责任的，在与被保险人或者受益人达成赔偿或者给付保险金的协议后十日内，履行赔偿或者给付保险金义务。保险合同对赔偿或者给付保险金的期限有约定的，保险人应当按照约定履行赔偿或者给付保险金义务。"第二十四条规定对于保险人拒赔的时间做出了明确规定："保险人依照本法第二十三条的规定做出核定后，对不属于保险责任的，应当自做出核定之日起三日内向被保险人或者受益人发出拒绝赔偿或者拒绝给付保险金通知书，并说明理由。"

（二）抗辩义务

实务中，董责险保险人是否负有为被保险人抗辩的义务对于上市公司与私有公司来说有所不同。上市公司董责险保单通常要求被保险人自己抗辩，保险人向其支付抗辩费用与和解金，即上述赔偿义务。但是对于私有公司或非营利组织，董责险保险人通常具有抗辩义务。是否提供抗辩义务是一个在实务中经常被讨论的话题，对于保险人与被保险人各有利弊。被保险人可能认为如果保险人提供抗辩，他们可能会失去对于抗辩与和解的控制，而保险人会认为他们的客户没有获得具有丰富董事责任索赔处理经验的律师渠道，保险人可以找到具有丰富抗辩与诉讼代理经验的董事责任律师，并且与这些律师已经就为保险人客户有效抗辩达成了协议。

在某些情况下，被保险人也许想要获得对于有关索赔法律活动的更多控制而更愿意自行抗辩。大公司特别是上市公司，具有丰富的律师资源来为其提供抗辩服务。如果他们选择了一个比较高的自留额，那么被保险人通常愿意对索赔具有更大的控制权。因此，为了平衡保险合同双方的利益，如果董责险被保险人自行抗辩，许多保单会要求保险人需要事先批准被保险人选用的律师或者要求被保险人从事先同意的律师库中选择律师，这给予了保险人对于被保险人自行抗辩的某种程度上的信心。对于没有法律专业人员或者董事责任抗辩经验的小公司来说，保险人负有抗辩义务则非常重要，可以为小公司提供下列福利：（1）不需要预先支付抗辩费用，有时抗辩费用会给小公司财务上带来不小的压力；（2）由保险人雇佣有经验的抗辩律师；（3）公司可以在索赔调查与案件管理上减少所花的时间与精力；（4）可能为不承保的索赔提供抗辩，在提供抗辩义务的董责险保单中，保险人具有针对所有索赔为被保险人提供抗辩的义务，甚至包括那些可能是毫无依据、错误或欺诈性的索赔，这意味着，保险人需要为包括承保的指控与不承保的指控的索赔提供抗辩服务。也就是说，如果任何针对被保险人的指控可能为董责险保单承保，那么保险人通常有义务为整个索赔抗辩。

（三）补偿义务

如果董责险保单不提供抗辩义务保障，那么保险人不会直接支付被保险人的抗辩费用，而是有义务补偿被保险人已支付的保单承保的抗辩费用，这就是董责险保险人的补偿义务，英文为 duty to reimburse。在此义务下保险人没有抗辩义务，被保险人自行负责管理与控制其自身的抗辩。通常情况下，董责险保单会有一个高的自留额（Self-insured Retention），被保险人通常可以选择其自己的律师但是需要获得保险人的同意。在此情形下，被保险人从索赔一开始就需要承担自己的抗辩费用，保险人有义务对被保险人产生的属于保险责任范围的合理的且超过自留额或免赔额以上的抗辩费用进行补偿。

三、诉讼管理

如果董责险被保险人被第三人起诉，理赔员收到索赔通知后必须审查起诉书来判定第三人对被保险人的指控是否属于保险责任以及索赔是否按照保单约定被报告。如果有任何索赔不属于保险责任，保险人的首要责任是通知被保险人并解释其原因。常见董责险的保险责任抗辩理由包括：迟延通知、具体除外责任、索赔非首次在保险期间提出、先前的索赔或诉讼、损害赔偿不在承保范围内。理赔员需要负责诉讼调查，为了获取事实、判定法律责任与风险、评估保险责任与抗辩义务以及决定损害赔偿的金额与证据。

保险人对于诉讼的另一职责是管理抗辩律师（Defense Counsel）。除了理赔员，抗辩律师是有关案件的风险、法律责任、损害赔偿以及和解可能性的首要信息来源。为保护被保险人的利益，理赔员需要从抗辩律师那里获得上述信息，而不是在没有抗辩律师的参与下直接与被保险人讨论上述问题。理赔员对于抗辩事宜的一个关键职责是选用合适的律师对第三人索赔进行抗辩，抗辩律师应该具有诉讼标的相关的能力并根据管辖和专业情况收取合理的律师费，对于具有律师库的保险人，此类信息应在律师入库前予以考虑。此外，抗辩律师应熟悉保险人关于风险、损害赔偿、抗辩费用、证人、专家及法律责任相关的汇报义务。除了给保险人提供充分的信息以评估损害赔偿金与风险，抗辩律师也必须有能力为被保险人提供充分的抗辩服务。

为了达到明确的交流与合作效果，理赔员需要向受雇律师提供律师管理指南，这一指南通常应包括以下信息：

1. 案件管理流程，即其描述当诉讼开始时保险人的期待，包括：（1）抗辩律师书面确认保险人对案件的委托；（2）抗辩律师在特定期间与被保险人的个人联系方式；（3）抗辩律师向保险人传达关键文件，包括答辩状、上诉状及损害赔偿金确认书等；（4）保险责任问题；（5）一般调查，建议抗辩律师应尽可能在案件早期阶段进行调查活动；（6）诉讼预算、风险与法律责任分析；（7）汇报要求，提供初步评估报告及后续定期提供案件发展报告；（8）诉讼与仲裁程序，描述保险人对于庭审报告的期待。

2. 专家、评估人与证人：抗辩律师必须获得保险人关于此类诉讼辅助人选用与成本的同意。

3. 和解方法：描述保险人对于和解方法的期待，保险人与被保险人应积极参与所有和解讨论。

4. 付费流程：描述保险人对于律师费率、费用、仲裁、法律研究、调查费用、评估人与专家证人费用、账单格式以及付费频率等规定。

通常来说，董责险的抗辩律师对被保险人有法定义务且应关注于索赔抗辩而不是保险责任问题或理赔纠纷。诉讼管理中需要注意在保险人与被保险人之间可能产生利益冲突，特别是当保险人允许被保险人选择抗辩律师时，此类律师通常被称为独立律师（independent counsel）。此种情形下的一个主要问题是应由保险人支付的独立律师的费用，例如被保险人可能会要求保险人支付被保险人的独立律师的费用，保险人可能会认为其只负责按照其律师库中律师的费率和费用标准支付同样的律师费，如果双方对此产生争议，则可能需要理赔员与被保险人律师进行协商解决分歧。因此，保险人有责任提前告知被保险人使用独立律师的利弊供被保险人考虑。

四、超赔董责险理赔问题

如前文所述，董责险被保险人通常被要求向超赔董责险保险人通知任何索赔或者可能导致索赔的情形，即使超赔层保障可能不会被启动。一旦收到索赔通知，超赔保险人具有和基础层保险人同样的权利，但是基础层保险人通常会代表所有保险人掌控理赔流程。超赔层保险人的理赔员应审查基础层保险人出具的保险责任的决定、基础层保单项下的权利与抗辩义务以及超赔层保单项下的权利与抗辩义务。通常来说，基础层保险人的理赔决定对超赔层保险人没有强制力。

超赔层保险人的理赔员必须对于理赔的进展保持关注，但是他们可能需要保持一个低姿态，因为超赔层保险人涉及太多的话可能意味着案件非常重大且理赔金额可能超过原告合理期待的金额。举例来说，假设某个董事责任诉讼中原告起诉金额是 9500 万元人民币并且知道他们愿意以 4500 万元人民币和解。基础层董责险的赔偿限额是 5000 万元人民币，那么将由其支付 4500 万元人民币和解金。如果超赔层保险人在理赔协商中表现得太突出，那么原告可能会重新评估他们的案件并决定和解金额不能低于 7500 万元人民币。因此，让基础层保险人掌控和解谈判可能会为所有的保险人省钱。

一旦基础层保险人的保单限额被耗尽，基础层保险人将不负责抗辩成本，这将可能触发超赔层保险人的抗辩义务，超赔层保险人将与抗辩律师合作来管理案件的进展，就像原来基础层保险人那样。此外，超赔层保险人可能需要雇用自己的案件管理律师来保护其自身的风险及参与和解协商。

第四节　索赔结案方法

理赔员的首要职责是试图推动索赔尽快且有效地被解决，因为诉讼是昂贵且有破坏性的，尽快结案不仅对保护被保险人的利益非常关键，而且也是保险人应尽的合同义务。本节主要阐述董责险保险人为了尽快结案而可以采取的策略、方法以及责任分摊问题。

一、索赔结案策略

（一）案件管理策略

董责险结案的目标是保险人对于保单所承保的被保险人因其不当行为而依法应承担的法律责任而支付一个公平的价款。为实现这个目标，理赔员必须在理赔过程的早期确定具体的案件管理策略来决定索赔可以被和解或者需要被诉讼。案件管理策略基于每个索赔的特点与保险人的内部标准而确立，一个有效的案件管理策略可能需要考虑下列关键因素。

1. 评估法律责任

理赔员必须评估被保险人的法律责任基础，这有助于判定向被保险人提出的索赔的优势与弱点，如果被保险人对被指称的损失承担法律责任，理赔员必须预估保险人需要支付多少钱才能解决索赔。

2. 评估承保的损害赔偿范围

一个索赔经常会包含一些不属于保险责任的指控，因此，识别承保的索赔与不承保的索赔并评估承保的索赔可能导致的潜在损害赔偿是非常重要的。

3. 评估被保险人可能负责的损害赔偿金

根据董责险保单的约定，多个被保险人可能分担一部分损害赔偿责任，理解某个被保险人负责的那部分损害赔偿范围是重要的，理赔员与被保险人讨论这些问题也是重要的。

4. 了解索赔诉讼的司法管辖

索赔金额根据不同的诉讼司法管辖而有所区别，管辖法院所在地的法律在许多不同的方面影响着索赔，例如美国的证券集体诉讼制度就是在美国上市公司面临的最主要法律风险。因此，理赔员必须熟悉诉讼所适用的管辖法院所在地的法律法规以及判例。

5. 评估律师水平

理赔员应评估索赔人和保险人的律师相关能力，考虑己方团队的法务与外部法律顾问是否具备应对索赔人律师的能力。此外，理赔员还需要评估原告律师的能力和以前处理董责险索赔的经验。

6. 与被保险人保持沟通

如前文所述，理赔员负责确保被保险人的合适人员能及时了解索赔的状态，特别是当索赔即将进入诉讼程序。

7. 为和解做准备

理赔员必须管控潜在花费在损害赔偿和抗辩上的金额，随着理赔的进展，理赔员可能需要重新评估风险并相应调整准备金以确保有足够的资金用于支付理赔的未来成本与最终和解金。

8. 不同保险人保持统一策略

一个索赔可能涉及代表不同被告的多个保险人，例如，上市公司股东因上市公司的虚假陈述而遭受损失后同时起诉公司及其董事和高管，此时公司投保了一张董责险保单而不同的董事及高管也为其自身分别投保了董责险，保险人都不相同。在这种情况下，所有保险人的理赔员需要一起制订一个共同的理赔策略以为各方达成最有利的和解方案。在各方没有利益冲突的条件下保险人可以达成一个共同抗辩协议以分担诉讼成本。

9. 决定不同保险人的贡献水平

如果理赔涉及不同的保险人，决定每个保险人为提议的和解金贡献多少是十分重要的。在前面的举例中，不同被保险人的保险人可能分别决定对最终和解金的分担比例或者平均承担。一些董责险保单会通过有关"其他保险"（Other Insurance）条款对此约定分摊方法。

（二）抓住和解的机会

如果被保险人对损害需依法承担责任，那么和解的关键就是寻找合适的机会结案。随着案件的进展，理赔员必须对变化的情况随时保持警惕并寻求额外的信息，根据需要调整他们的策略。理赔过程中理赔员会遇到几个增加和解可能性的转折点，包括以下几个方面。

1. 起诉被立案前

理赔员收到第三人索赔通知后，在起诉被立案前可以给出和解方案。在索赔的早期阶段，有许多因素会涉及是否给予和解方案。诉讼是耗时的、具有破坏性且是昂贵的，因此，各方主体应尽最大善意的努力来试图在起诉被立案前解决索赔事宜。

2. 法庭主持庭前调解

法院通常会在正式开庭前主持调解或和解会议以给各方当事人一个机会来解决案件，这样的会议通常由法院依职权组织。

3. 简易裁决申请被提交后

"简易裁决"程序（Summary Judgment），在美国民事诉讼程序中居于特别重要的地位，它与中国民事诉讼中的简易程序完全不同，对于美股上市公司具有重要参考价值。一般情况下，简易裁决程序可由任何一方当事人在起诉/抗辩阶段后和庭审前的任何阶段提出。在特殊情况下，原告可以在进入法律程序一开始就以动议方式请求法庭对其诉求进行"简易"裁决，而无须进入起诉/抗辩阶段。简易裁决程序把形式问题与实质问题区分开来，加速对诉讼实质问题的确定，在进行完整审理之前剔除虚假或完全没有根据的请求或辩护，使一方当事人无须引入外部证据即可证明不存在需要陪审团审理的事实。简易裁决程序在两方面有着特别重要的意义：第一，简化诉讼程序；第二，缩短诉讼时间。两者都可为当事人节约大量费用。

4. 正式开庭前

这是另一个协商和解方案的机会并且能节省庭审准备费用，可能影响双方在正式开庭前立即达成和解的因素包括当事人的情绪和伴随庭审的时间成本。庭审的金钱与非金钱的成本经常会影响有关主体达成和解的意愿。

5. 判决后上诉阶段

一审宣判后，判决金额已明确，当事人经常会选择上诉。在等待二审开庭阶段，双方当事人可能会愿意重新考虑协商一个低于一审判决金额的和解方案，特别是如果判决金额过高或者他们不想再等二审判决来解决索赔。

除上述达成和解的时机，理赔员应该意识到只要有关主体愿意解决案件，可以在任何时候开始和解谈判。

二、索赔结案方法

和解可以通过多种方式而取得，包括直接协商、和解谈判、强制和解会议、调解、仲裁与诉讼。

1. 直接协商

直接协商是大部分董责险索赔结案的首要方法，包括索赔当事人之间或者其律师之间的讨论。双方可能对案件的有关事实争论并进行反复磋商直到达成和解。在协商之前，许多因素应被考虑，包括：（1）若涉及多名被告，要分析被保险人应承担的法律责任比例；（2）识别其他潜在的责任方与可能存在的保险保障；（3）如果有其他责任方，分析其相关法律责任；（4）司法管辖与抗辩因素；（5）判定被保险人应负责的程度；（6）分析损害赔偿的程度；（7）具体分析索赔人案件的优势与弱点以及可以采取的抗辩事由；（8）决定和解金的范围以及保险人愿意支付的最大金额；（9）考虑原告的要求和理由。协商的目标是讨论事实与评估案件的优劣势，而不仅仅是交换数字。抗辩律师或者理赔员与索赔人的律师进行磋商直到能达成一个双方都可以接受的金额。在许多情况下，保险人必须在达成和解前批准和解金额，如果抗辩律师已获得保险人的授权，还必须得到被保险人的书面同意。

2. 和解谈判

和解谈判会议是在有关主体及其律师之间以讨论解决索赔为目的的更为正式的会议，这些会议都是自愿的，当事人各方都可以要求发起这样的谈判会议，尽管有时法院也会提出这样的建议。

3. 强制和解会议

这样的会议通常由第三方来试图帮助索赔人与被告来检视案件，第三方通常是法院，某些司法管辖下法院会要求在进入正式庭审前先进行调解。保险人需要律师提交一份详细的案件评估报告、可采取的建议及其原因。如果律师推荐和解，保险人还需要对于潜在的判决金额的范围提供建议以及过往类似判例的信息。

4. 调解

调解是一种可替代性争议解决方法（Alternative Dispute Resolution，ADR），是指由一名中立的第三方作为调解人来提供案件的没有偏见的客观意见。调解人帮助缩小争议双方在和解协商中出现的差距，调解会影响协商过程，经过调解达成的调解协议没有法律强制力，除非经过法院书面确认。

5. 仲裁

仲裁是另一种可替代性争议解决方法，相对于诉讼，仲裁的成本一般较低且更快。仲裁既可能是自愿的也可能是强制的，如果争议双方事先有仲裁协议，那么他们就必须通过仲裁解决争议，如果事先没有仲裁协议，则需要争议双方事后达成仲裁协议。仲裁结果一般是一裁终局且不能上诉，除非有其他特殊情况。

6. 诉讼

如果不能通过上述方式结案，那么案件将需要进入诉讼程序。因为司法管辖的不同，法律适用也不同，裁判的结果通常不可预测。相对来说，诉讼是最昂贵且最耗时的争议解决方式。

三、责任分摊问题

在董责险案件中，有些主体和索赔在保障范围内，而其他主体和索赔则不在保障范围内。责任分摊（Allocation）指在保单承保的主体与不承保的主体之间分割抗辩费用、和解金或判决金。董责险保险人必须在承保与不承保的个人与机构之间、承保与不承保的索赔之间分摊赔款，责任分摊通常在理赔流程开始就要被协商了。

当董责险保单承保董事与高管但不承保在诉讼中的其他人时，责任分摊可能会成为争论点。这个问题对于证券诉讼中在董事、高管与公司之间费用分摊可能变得更明显，这些诉讼的指控对象包括公司，但是董责险保单可能只承保董事及高管。当董责险保险人向被保险人支付赔款之前需要审核抗辩费用、和解金额和判决金额，对这些费用进行分析以决定多少费用是董事与高管产生的（董责险保单承保）而多少费用是公司产生的抗辩费用（董责险保单不承保）。针对董事及高管的索赔指控通常涉及较广的范围，有些索赔可能不在保单承保范围内，有时不太可能去判定多少抗辩费用适用于不在承保范围内的索赔。此外，董事及高管可能因其以不承保的身份所实施的行为而被起诉，导致责任分摊问题。董责险保单承保董事及高管履行职务的行为，这些行为是以被保险人的身份实施的，如果它们涉及公司的其他身份，例如外部会计师或者律师身份，则董责险保单可能不承保这些行为。

为降低与解决责任分摊问题导致的争议，市场上通行的董责险保单会对责任分摊问题进行约定。一般来说，如赔偿请求同时涉及保险合同承保的以及不承保的事项或个人，则被保险人和保险公司应尽合理努力，考虑相应法律和财务风险以及相关当事人取得的相应利益，并基于公认责任分摊的司法原则，以确保对本保险合同承保的损失进行公平、适当的分摊。如果保险公司和被保险人未能根据上述规定就责任分摊达成一致意见的，则应按下列规定执行：（1）保险公司应在根据上述规定协议或确定不同的金额前预先支付损失中其认为公平、适当的部分；（2）保险公司和被保险人同意将其提交资深律师决定，资深律师做出的决定将是最终的，所有当事人均应遵守。被保险人和保险公司有权书面提请资深律师确定责任分摊。资深律师确定责任分摊所发生的费用应按损失分摊的比例予以分摊。有些保单没有约定将争议问题提交资深律师决定，而是适用保单争议解决条款，即可能通过协商、仲裁或诉讼的方式解决。从争议解决的效率与成本控制角度考虑，笔者认为将责任分摊争议问题提交给约定的独立资深律师来决定更加有效。

案例篇

第九章　董事责任保险判例研究

本章主要是对过往中国司法实践中的董责险典型判例进行分析研究，在总结案件争议焦点及裁判观点的基础上，结合案件中暴露的具体问题给出风险控制与法律对策，供董责险有关市场主体参考借鉴。

案例一　谁是董责险超赔保单的被保险人

一、案情简介[①]

普大煤业（PUDACOAL INC.）曾是一家在全美证券交易所上市的公司，原告吴琼是普大煤业的财务总监。普大煤业自 2006 年 3 月开始购买董事、高级管理人员责任险。2011 年 4 月，第三人某外资保险公司出具《董事及高级管理人员责任及公司补偿保险》保险单（以下简称基础保险合同），该基础保险合同约定的被保险人包括原告在内的普大煤业及其分支机构的董事及高级管理人员，保险责任限额为 500 万美元，承保范围包括律师抗辩费用。

2011 年 5 月，被告作为超赔责任险承保人以上述保险合同为前提出具了《超额责任保险合同》，保险责任限额为 500 万美元，该超额保险旨在提高基础保险合同的保险责任限额。

从 2011 年 4 月开始，普大煤业及其董事、高管在美国遭受多起集体诉讼与股东衍生诉讼，美国某律师事务所为其提供抗辩法律服务，后基础保险合同保险责任限额用尽，无法支付律师费用，美国某律师事务所多次代表原告要求被告理赔，被告以原告非保险合同的被保险人为由予以拒绝。原告遂起诉至法院。

原告认为，被告系《超额责任保险合同》的保险人，在基础合同保额 500 万美元用尽后，被告依法应予理赔，被告的违约行为侵害了原告的合法

---

① 引自民事裁定书（2016）京 0101 民初 22256 号。

权益，故诉至法院。

被告辩称，投保人在投保时没有尽到如实告知义务，隐瞒了公司真实的财务状态、业务来源及股东结构，影响了我方承保；本案保险合同的被保险人应当是普大煤业公司，不包括原告，对原告的主体资格有异议，请求法庭驳回起诉；原告没有证据证明向抗辩律师支付过费用，没有损失，也无权主张。

第三人称，我方系基础保险合同的保险人，我方承保范围包括自然人高管，我方的保险合同与本案原被告争议的《超额责任保险合同》有一定关联，但在法律上是两个独立的保险合同。保险责任要依据他们之间的保险合同确定，不清楚他们怎么约定的。

二、裁判观点

本案的争议焦点是：吴琼作为普大煤业的高管是否为涉案《超额责任保险合同》的被保险人？对此，法院认为：

被告出具的《超额责任保险合同》中，"声明"下明细表部分显示，"指定被保险人：普大煤业有限公司和/或其现有子公司"；另外，《超额责任险保险合同》的保险条款第2条"定义"中规定，"被保险人"的定义与基础保险合同中的定义相同。基础保险合同的被保险人为普大煤业公司及董监高个人。

关于《超额责任险保险合同》的保险条款中"被保险人"定义与基础保险合同中的定义相同，该"被保险人"定义条款属于通用格式条款，其与保险合同"明细表"部分的约定不一致时，应以非格式条款为准。

本案中，涉案《超额责任险保险合同》中明确约定的被保险人为普大煤业或其现有子公司，吴琼不是保险合同约定的被保险人或受益人，与本案不存在直接利害关系，故其作为原告提起本诉，主体不适格，依法驳回起诉。

三、案件解析

"董责险"（全称为董事监事及高管责任保险，英文为 Directors and Officers' Liability Insurance，D&O），是以董事及高级管理人员对公司及第三人承担民事赔偿责任为保险标的的一种职业责任保险。超赔董责险（Excess D&O）是一种以董责险为基础层保单的超额责任保险。

在实际业务操作中，董责险的被保险人通常可以归为两类：一是被保险公司，包括公司、上市公司发行人、控股股东、售股股东；二是被保险个人，包括董事、监事及高级管理人员、独立董事、实际控制人、"影子董事"等。超赔董责险的被保险人一般与基础层董责险保单相同，既包括投保公司，又包括董监高个人，但有时超赔董责险保单只保障董监高个人（Side A Only）。

上市公司在购买董责险时，因为所需要的赔偿限额较高及各家保险人的承保能力有限，通常会分层向不同的保险人购买不同赔偿限额的保单。投保公司在已购买基础层保单的前提下会另行购买超赔责任保险。当保险事故发生后，被保险人应付的赔偿金额超过基础层保险人负担的责任限额时，则会触发超赔责任保险人的赔付责任。

在上述案例中，普大煤业与第三人某外资保险公司签署的基础保险合同约定，被保险人包括公司与董监高个人，被告某国内保险公司作为超赔层承保人则出具了《超额责任保险合同》。尽管原告多次强调其为超额责任保险合同的被保险人，但根据我国《民法典》第四百九十八条规定："……格式条款和非格式条款不一致的，应当采用非格式条款。"及《最高人民法院关于适用〈中华人民共和国保险法〉若干问题的解释（二）》第十四条"保险合同中记载的内容不一致的，按照下列规则认定：……（二）非格式条款与格式条款不一致的，以非格式条款为准……"的规定，法院认定超赔保险格式条款与保险合同明细表（非格式条款）中有关被保险人的约定不一致，从而依法做出驳回原告起诉的裁定。

笔者认为，在涉及分层投保的董责险保险合同纠纷中，存在多个独立的保险合同关系及不同的合同主体，充分尊重保险合同的独立性固然重要，但是，在解决双方当事人就有关"被保险人"范围的争议性问题上，从当事人建立保险合同的目的角度酌情考量基础层保单与超赔层保单的衔接一致性特点，可能会得出更接近当事人真实意思表示的裁判结论。

四、风控建议

众所周知，在董责险发展早期，董责险保障的被保险人仅为董监高个人，后来随着业务开展的市场需求，公司也被列入被保险人的范围，尽管如此，董责险保单也鲜有仅以公司为被保险人的情形，一般董责险的被保险人都会包括董监高个人。

因此，笔者在此提醒董责险合同的当事人注意：建立保险合同关系前，应进行充分的协商，就"被保险人"的范围达成一致，并在保险合同中进行明确；若就"被保险人"的定义在同一合同的多处条款中出现的或者分层购买董责险，投保人应谨慎做好一致性审查工作，以免前后冲突，导致无法实现投保目的。

此外，在实务中，超赔董责险保单包括跟随式超赔保单（Excess Liability Policy Follow Form）与常规董责险保单，而跟随式超赔保单的保险责任范围一般与基础层保单保持一致。因此，为减少基础层保单与超赔层保单就同一事项约定不一致的问题，我们建议投保人在分层购买董责险的情况下尽量选择跟随式超赔保单，以避免产生不必要的合同争议。

案例二 董责险共保中的典型法律争议问题

一、案情简介①

原告某技术有限公司曾系一家在美国纳斯达克证券交易所上市的公司，自 2007 年起向 E 财险公司购买董监事责任保险及高级管理人员责任保险（又称"董责险"）。2011—2012 年度，四被告 A、B、C、D 财险公司及第三人 E 财险公司作为保险人共同对原告承保了董责险，其中 E 财险公司是首席承保人，四被告为共保人，原告及相关董监事和高级管理人员为被保险人，保险期间为 2011 年 4 月 3 日至 2012 年 4 月 2 日。

自 2011 年 5 月 31 日起，原告及其管理人员遭受美国股民集体证券诉讼和股东衍生诉讼，最后美国股民与原告及相关管理人员达成和解，首席承保人审核并同意了原告和美国当事人之间的和解协议，并在其承保比例范围内支付了保险赔偿金，但四被告拒绝理赔。四被告拒赔的主要理由包括：（1）原告在填写投保申请时违反了如实告知义务；（2）四被告在知晓上述解除事由后，及时解除了保险合同；（3）首席承保人的理赔决定不能代表其他共保人，不对其他共保人发生效力；（4）系"先前索赔"除外情形，即原告于 2011 年 3 月 23 日（本保险合同保险期间起算于 2011 年 4 月 3 日）收到纳斯达克警告函，故不在涉案保险期间内。

第三人 E 财险公司基本同意原告诉请，主要理由是：（1）涉案事项是公开的，四被告完全有能力收集该类信息，四被告作为谨慎保险人应知悉；

---

① 引自微信公众号"CPCU 国际大使"。

（2）原告在投保时已经通过保险经纪公司向四被告发送了年报、季报相关材料，披露了相关事实信息；（3）财务报告与投保单上的勾选相矛盾，四被告并未对此提出异议；（4）四被告的解约通知，超过了30天的除斥期间。此外，不同意被告提出的案涉损失应当在上一保单年度中赔付的观点。

遂某技术有限公司将四被告起诉至法院。

二、裁判观点

查明案件事实后，法院总结了四个主要争议焦点：第一，原告是否因违反如实告知义务而不能获得保险赔偿？第二，本次保险事故的出险时间是否属于本保单期间内？第三，首席承保人批单中以首席承保人意见为准的条款对其他共保人是否具有约束力？第四，本保单约定的免赔额是否已经因所涉案件抗辩费用的支付而冲抵完毕？

针对第一个争议焦点，法院认为：

1. 原告在《投保申请书》中存在不实勾选的行为，违反了如实告知义务，但对相关真实信息并未刻意隐瞒，事实上在投保过程中就有关不实勾选的两项信息的真实情形（过去5年的并购情况、财务报表重述）已经通过邮件沟通等多种方式到达各保险人；

2. 四被告在合同成立生效前均未向投保人、经纪人或首席承保人索看《投保申请书》，未曾了解投保人在申请书中对相关询问的答复，更不可能知晓投保人所作的不实陈述的内容，因此投保人信息的正确与否在客观上并未对四被告是否决定承保产生影响；

3. 针对四被告是否依法及时行使解除权的认定，法院认为即便四被告所称投保人未履行如实告知义务，根据《保险法》的规定，保险人应在知道解除事由起的30日内解除合同，而四被告提出解除合同的日期远超过法定的30日。

综上所述，原告在《投保申请书》中存在不实勾选，但是相应信息已通过其他方式向各共保人传送，保险人对原告的情况应属明知，故四被告以投保人违反如实告知义务为由不承担保险责任的主张，法院不予支持。

针对第二个争议焦点，出险时间究竟以2011年3月23日原告收到纳斯达克警告函，还是以2011年5月31日美国证券集体诉讼起诉时间为准。法院认为：

1. 涉案董责险为索赔发生型责任险保单类型，应适用于首次向被保险人提出的赔偿请求，赔偿请求的核心在于"请求"，故应以2011年5月31

日美国证券集体诉讼起诉时间为准。

2. 纳斯达克的警告函本质上属于由证券交易市场发出的要求原告尽早提交报表的函件，并不是官方机构要求的正式听证、询问、调查或质询，不符合保单约定的"调查""监管危机事件"的定义。

3. 此外，没有证据证明 2011 年 5 月 31 日的诉讼与该警告函有直接关联。

综上所述，纳斯达克警告函与本案系争保险事故并无关联，被告提及的将出险时间认定在上一年度保单保险期间内的主张，法院不予采信。

针对第三个争议焦点，法院认为：

1. 首席承保人批单中约定，共保人对是否赔付在 60 天内不能达成一致意见的，以首席承保人的意见为准，对于该约定，法院认为，系争保单是涉外商业保险，合同当事人均为国际大型商业企业，有着基本相当的缔约能力和较高的专业水准，首席承保人批单之约定系各缔约方真实意思表示，应当尊重。

2. 以首席承保人意见为准的条款系各方保险人对自身权利的让渡，有利于保护被保险人利益，协调共保关系，法律对此并未禁止，因此不能随意反悔。

3. 从本案的理赔沟通过程来看，首席承保人同意理赔并非随意和武断，而是及时多次与四被告沟通，召集会议等情形下做出的决定。

基于上述理由，法院认为四被告应当根据首席审批单的约定承担保险责任。

针对第四个争议焦点，法院认为：

1. 系争保单约定的免赔额是 150 万美元，被保险人在美国证券赔偿诉讼中产生抗辩费用属于承保范围，原告在证券诉讼中聘请了律师，并支付了高昂的律师费用，金额确已达 150 万美元。

2. 就抗辩律师费用的支付情况，各共保人均知晓，且首席承保人不断提醒原告相应免赔额的所剩金额。

3. 根据首席承保批单的约定，如果共保人对保险赔偿和抗辩费用未能达成一致的，以首席承保人的意见为准。

据此，法院认可免赔额已经用尽的主张。

综上对四个焦点的分析，法院认为原告向四被告主张保险理赔合法有据，四被告关于投保人未履行如实告知义务、出险时间不在保险期间、首席承保人意见条款无效、免赔额应当扣除的抗辩理由均不能成立，应当根据保险合同的约定按照各自份额向原告支付保险理赔款及相应利息。

三、案件解析

中国保监会《关于大型商业保险和统括保单业务有关问题的通知》指出："共保是共同保险的简称，是指两个或两个以上的保险公司及其分支机构（不包括同一保险公司的不同分支机构）使用同一保险合同，对同一保险标的、同一保险责任、同一保险期限和同一保险金额进行的保险。参与共保的保险公司称为共保承保人。"

共保的承保方式在董责险业务中比较常见，特别是在中概股业务中，这主要是因为中概股董责险风险较高而且一般保单赔偿限额也较高。考虑到再保险市场对此类业务也比较谨慎，单个保险人的承保能力有限，所以通过共保的方式来承接此类业务比较普遍。随着 A 股证券集体诉讼风险的大幅上升，我们预计共保也将成为未来 A 股董责险的主要承保方式之一。

在共保业务中，共保人通过签署共保协议约定各方的权利义务，特别是约定各方对处理理赔事宜以首席承保人意见为准的条款，有利于保护被保险人的利益，更好地协调和运作共保关系，提高保险事故处理效率，法律对此并未禁止，应为有效，参与共保的各保险人应当遵守约定，不得反悔。

四、风控建议

本案法院认为，董责险属于相对高端的保险产品，保险公司在承保前应当进行必要的核保流程，对目标公司的财务状况、并购、重述等情况做一定了解和评估，由此判断分析是否承保以及确定保费的高低。本案系争保险由 5 家保险公司共同承保，各保险人与投保人之间成立了相互独立的保险合同关系，首席承保人固然承担更多的审查义务，但其他保险人也应当尽职核保，对自己的合同负责。笔者对此观点表示高度赞赏与认可，共保业务的"从共"保险人不能完全依赖首席承保人的核保意见，需要有自己的独立核保能力，这一点对于非常复杂的董责险承保工作尤为重要。

此外，近期《最高人民法院统一法律适用工作实施办法》（以下简称《实施办法》）及配套适用细则陆续施行，《实施办法》提出了"进一步明确类案检索的情形和范围、类案检索说明或报告的制作规范，强化类案检索制度要求，促进类案同判"的要求，因此保险人与被保险人更应当关注相关险种的案例裁判趋势，正确地理解和运用法律法规及司法实践中的裁判规则，在承保阶段就要尽量避免犯错，从而顺利实现保险合同的订立目的。

案例三　出险后董责险保单续保法律问题

一、案情简介①

案外人华润公司系原告的保险经纪公司，代理原告处理与被告之间的涉案保险事宜。

2014 年 10 月 10 日，原告与被告签订了 2014—2015 年度保险合同（保险合同编号：DOSH000685），保险期间为 2014 年 9 月 11 日 0：00 至 2015 年 9 月 10 日 24：00。

2015 年 2 月 13 日，江苏证监局向原告发出了《调查通知书》，就原告涉嫌存在信息披露违法行为予以立案调查。

2015 年 2 月 16 日，原告通过华润公司告知被告上述立案调查的事宜，并在 2014—2015 年度保险合同项下向被告报案。

2015 年 8 月 28 日，被告通过邮件向原告提出：由于原告在保险期间出现因涉嫌信息披露违法行为被江苏证监局立案调查等情况，导致承保风险增加，故被告提出提高免赔额、增收保费和新增批单（包括特定事宜责任免除批单——2015 年 2 月 13 日收到中国证券监督管理委员会《调查通知书》，就公司涉嫌存在信息披露违法行为进行立案调查等新增批单）的续保方案。

2015 年 8 月 31 日原告通过邮件回复被告：希望被告按照上一年度免赔额不变的要求出具新的报价方案。后被告于当日通过邮件向原告提供三个报价方案。

2015 年 9 月 7 日，被告通过邮件向原告表示，若原告希望 2015—2016 年续保保费及免赔额维持不变，则需要原告同意撤销两件理赔报案，其中包括原告收到的江苏证监局的立案调查等。

2015 年 9 月 14 日，被告向原告签发延保一个月的批单，就 2014—2015

---

① 引自民事判决书（2017）沪 0115 民初 39983 号。

年度保险合同续保 1 个月，将保险期间延保至 2015 年 10 月 10 日 24：00。

2015 年 9 月 25 日，原告通过邮件告知被告：下一年度董监事及高级管理人员责任保险合同（以下简称 2015—2016 年度保险合同），按照撤销两个理赔，维持去年保费的方案执行。

2015 年 10 月 8 日，被告向原告发出 24 万元保费的《报价单》，并要求原告签署《撤销理赔通知说明》《报价单》和《投保申请书》，并回答核保问题。被告要求原告出具的《撤销理赔通知说明》内容为："本公司经内部商议，决定向贵司撤销以下两件报案通知：1. 于 2015 年 2 月 16 日就本公司于 2015 年 2 月 13 日收到中国证券监督管理委员会的《调查通知书》，指称本公司涉嫌存在信息披露违法行为进行立案调查事宜而根据贵我双方所订立的董责险保险合同（保单编号：DOSH000685）所提出的报案通知（报案编号：×××××××××）；2. 于 2015 年 8 月 21 日就本公司通过江苏坤友物资有限公司以商业承兑汇票的方式进行融资事宜而根据贵我双方所订立的董责险保险合同（保单编号：DOSH000685）所提出的报案通知（报案编号：×××××××××）。请贵司做相应的关案处理。同时，本公司即行免除贵司及其代理人和代表对于上述报案及其损失的一切责任、义务，对于任何基于上述报案事宜所引起或以其为基础或原因的赔偿责任不再对贵司提出任何理赔要求。"

2015 年 10 月 9 日，原告向被告发回盖章的 24 万元保费的《报价单》《撤销理赔通知说明》和《投保申请书》，并要求被告于 2015 年 10 月 10 日 12：00 之前回签《承保确认》。

2015 年 10 月 9 日，被告向原告发回盖章的《承保确认》。《承保确认》载明："关于海润光伏科技股份有限公司的董监事及高级管理人员责任保险项目，经贵我双方达成一致意见，现我公司，美亚财产保险有限公司，同意按贵司提出的保险条件以及我司的报价承保以上保险标的。本公司在此确认，按照后附的保险方案所列条件承保，承保比例 100%。保险期限 2015 年 10 月 11 日 24：00 至 2016 年 10 月 10 日 24：00。在正式出具保单之前，本暂保确认如同正式保单，具有同等的法律效力。"

2015 年 10 月 14 日，原告通过邮件告知被告，其希望撤回《撤销理赔通知说明》，要求被告就不撤销报案的方案重新报价。同日，被告向原告发出三个报价方案供原告选择，被告根据原告的选择做出了保费为 78 万元的《报价单》，并要求原告回签《报价单》，并注明撤回之前签回的报价和《撤销理赔通知说明》、提供大型商业风险声明和回答核保问题。同日，原告发回盖章的 78 万元保费的《报价单》，要求被告确认撤销前一份 24 万元保费的《报价单》及《撤销理赔通知说明》，并回签《承保确认》。

2015 年 10 月 15 日，被告通过邮件告知原告其拒绝接受 78 万元保费的报价，双方仍以 24 万元保费的《报价单》及被告于 2015 年 10 月 9 日签署的《承保确认》为准。

另查明，2015 年 10 月 22 日，江苏证监局做出行政处罚决定，针对原告等主体于 2015 年 1 月 23 日披露的《2014 年度利润分配预案预披露公告》和《关于海润光伏科技股份有限公司 2014 年利润分配及资本公积转增股本预案的提议》存在误导性陈述等，对原告处以 40 万元的罚款。原告于 2015 年 11 月 4 日向中国证券监督管理委员会交付罚款 40 万元。

二、裁判观点

根据法院查明的事实，本案的争议焦点主要是：第一，《撤销理赔通知说明》是否已经生效？第二，双方是否就撤回《撤销理赔通知说明》达成一致？

对于第一个争议焦点，法院认为：

1. 根据双方邮件往来，原告同意撤销理赔并免除被告一切保险责任的目的，是使被告接受按照 24 万元保费续保的方案，撤销理赔和按 24 万元保费续保是互为条件的。

2. 2015 年 10 月 9 日，原告向被告发出盖章的《报价单》和《投保申请书》，该行为应认定为原告向被告提出订立保险合同的要约，被告同日回复的盖章《承保确认》为对原告要约的承诺，故原、被告双方已就 24 万元保费的续保合同即 2015—2016 年度保险合同达成了意思表示一致，《撤销理赔通知说明》亦自合同成立时生效。

3. 另外，《撤销理赔通知说明》本身是独立于 2015—2016 年度保险合同之外的合同，而非 2015—2016 年度保险合同的从合同或该合同条款，原告是否单方解除 2015—2016 年度保险合同不影响《撤销理赔通知说明》的效力。

故《撤销理赔通知说明》已经生效。

对于第二个争议焦点，法院认为：被告曾因承保风险提高而向原告提出提高免赔额、保费和新增批单的续保报价方案，后双方之所以按照 24 万元保费的方案签订 2015—2016 年度保险合同，是因为原告出具了《撤销理赔通知说明》，降低了承保风险。尽管原告向被告表示希望撤回《撤销理赔通知说明》，愿意以 78 万元保费的方案变更保险合同，但由于被告拒绝该方案，且未做出《承保确认》，故双方未能就变更保险合同及撤回《撤销理赔通知说明》达成一致。

综上所述，《撤销理赔通知说明》合法有效，该《撤销理赔通知说明》明确约定原告免除被告相关的保险赔偿责任，基于此，法院驳回原告全部诉请。

三、案件解析

根据我国《民法典》第四百七十一条 "当事人订立合同，可以采取要约、承诺方式或其他方式" 的规定，法院认为《撤销理赔通知说明》是一份独立的合同，被告于 2015 年 10 月 8 日向原告发出的《撤销理赔通知说明》，并要求原告盖章的行为实质为被告向原告发出要约；2015 年 10 月 9 日，原告将盖章的《撤销理赔通知说明》发送至被告，为承诺行为，即双方就《撤销理赔通知说明》达成一致，合同已经成立生效。

原告在收到股民索赔后于 2015 年 10 月 14 日要求撤回《撤销理赔通知说明》，该行为可以被视为原告要求撤回承诺。但根据《民法典》第一百四十一条 "行为人可以撤回意思表示。撤回意思表示的通知应当在意思表示到达相对人前或与意思表示同时到达相对人" 的规定，原告未在规定时间行使撤回的权利，故该原告撤回承诺的行为不产生效力，《撤销理赔通知说明》仍合法有效，原告应严格遵照执行。

四、风控建议

原告签署《撤销理赔通知说明》的行为，体现出其忽视了在被监管部门立案调查后股民索赔的潜在风险，原告为了在续保时节省保费支出而最终导致其丧失了本该享有的董责险保障。我们认为，董责险被保险人在续保时一定要谨慎地评估其所面临的监管调查风险，在收到第三方正式索赔或者 "可赔情形" 后应及时通知保险人，锁定保险保障，谨慎撤销索赔通知，不能因小失大。

董责险保单约定的 "可赔情形" 一般是指经合理预期可能导致被保险人遭受赔偿请求的任何情形、事件或事实根据，被监管部门立案调查就属于此类情形，因为一旦被立案调查后续很有可能被处罚并导致被保险人遭受投资人的索赔。因此，董责险被保险人在投保与续保时需要谨慎评估其已知或应当知道的"可赔情形"，并依法做好如实告知与索赔准备工作，必要时需要咨询保险专业律师意见。

第十章　董事责任保险视角下的热点事件

本章收编了过去几年中与中国公司相关的热点事件，笔者在热点事件发生后第一时间试从董责险角度分析了这些热点事件中的相关法律与保险问题，形象生动地讲解了董责险实务问题。

事件一　全国首例投保机构代位追偿董监高获赔案

一、案件回顾

根据上海金融法院发布的消息：2023 年 2 月 20 日，上海金融法院裁定准予原告中证中小投资者服务中心有限责任公司（以下简称投服中心）代表上海大智慧股份有限公司（以下简称大智慧公司）诉公司董监高（上市公司董事、监事和高级管理人员的简称）张某虹、王某、王某红、洪某等四被告损害公司利益责任纠纷一案撤诉。

该案系全国首例由投资者保护机构根据《证券法》第九十四条新规提起的股东派生诉讼，也是上市公司因证券欺诈被判令承担民事赔偿责任后，全国首例由投资者保护机构代位提起地向公司董监高追偿的案件。因被告张某虹（公司控股股东，时任公司董事长兼总经理）已全额向上市公司赔偿诉请损失，原告投服中心以全部诉讼请求均已实现为由，申请撤回起诉。同日，该案关联诉讼即大智慧公司诉董监高追偿案当庭顺利调解，两案大智慧公司将获控股股东 3.35 亿元全额赔偿。

在案件审理中，本着实现纠纷实质性化解原则，合议庭积极与原被告沟通，充分释明法律风险，促成案件调解。在了解到被告张某虹有还款意向后，合议庭当即组织两案当事人共同协商，力争达成整体调解方案。最终，被告张某虹向大智慧公司全额支付了投服中心诉请的 86 万余元，并愿意承担大智慧公司已向投服中心支付的诉讼费、律师费。原告投服中心遂申请撤回起诉。

同时，在大智慧公司提起的另案诉讼中，经法院主持调解，大智慧公司与张某虹等四被告达成调解协议，约定张某虹于今年年底之前分四笔向公司全额支付该案诉请损失 3.35 亿元。上海金融法院经审查认为，在原告投服中心提起的股东派生诉讼中，原告的诉请业已全部实现；在原告大智慧公司提起的另案诉讼中，当事人达成的调解协议经大智慧公司董事会决议通过，且调解内容并不损害公司及股东利益，故决定准许投服中心撤诉，并对上述调解协议予以确认。

两案审判长、上海金融法院副院长林晓镍表示：近年来，上市公司因证券欺诈被诉向投资者承担民事赔偿责任的案件大幅增多，但上市公司在履行赔偿责任后向董监高追偿的案件尚不多见。在资本市场全面实行注册制改革的背景下，投服中心提起的这起全国首例股东派生诉讼案件以及关联追偿案件对于压实相关主体责任具有重要的示范意义。中共中央办公厅、国务院办公厅出台的《关于依法从严打击证券违法活动的意见》明确提出，要坚持"零容忍"要求，加大对发行人控股股东、实际控制人、董监高等有关责任人证券违法行为的追责力度。两案的审理成功促使控股股东向公司全额赔偿损失，起到了震慑"关键少数"的积极效果，有效地维护了中小投资者的合法权益。

二、股东派生诉讼的法律依据

根据公司法，公司股东诉讼包括股东直接起诉和股东派生诉讼两种方式。

股东直接起诉是指公司股东为了更好地维护自己的权益基于公司出资人的身份对公司董事和主要股东就其违法行为提起的诉讼。股东直接起诉的主要目的是更好地保护公司小股东免受控股股东做出错误管理决策的影响。

股东派生诉讼，又称股东代表诉讼或股东代位诉讼或股东衍生诉讼，英文通常为 Shareholders Derivative Litigation，是指当公司合法利益受到侵害而公司怠于或拒绝追究侵权人责任时，符合法定条件的一个或多个股东为公司利益以自己名义直接提起诉讼，要求侵权人向公司赔偿损失的诉讼制度。该制度的设立为股东特别是中小股东提供了维护公司和自身合法权益的渠道。

我国《公司法》第一百四十九条规定了董事、监事、高管人员对公司的损害赔偿责任："董事、监事、高级管理人员执行公司职务时违反法律、行政法规或者公司章程的规定，给公司造成损失的，应当承担赔偿责任。"第一百五十一条对股东派生诉讼做出了明确规定："董事、高级管理人员有本法第一百四十九条规定的情形的，有限责任公司的股东、股份有限公司连续180日以上单独或者合计持有公司1%以上股份的股东，可以书面请求监事会或者不设监事会的有限责任公司的监事向人民法院提起诉讼；监事有本法第一百四十九条规定的情形的，前述股东可以书面请求董事会或者不设董事会的有限责任公司的执行董事向人民法院提起诉讼。监事会、不设监事会的有限责任公司的监事，或者董事会、执行董事收到前款规定的股东书面请求后拒绝提起诉讼，或者自收到请求之日起30日内未提起诉讼，或者情况紧急、不立即提起诉讼将会使公司利益受到难以弥补的损害的，前款规定的股东有权为了公司的利益以自己的名义直接向人民法院提起诉讼。他人侵犯公司合法权益，给公司造成损失的，本条第一款规定的股东可以依照前两款的规定向人民法院提起诉讼。"

2019年修订的《证券法》第九十四条规定，投资者保护机构可以为公司的利益以自己的名义向人民法院提起诉讼，持股比例和持股期限不受《公司法》有关"连续180日以上单独或合计持有公司1%以上股份"规定的限制。该条新规为投资者保护机构提起股东派生诉讼提供了有力的法律保障。

三、股东派生诉讼是否属于董责险保障范围

股东派生诉讼是否属于董责险保障范围需要根据所适用的董责险保单条款结合具体情况具体分析，不能一概而论。

（一）保险责任分析

从保险责任的角度来看，股东派生诉讼产生的法律后果可能是董监高个人需要依法向公司承担赔偿责任，这种赔偿责任通常不属于公司可以补偿的责任，否则就失去了存在的意义。因此，在不考虑除外责任的情况下，董监高个人因股东派生诉讼产生的赔偿责任似乎属于董责险保单项下对被保险个人的保险责任，即 Side A 保障。

（二） 除外责任分析

从除外责任的角度看，董责险保单一般会有一个"被保险人诉被保险人除外责任"，英文为 Insured vs. Insured Exclusion。董责险作为一种责任保险，其主要作用是转移被保险人因其不当行为而遭受第三人索赔而应承担的赔偿责任风险。因此，第三人对被保险人提起索赔是保险人承担保险责任的前提。因为董责险的被保险人众多，既包括董事、监事及高管个人，也包括投保公司及外部机构实体，实务中难免会发生被保险人之间的诉讼，被保险人诉被保险人除外责任就是保险人用来明确拒绝承担此类诉讼保险责任的条款，它主要是保险人为防止被保险人之间相互串通并以提起索赔诉讼为名骗取保险金从而损害保险人的利益。

但是，有法院认为在董责险保单没有约定此除外责任时，保险人原则上仍应当承担保险责任，这一除外责任的产生源于美国法院做出的两个著名判例，即 Bank of Am. v. Powers 案和 National Union Fire Insurance Co. v. Seafirst Corp 案 。在 National Union Fire Insurance Co. v. Seafirst Corp 一案中，华盛顿西部地方法院支持了 Seafirst 公司向其前任董事提起的诉讼。法院认为：按照董责险合同的约定，保险人应当对董事和高级职员因被提起诉讼所遭受的任何损失承担赔偿责任，而且在保险合同中没有任何条款将公司对前任董事或高管的诉讼作为保险合同的除外责任。在这两起案件发生后，大多数董责险保险人都开始在保险合同中增加了被保险人诉被保险人除外条款。

目前，根据笔者的观察，在 A 股董责险保单中，被保险人诉被保险人除外条款并不常见，如果有，其一般仅适用于在美国的赔偿请求，而且对于股东派生诉讼，在被保险个人没有诱使、自愿协助或积极参与的情况下此除外责任并不适用。因此，根据上述条款约定，在大智慧公司股东派生诉讼中，如果董监高个人没有上述情形，即使有被保险人诉被保险人除外条款，也无法明确除外有责任的董监高个人因股东派生诉讼而依法应向公司承担的赔偿责任。

此外，对于董监高个人还需要考虑其在从事不当行为时的主观状态，如果存在不诚实等故意行为，经保单约定的有权机关对于不诚实行为的最终认定，那么董责险保单不应为不诚实的董监高个人埋单，但是保险人需要对此承担举证责任。

（三）扩展责任分析

对于股东派生诉讼，董责险保单通常会扩展承保被保险公司由于股东派生索赔而产生的调查费用，并在保单明细表中设置此项保险责任的分项责任限额。股东派生索赔调查费用是指，经保险人事先书面同意（但如无正当理由不得拒绝或拖延同意）的，以被保险人名义调查或评估对股东派生索赔要求中指控的不当行为或索赔进行起诉是否能满足被保险公司利益最大化的要求，而被保险公司（包括其董事会、董事会下设任何委员会或监事会成员）发生的合理且必要的服务费（包括但不限于律师费或专家费）、成本、开支和费用（但被保险公司的董事、高级管理人员或职工的正常或加班工资、薪水或服务费除外）。需要注意的是，对于此项调查费用的扩展责任，市场上有个别保险公司还约定：第一，本扩展责任不得被解释为保单还承保被保险公司对任何被保险个人提起的赔偿请求；第二，如果任何被保险公司或索赔股东经调查评估最终提出股东派生索赔，则被保险公司应将获得的派生索赔调查费用返还给保险公司。

此外，董责险保单通常会扩展承保董监高个人不能获得补偿的损失，也称为董监高超额赔偿责任保障，这部分责任限额通常在董责险主保单赔偿责任限额之外计算，但其被启动需要同时满足以下三个条件：第一，保单赔偿责任限额已用尽；第二，其他所有适用的有效管理责任保险项下的保险赔偿总额已达其最高责任限额；第三，董监高个人已获得所有可获得的其他损失补偿。

（四）小结

根据公告，大智慧公司 2022 年 4 月发布了购买董责险的公告，赔偿限额不超过 1 亿元，费率不超过保额的 1%（税前）。目前不清楚大智慧公司在以往年度是否有购买董责险，但笔者猜测大概率没有。根据证监会在2016 年 7 月 20 日对大智慧的行政处罚决定（〔2016〕88 号），大智慧公司虚增利润的不当行为发生时间在 2013 年，证监会于 2015 年对其立案调查并于 2016 年正式进行处罚。董责险保单一般是索赔发生制保单，大智慧公司去年可能投保的董责险保单无法覆盖此前年度已经发生的索赔或可赔情形。

在不考虑索赔提出时效要求的情况下，假设大智慧公司在可赔情形首次被发现的 2015 年度购买了董责险保单，需要依据上述保险责任、除外责任及扩展责任的具体约定结合有关事实来判断此股东派生索赔是否属于董责险的保障范围。即使董责险保单承保股东派生索赔，考虑到董责险保单赔偿限额可能已被之前的投资者索赔消耗殆尽（Side C 保障）以及扩展的董监高超赔责任险限额一般较低，最终董监高个人可能不得不自己承担对公司的赔偿责任。

四、展望与建议

从大智慧公司股东派生诉讼案可以预测，在 A 股市场中未来投资者保护机构会更加积极地介入投资者维权与持股行权的活动中，这导致上市公司董监高个人不仅面临股东直接诉讼风险，而且面临股东派生诉讼风险。上市公司董监高需要认真考虑在公司购买的包括个人与公司保障的董责险基础保障上安排仅保障董监高个人的 Side A 超赔保障，以应对日益上升的诉讼风险。

事件二　薇娅偷逃税被罚事件

一、事件回顾

2021 年 11 月 20 日，薇娅偷逃税事件迅速成为网络热搜词。

据有关新闻报道，近期，浙江省杭州市税务部门经税收大数据分析发现网络主播黄薇（网名：薇娅）涉嫌偷逃税款，在相关税务机关协作配合下，依法对其开展了全面深入的税务检查。经查，黄薇在 2019 年至 2020 年，通过隐匿个人收入、虚构业务转换收入性质虚假申报等方式偷逃税款 6.43 亿元，其他少缴税款 0.6 亿元。在税务调查过程中，黄薇能够配合并主动补缴税款 5 亿元，同时主动报告税务机关尚未掌握的涉税违法行为。综合考虑上述情况，国家税务总局杭州市税务局稽查局依据《中华人民共和国个人所得税法》《中华人民共和国税收征收管理法》《中华人民共和国行政处罚法》等相关法律法规规定，按照《浙江省税务行政处罚裁量基准》，对黄薇追缴税款、加收滞纳金并处罚款，共计 13.41 亿元。目前，杭州市税务局稽查局已依法向黄薇送达税务行政处理处罚决定书。

案件被曝光后，薇娅微博发布致歉信。

二、法律解读

根据税务部门的公告,黄薇的违法事实主要是:2019 年至 2020 年,黄薇通过隐匿其从直播平台取得的佣金收入虚假申报偷逃税款;通过设立上海蔚贺企业管理咨询中心、上海独苏企业管理咨询合伙企业等多家个人独资企业、合伙企业虚构业务,将其个人从事直播带货取得的佣金、坑位费等劳务报酬所得转换为企业经营所得进行虚假申报偷逃税款;从事其他生产经营活动取得收入,未依法申报纳税。

根据《个人所得税法》第二条规定:下列各项个人所得,应当缴纳个人所得税:(1)工资、薪金所得;(2)劳务报酬所得;(3)稿酬所得;(4)特许权使用费所得;(5)经营所得;(6)利息、股息、红利所得;(7)财产租赁所得;(8)财产转让所得;(9)偶然所得。居民个人取得前款第(1)项至第(4)项所得(以下简称综合所得),按纳税年度合并计算个人所得税;非居民个人取得前款第(1)项至第(4)项所得,按月或者按次分项计算个人所得税。纳税人取得前款第(5)项至第(9)项所得,依照本法规定分别计算个人所得税。《个人所得税法》第三条规定了个人所得税的税率:综合所得,适用 3%~45% 的超额累进税率;经营所得,适用 5%~35% 的超额累进税率;利息、股息、红利所得,财产租赁所得,财产转让所得和偶然所得,适用比例税率,税率为 20%。

因此,薇娅个人从事直播带货取得的佣金、坑位费等个人所得应属于《个人所得税法》中的"劳务报酬所得",薇娅应缴纳最高税率为 45%(超过 96 万元的部分)的个人所得税,而薇娅通过将劳务报酬所得非法转换为企业经营所得,按照《企业所得税法》中规定的 25% 税率(甚至更低的优惠税率)缴纳企业所得税,从而达到了偷逃税款的目的。根据薇娅的劳务报酬所得金额,其大部分要按照 45% 的最高个人所得税税率纳税。

三、董责险保单中纳税责任条款

笔者看到薇娅偷逃税案件相关报道后,就在思考这其中有没有什么潜在的保险问题,首先想到的就是董责险。董责险全称为董监事及高管责任保险(英文全称 Directors and Officers Liability Insurance,D&O)是以董事及高级管理人员对公司及第三人承担民事赔偿责任为保险标的的一种职业责任保险。董责险的被保险人包括被保险董监高个人与被保险公司。

从董责险的上述定义可以看出，董责险的保险标的是董监高应承担的民事赔偿责任，而其个人的纳税责任不属于民事赔偿责任，因此董监高的纳税责任似乎不应在董责险的保障范围，另外董责险承保的"损失"定义也一般明确不包括税金。但是，目前市场上很多董责险保单条款会附加各种各样的扩展责任，其中"纳税责任扩展条款"就比较常见，通常会在董责险保单明细表中列明此项扩展责任所适用的分项赔偿限额。笔者以国内某家保险公司的典型董责险条款举例，有关董监高个人纳税责任的扩展责任如下：

【保险责任】

保险人承保被保险个人因遭受纳税责任请求而引起的下列损失：

纳税责任，但以承保明细表第四项（三）所载明的分项赔偿限额为限；以及纳税责任抗辩费用。

【重要保单定义】

纳税责任请求指被保险公司因破产或被清算而未替被保险个人缴纳个人应付税款，导致被保险个人被监管及司法机构要求承担纳税责任。

纳税责任指被保险个人的应付税款责任，但该责任：

（1）仅限于未付税款金额，不包括任何惩罚性和惩戒性的赔偿金或任何刑事、民事的罚金或罚款。

（2）不包括由于被保险个人犯罪行为、故意或蓄意违反任何法律法规所引起的责任。

纳税责任抗辩费用指经保险人事先书面同意，被保险个人为抗辩其因纳税责任请求而被提出的任何要求或程序所发生的合理费用、成本和支出，包括但不限于律师费用和专家费用。

从上述保单条款措辞，我们可以总结一下董责险"纳税责任扩展条款"所适用的前提条件主要包括以下几点：（1）被保险人仅限于被保险董监高个人，不包括被保险公司；（2）第三者索赔请求范围一般仅限于"被保险公司因破产或被清算而未替被保险个人缴纳个人应付税款"，不包括任何惩罚性赔偿、罚金或罚款；（3）纳税责任产生的原因不包括被保险个人的犯罪行为或故意违法行为。除上述纳税责任扩展责任，董责险保单中通常还会包括"危机公关费用保障"，危机公关机构聘请的税务顾问费用也可在董责险保障范围。

四、总结

依法纳税是公民的基本义务。结合薇娅偷逃税案件中被税务机构披露的有关事实，考虑到其主观上存在故意，并且其名下公司并未破产或被清算，即使薇娅所投资的公司购买了董责险并加保"纳税责任扩展责任"，董责险也不会为其故意违法行为埋单。

事件三　康美药业证券集体诉讼案

一、案件回顾

2021 年 11 月 12 日，广州市中级人民法院对全国首例证券集体诉讼案做出一审判决，责令康美药业股份有限公司因年报等虚假陈述侵权赔偿证券投资者损失 24.59 亿元，原董事长、总经理马兴田及 5 名直接责任人员、正中珠江会计师事务所及直接责任人员承担全部连带赔偿责任，13 名相关责任人员按过错程度承担部分连带赔偿责任。此案是新《证券法》确立中国特色证券特别代表人诉讼制度后的首个案件，是迄今为止法院审理的原告人数最多、赔偿金额最高的上市公司虚假陈述民事赔偿案件。让我们快速回顾一下此案件的来龙去脉。

● 2018 年 12 月 29 日

康美医药发布公告称公司收到中国证监会的立案调查通知。

● 2020 年 5 月 13 日

因康美药业在年报和半年报中存在虚假记载和重大遗漏，中国证监会对该公司和 21 名责任人做出罚款和市场禁入的行政处罚决定。

● 2021 年 2 月 18 日

中国证监会又对负责康美药业财务审计的正中珠江会计师事务所和相关责任人员进行了行政处罚。

● 2021 年 4 月 8 日

中证中小投资者服务中心有限责任公司受部分证券投资者的特别授权，向广州中院申请作为代表人参加诉讼。后经最高人民法院指定管辖，广州市中级人民法院适用特别代表人诉讼程序，对这起全国首例证券集体诉讼案进行了公开开庭审理。

● 2021 年 11 月 12 日

广州市中级人民法院对全国首例证券集体诉讼案做出一审判决，责令康美药业股份有限公司因年报等虚假陈述侵权赔偿证券投资者损失 24.59 亿元。

二、法律责任与依据

根据判决书内容，法院查明，康美药业披露的年度报告和半年度报告中，存在虚增营业收入、利息收入及营业利润，虚增货币资金和未按规定披露股东及其关联方非经营性占用资金的关联交易情况，正中珠江会计师事务所出具的财务报表审计报告存在虚假记载，均构成证券虚假陈述行为。经专业机构评估，投资者实际损失为 24.59 亿元。

对于康美药业及其实控人、董监高的赔偿责任，法院认为，康美药业在上市公司年度报告和半年度报告中进行虚假陈述，造成了证券投资者投资损失，应承担赔偿责任。康美药业董事长、总经理和实控人马兴田与康美药业副董事长、副总经理和实控人许冬瑾等组织策划财务造假，应对投资者实际损失承担 100% 的连带赔偿责任。部分公司高级管理人员虽未直接参与造假，但签字确认财务报告真实性，应根据过失大小承担部分（5%～20%）的连带赔偿责任。

法院确定康美药业及其实控人与董监高赔偿责任的法律依据是《证券法》（2014 年修正）第六十九条的规定："发行人、上市公司公告的招股说明书、公司债券募集办法、财务会计报告、上市报告文件、年度报告、中期报告、临时报告以及其他信息披露资料，有虚假记载、误导性陈述或者重大遗漏，致使投资者在证券交易中遭受损失的，发行人、上市公司应当承担赔偿责任；发行人、上市公司的董事、监事、高级管理人员和其他直接责任人员以及保荐人、承销的证券公司，应当与发行人、上市公司承担连带赔偿责任，但是能够证明自己没有过错的除外；发行人、上市公司的控股股东、实际控制人有过错的，应当与发行人、上市公司承担连带赔偿责任。"

对于正中珠江会计师事务所及其工作人员的赔偿责任，法院认为正中珠江会计师事务所相关审计人员违反执业准则，导致财务造假未被审计发现，正中珠江会计师事务所应承担 100% 的连带赔偿责任。杨文蔚作为正中珠江会计师事务所合伙人和 2016 年、2017 年康美药业审计项目的签字注册会计师，在执业活动中因重大过失造成正中珠江会计师事务所需承担赔偿责任，根据《合伙企业法》有关规定应当在正中珠江会计师事务所承责范围内承担 100% 的连带赔偿责任。

法院确定正中珠江会计师事务所赔偿责任的法律依据是《证券法》（2014 年修正）第一百七十三条规定："证券服务机构为证券的发行、上市、交易等证券业务活动制作、出具审计报告、资产评估报告、财务顾问报告、资信评级报告或者法律意见书等文件，应当勤勉尽责，对所依据的文件资料内容的真实性、准确性、完整性进行核查和验证。其制作、出具的文件有虚假记载、误导性陈述或者重大遗漏，给他人造成损失的，应当与发行人、上市公司承担连带赔偿责任，但是能够证明自己没有过错的除外。"

法院确定杨文蔚赔偿责任的法律依据是《合伙企业法》第五十七条规定："一个合伙人或者数个合伙人在执业活动中因故意或者重大过失造成合伙企业债务的，应当承担无限责任或者无限连带责任，其他合伙人以其在合伙企业中的财产份额为限承担责任。"

三、判决的意义

根据证监会官网发布的消息，证监会新闻发言人表示，康美药业证券纠纷案是我国首单特别代表人诉讼案件。作为投资者保护机构的中证中小投资者服务中心响应市场呼声，依法接受投资者委托，作为代表人参加康美药业代表人诉讼，为投资者争取了最大权益。

发言人说，此次法院依法做出一审判决的示范意义重大，这是落实新《证券法》和中共中央办公厅、国务院办公厅《关于依法从严打击证券违法活动的意见》的有力举措，也是资本市场史上具有开创意义的标志性案件，对促进我国资本市场深化改革和健康发展，切实维护投资者合法权益具有里程碑意义。证监会对此表示支持，并将依法监督投资者保护机构，配合人民法院做好后续相关工作。

按照新《证券法》以及《最高人民法院关于证券纠纷代表人诉讼若干问题的规定》的相关规定，人民法院启动普通代表人诉讼，发布权利登记公告，投资者保护机构在公告期间受 50 名以上投资者的特别授权，可以依法作为代表人参加特别代表人诉讼。笔者认为，特别代表人诉讼与普通代表人诉讼的区别主要体现在以下三个方面（见表 10-1）。

表 10-1　普通代表人诉讼与特别代表人诉讼对比

对比点	普通代表人诉讼	特别代表人诉讼
诉讼代表人不同	投资者	投资者保护机构
诉讼加入原则不同	明示加入	默示加入
诉讼效果不同	需要多次诉讼 获偿确定性较高	一次性解决纠纷 获偿不确定性高

资料来源：笔者整理。

证监会发言人表示，这两种诉讼方式各有优劣，无论哪种方式都是落实新证券法保护投资者、威慑违法行为人的重要举措。在具体个案中，采用哪种诉讼方式更有利，需要结合个案情况具体分析。

四、保险责任分析

基于判决书内容，笔者试从董监高责任保险（以下简称董责险，D&O）与会计师职业责任保险（Accountant PI）两个角度分析可能存在的保险责任问题，董责险与会计师职业责任险在保险业内通常都属于金融类责任保险产品，英文称为"Financial Lines"。

（一）董责险保险责任分析

目前还不清楚康美药业是否购买了董责险，假设其之前购买了董责险，本次法院要求康美药业及其实控人、董监高承担的赔偿责任是否属于董责险的承保范围？

笔者认为，首先需要确定董责险的被保险人范围。董责险的被保险人包括被保险公司与被保险个人。被保险公司通常为保险单载明的法人实体，而被保险个人通常包括在保险期间前或保险期间内担任被保险公司的董事、监事、高级管理人员（包括总经理、副总经理、董事会秘书和公司章程规定的其他人员）以及雇员的自然人，但仅以其以前述职务身份行事时为限。本案中，被判承担赔偿责任的康美药业属于"被保险公司"，而其他被判承担赔偿责任的个人包括康美药业多位董事、监事与高级管理人员，他们属于"被保险个人"。

因为董责险的被保险人众多，所以既要区分公司责任与个人责任，还要注意多个被保险人个人之间的责任可分性（Severability）问题，这一点在适用董责险中的"故意行为或不诚实行为除外责任"（Conduct Exclusion）

时尤其重要。本案中，根据法院判决书，包括董事长马兴田在内的多名康美药业董事、监事与高管主导或直接参与了公司财务造假行为，主观上是明知，因此依据故意行为除外责任董责险保险人可以依约拒绝承担其赔偿责任。但是，对于其他未直接参与造假且主观上存在一定过失的董监高，依据责任可分性条款，直接参与造假的董监高故意行为不影响其他"无辜"董监高的保险保障，董责险保险人应依约承担其赔偿责任。对于公司责任（Side C）部分，董责险保单一般会以公司董事长、总经理、首席财务官、法务总监、董事会秘书及其他担任类似职务的个人所知道的信息为标准来确定公司是否知道有关事实，从而判断是否能够适用"故意行为"除外责任。

在保险人适用"故意行为"除外责任以及是否因此解除保险责任时，还需要注意以下两点：

第一，故意行为是否已经被有关监管部门或终局裁决所认定，在此之前，保险人仍然需要依约预付有关抗辩费用；

第二，保险人以此解除具有故意行为的公司与个人保险责任不影响其他无故意行为的被保险个人所享有的保险保障。

笔者认为，本案中法院已经确认了康美药业与部分董监高的故意行为事实，在一审判决生效后，董责险保险人可以依约对其拒赔。

（二）会计师职业责任险保险责任分析

据了解，正中珠江会计师事务所此前购买了职业责任保险，保单赔偿限额不低。那么，本案判决书中确立的正中珠江会计师事务所及其合伙人杨文蔚应承担的连带赔偿责任是否属于其购买的会计师职业责任保险的承保范围内？

首先，我们还是明确一下会计师职业责任险中被保险人的范围。根据国内通行的会计师职业责任保单条款，此险种的被保险人通常为"会计师事务所及其执业人员"，因此本案中正中珠江会计师事务所及其合伙人杨某应属于会计师职业责任险中的被保险人。需要注意的是，并不是所有的会计师职业责任险保单都将会计师事务所的执业人员作为共同被保险人。

其次，正中珠江会计师事务所及其合伙人杨某应对康美药业投资人承担的连带赔偿责任是否属于会计师职业责任险的保险责任？要回答这一问题，需要确定保单是否将委托人的利害关系人作为合格的索赔人。会计师事务所的利害关系人通常为"按照法律法规的规定有权使用注册会计师审计报告、验资报告、资产评估报告、税务咨询报告的投资人、债权人及其他报告使用人"。本案中，康美药业的投资人显然属于正中珠江会计师事务所的利害关系人，具有索赔资格。

最后，还要看是否有任何可以适用的除外责任。根据本案案情与市场通行保单条款，笔者认为需要重点考虑以下几点：

第一，被保险人及其执业人员是否存在故意行为或重大过失？本案中，法院认为合伙人杨某存在重大过失。

第二，故意行为或重大过失是否限于给委托人造成了损失？还是不限于特定对象？此点需要结合具体保单措辞判断。

第三，在投保之前被保险人是否已经知道或者可以合理预见索赔情况？

第四，被保险人的不当行为是否发生在保单追溯日之后？

五、总结

作为"中国特色证券集体诉讼制度"建立后的首个特别代表人诉讼案件，康美药业案不仅对于中国资本市场具有划时代的意义，同时对于中国保险业也影响深远。笔者认为，主要有以下几点：

第一，A股上市公司及其董监高的证券民事责任风险已从立法正式进入司法实践，随着证监会及司法部门进一步严厉打击证券违法行为与落实保护投资者利益，我们预见类似的案件与判决会越来越多。董责险作为保护投资者利益与提高上市公司公司治理的风险管理工具其重要性会越来越高，预计未来会有越来越多的A股上市公司购买董责险。保险人所面临的机遇与挑战并存。

第二，近年来包括券商、律师事务所、会计师事务所、资产评估机构等证券中介机构被法院判决对上市公司欺诈发行、财务造假造成投资者损失承担连带责任的案件越来越多，这与司法机关压实中介机构责任的大背景密切相关。证券中介机构的职业责任风险大幅上升，需要引起相关机构及其职业责任保险人的警惕。

第三，我们预计，有关董责险与职业责任险的保险理赔争议随着投保率与案件数量的上升未来也会越来越多。因为董责险与职业责任险的保单措辞市场上存在很多版本，各家保险人之间差异较大，投保人及其经纪人需要仔细比较，为被保险人制订最优的方案。此外，在产品设计与承保阶段做好工作，可以有效降低理赔争议发生的概率。

事件四　阿里巴巴被罚 182 亿元事件

一、事件回顾

2021 年 4 月 10 日 9：00，国家市场监督管理总局官网发布《依法对阿里巴巴集团控股有限公司在中国境内网络零售平台服务市场实施"二选一"垄断行为做出行政处罚》，其中提道罚款总计 182.28 亿元。公告具体内容如下：

2020 年 12 月，市场监管总局依据《反垄断法》对阿里巴巴集团控股有限公司（以下简称阿里巴巴集团）在中国境内网络零售平台服务市场滥用市场支配地位行为立案调查。

市场监管总局成立专案组，在扎实开展前期工作基础上，对阿里巴巴集团进行现场检查，调查询问相关人员，查阅复制有关文件资料，获取大量证据材料；对其他竞争性平台和平台内商家广泛开展调查取证；对本案证据材料进行深入核查和大数据分析；组织专家反复深入开展案件分析论证；多次听取阿里巴巴集团陈述意见，保障其合法权利。本案事实清楚、证据确凿、定性准确、处理恰当、手续完备、程序合法。

经查，阿里巴巴集团在中国境内网络零售平台服务市场具有支配地位。自 2015 年以来，阿里巴巴集团滥用该市场支配地位，对平台内商家提出"二选一"要求，禁止平台内商家在其他竞争性平台开店或参加促销活动，并借助市场力量、平台规则和数据、算法等技术手段，采取多种奖惩措施保障"二选一"要求执行，维持、增强自身市场力量，获取不正当竞争优势。

调查表明，阿里巴巴集团实施"二选一"行为排除、限制了中国境内网络零售平台服务市场的竞争，妨碍了商品服务和资源要素自由流通，影响了平台经济创新发展，侵害了平台内商家的合法权益，损害了消费者利益，构成《反垄断法》第十七条第 1 款第（4）项禁止"没有正当理由，限定交易相对人只能与其进行交易"的滥用市场支配地位行为。

根据《反垄断法》第四十七条、第四十九条的规定，综合考虑阿里巴巴集团违法行为的性质、程度和持续时间等因素，2021 年 4 月 10 日，市场监管总局依法做出行政处罚决定，责令阿里巴巴集团停止违法行为，并处以其 2019 年中国境内销售额 4557.12 亿元 4%的罚款，共计 182.28 亿元。

同时，按照《行政处罚法》坚持处罚与教育相结合的原则，向阿里巴巴集团发出《行政指导书》，要求其围绕严格落实平台企业主体责任、加强内控合规管理、维护公平竞争、保护平台内商家和消费者合法权益等方面进行全面整改，并连续 3 年向市场监管总局提交自查合规报告。

随后，阿里巴巴做出回应：今天，我们收到《国家市场监督管理总局行政处罚决定书》，对此处罚，我们诚恳接受，坚决服从。我们将强化依法经营，进一步加强合规体系建设，立足创新发展，更好地履行社会责任。

阿里巴巴作为在美股与港股两地上市公司，从其上市后一直有购买董监高责任保险，英文为 Directors' and Officers' Liability Insurance，简称"董责险"。董责险是一种特殊的职业责任保险，一般是由公司出资购买的，对被保险董事及高管人员在从事公司各项业务和日常经营过程中，由于疏忽、过失等不当行为造成他人损害而依法被追究其个人责任时，由保险人根据保险合同在约定限额内负责赔偿该董事及高管进行责任抗辩所支出的有关法律费用，并代为偿付其应当承担的民事赔偿责任的保险。一般来说，董责险的被保险人包括被保险自然人与被保险公司。

我们来重点讨论与此次事件相关的三个董责险实务问题：

1. 阿里巴巴因违反《反垄断法》而被行政处罚是否会启动其董责险保单？

2. 行政罚款属于董责险的保险责任吗？

3. 行政和解金与行政罚款有什么区别？

二、反垄断处罚会启动董责险保单吗

阿里巴巴作为在美上市中概股公司，受美国有关法律监管，因此这里我们主要从美国法角度来研究此次事件中的有关董责险问题。

根据 The D&O Diary 的有关文章[1]，在美国反垄断执法行动之后针对董事及高管责任后续的民事诉讼出现日益增长的趋势，即试图追究董事和高管个人对其公司违反反垄断法的责任。根据最近相关学说和执法政策的趋势分析，这一新趋势给董事和高管带来的风险"在可预见的未来可能会继续

---

[1] Kevin LaCroix. Directors' and Officers' Antitrust Liability Risks and D&O Insurance Concerns. The D&O Diary. Feb. 19, 2020.

上升"。

美国亚利桑那大学法学教授巴拉克—奥尔巴赫在 2020 年 2 月 12 日发表的题为《反托拉斯违规行为的董监高责任》的论文中详细介绍了促成这些趋势的发展，并回顾了对董事和高管的影响。奥尔巴赫教授认为，在美国法下，公司董事和高管对公司违反反垄断法的潜在责任有三个来源：反垄断法本身；一般公司法；联邦证券法。根据反垄断法，制定、谈判、授权、指导或执行构成反垄断违法行为步骤的政策或协议的个人可能要对违法行为承担刑事和民事责任。根据一般的公司法，明知违法行为或未能认真努力监督重大风险和遵守适用法律的个人，可能要对违法行为造成的损失负责。根据证券法，个人可能会因有关反垄断风险的重大失实陈述或遗漏而被追究责任。

虽然董事和高管个人可能会因其公司被控违反反垄断法而受到索赔，但个人确实有各种辩护和保护。这些抗辩和保护措施包括商业判断规则（Business Judgement Rule）、免责条款、赔偿、垫付和保险。商业判断规则和免责条款提供了责任抗辩。赔偿、垫付和保险为个人提供保护，使其免受辩护费用和以和解与判决形式出现的责任。对于因公司违反反垄断法而成为目标的公司高管来说，董责险可以成为保护措施的重要组成部分。然而，正如奥尔巴赫教授所指出的，这些保险单经常包含刑事不当行为的除外责任。然而，在目前的时代，大多数刑事不当行为的除外责任并不仅仅是由指控引发的；只有在最后裁定被除外的行为确实发生时，除外责任才会排除保险。因此，在大多数情况下，董责险可以为个人辩护，使其免受基本指控以及任何后续的民事索赔。

奥尔巴赫教授分析中值得强调的一个特别方面是，他讨论了违反反垄断法的不法行为的基本指控可能导致证券集体诉讼的方式。在以前许多 The D&O Diary 的文章中，曾讨论过陷入反垄断执法行动的公司成为后续证券诉讼目标的多个具体案例。将反垄断执法行动转化为证券法规定的潜在责任，从董责险的角度看具有重大影响。根据大多数上市公司的董责险保单，保险单的 Side C 实体保障（Entity Cover）只涉及证券索赔。许多反垄断执法行动都是针对公司实体的，而针对公司实体的反垄断执法行动不会直接触发董责险保单的实体保障，只有反垄断执法行动引发了证券集体诉讼，董责险的实体保障才会启动。

北京时间 2021 年 4 月 10 日 9：00，国家市场监督管理总局官网发布针对阿里巴巴的行政处罚，此时美股与港股皆未开市，此次处罚对阿里巴巴股价的影响需要等到下周一两地股市开盘后才能体现出来。考虑到境外媒体一个月前纷纷预测的处罚金额和实际处罚金额比较接近，市场对此事件已有一定的消化，阿里巴巴股价在下周一开盘后是否会大跌还有一定的不确定性。假设阿里巴巴股价因为此次事件大跌，美国股民在美提起证券集体诉讼，其可能的法律依据是美国证券法律，即阿里巴巴及其有关董监高个人可能会因有关反垄断风险的重大失实陈述或遗漏（如有）而被追究责任。

在潜在的反垄断法责任方面，还有一个需要讨论的董责险保障范围问题，这与许多私营公司董责险保单中的反垄断除外责任条款有关。在这方面，值得注意的是，反垄断法并没有将其范围仅仅限制在上市公司。私营公司很可能成为执法当局以及私人执法行动中反垄断指控的对象。如果一家私营公司及其董监高受到监管或私人反垄断诉讼的打击，反垄断除外责任条款的存在可能会在很大程度上影响保险的可用性。

三、行政罚款属于董责险的保险责任吗

国家市场监督管理总局依法对阿里巴巴集团实施"二选一"垄断行为做出行政处罚，其中罚款总计182.28亿元，从法律性质上这属于行政罚款。罚款、罚金与惩罚性赔偿一般属于我国责任保险合同的标准责任免除，然而一些涉外责任险保单通常参照国际市场惯例会有例外规定。例如，针对海外上市的中资公司，董责险保单中的通常可以承保"依法可以承保的民事罚款或行政罚款"。某中资保险公司董责险保单对于承保损失的定义中规定："被保险自然人根据裁判应支付的民事和行政罚金和罚款，但前提是按照适用的相关司法管辖区域的法律本公司可以赔偿。"某外资保险公司的董责险保单规定："本保险合同扩展承保依法对被保险人做出的民事罚款或行政罚款，但对于本保险合同的适用法律不允许承保的民事罚款或行政罚款，保险人不负任何赔偿责任。"

从全世界范围来看，不同国家或司法管辖对于罚款是否具有可保性规定不一，但绝大多数国家认为没有可保性或者没有明确的法律依据。那么，中国的法律是怎么规定的呢？我国《保险法》第十二条规定："财产保险是以财产及其有关利益为保险标的的保险。保险利益是指投保人或者被保险人对保险标的具有的法律上承认的利益。"从保险学原理角度来看，董

责险属于职业责任险的一种，其保险标的是被保险人因其不当行为而依法应向第三人承担的民事赔偿责任。行政罚款显而易见不属于民事赔偿责任，但是似乎我国法律并未明确禁止其可以被作为董责险的承保损失范围。

2006 年中国保监会在一份回函中指出："太平洋财产深圳分公司开发的《海关监管中港澳运输企业车辆及驾驶员保证保险条款（深圳地区适用）》以投保人违反相关法律法规后未及时补缴税金、罚款等造成海关的税金和罚金损失为保险标的，承保的是投保人的违法责任，这与保证保险的原理相悖。在中国目前的法律环境和社会经济发展水平下，保险公司尚不适于开发和经营此类保证保险。根据《保险法》的规定，投保人对保险标的应当具有保险利益，而保险利益应当是法律上承认的利益。因违法行为导致的罚款是行政处罚的一种方式，起到惩戒和制裁作用，是否能将其作为一种保险利益还有待论证。"

2020 年 12 月 22 日，中国银保监会颁布的《责任保险业务监管办法》第 6 条规定：责任保险应当承保被保险人给第三者造成损害依法应负的赔偿责任。保险公司应当准确把握责任保险定义，厘清相关概念及权利义务关系，严格界定保险责任，不得通过责任保险承保以下风险或损失：

（一）被保险人故意制造事故导致的赔偿责任；

（二）刑事罚金、行政罚款；

（三）履约信用风险；

（四）确定的损失；

（五）投机风险；

（六）银保监会规定的其他风险或损失。

从上述责任险新规可以看出保险业监管机构的态度是十分明确的，即责任险不得承保行政罚款。虽然此新规从立法角度不属于法律，而是部门规章，法院审理民事案件不会直接引用，但保险人从合规角度应遵守此新规规定。

四、行政和解金与行政罚款有何区别

最近有少数中国保险公司推出了与 A 股市场配套的董责险条款，其中一个创新是把"行政和解金"作为董责险的保险责任之一。那么，行政和解金与行政罚款有什么区别呢？行政和解金在董责险保单中是否具有可保性呢？

在证券法领域，行政和解制度起源于美国。在美国，行政和解属于一种选择性或替代性纠纷解决方法。1990年美国《证券执法救济和小额股票改革法》（*The Securities Enforcement Remedies and Penny Stock Reform Act*）出台，明确授权美国证监会（SEC）可以通过向法院起诉或者通过自身的行政处理程序追缴证券违法行为人的违法所得，并可将其分配给受害投资者；此外，扩大了SEC申请民事罚款的范围和数额，SEC还可以为了公共利益在行政处理程序中直接对监管对象处以民事罚款。但民事罚款仍需上缴财政部而不属于可分配资金，因为在当时的政策制定者看来，打击证券违法行为是SEC的主要任务，其权限的扩张并非为了帮助受害投资者追缴钱款，而在于惩戒和威慑证券违法行为人。

21世纪初，安然、世通证券欺诈事件对美国资本市场造成巨大冲击，监管者更加认识到保护投资者也是证券执法的重要功能之一。为提振投资者信心，稳定市场预期，2002年美国国会出台了《萨班斯—奥克斯利法案》（*Sarbanes-Oxley Act*）。其中第308条确立了"公平基金制度"，规定对违法行为人追缴的违法所得、民事罚款与和解金可以并入同一只基金，SEC制订分配计划，由法院审查，将基金分配给在证券欺诈中受损的投资者。随着公平基金制度的确立，SEC也一改不愿向被指控违法的公司追究大额赔偿与和解金的倾向，证券行政和解制度由此得到进一步发展。为应对2007年开始的金融危机，美国国会2010年出台了《多德—弗兰克法案》（*The Dodd-Frank Wall Street Reform and Consumer Protection Act*），加强对金融消费者的保护。其中第929B条修正了《萨班斯—奥克斯利法案》关于公平基金的规定，无论证券违法行为人是否被追缴违法所得，SEC都可将通过处罚得来的任何民事罚款归入公平基金。[①]

行政和解制度在中国历史比较短。《行政和解试点实施办法》经2014年11月21日中国证券监督管理委员会第66次主席办公会议审议通过，2015年2月17日中国证券监督管理委员会令第114号公布。现行办法所称行政和解，是指中国证券监督管理委员会（以下简称中国证监会）在对公民、法人或者其他组织（以下简称行政相对人）涉嫌违反证券期货法律、行政法规和相关监管规定行为进行调查执法过程中，根据行政相对人的申请，与其就改正涉嫌违法行为，消除涉嫌违法行为不良后果，缴纳行政和

---

① 郭雳. 证券执法中的公共补偿——美国公平基金制度的探析与借鉴 [J]. 清华法学，2018 (6).

解金补偿投资者损失等进行协商达成行政和解协议，并据此终止调查执法程序的行为。

2020 年 3 月 1 日是施行的新《证券法》第一百七十一条对行政和解制度做了专门规定，并授权国务院规定具体的实施办法，为证监会深入开展行政和解工作提供了充分的法律依据。为确保做好配套衔接，充分发挥行政和解在提高执法效率、保护投资者合法权益、及时稳定市场预期等方面的积极作用，证监会依照新《证券法》的规定，在总结实践经验的基础上对现行《行政和解试点实施办法》进行了修正完善，起草形成了《证券期货行政和解实施办法（征求意见稿）》（以下简称《征求意见稿》）。《征求意见稿》修正说明提道：和解金收取后原则上应当赔偿受到损害的投资者，但考虑到证券期货违法案件中确有未造成投资者损失，或者虽可能造成投资者损失但难以认定等情形，此次修正明确规定，"行政和解金应当优先用于赔偿投资者损失。对于未造成投资者损失，或者投资者损失难以认定，或者行政和解金在赔偿投资者损失后仍有剩余的，应当上缴国库"。

正如证监会前主席肖钢所说：行政和解执法模式在制度设计、执法机制和工作方法等方面，与以行政处罚为主的传统执法模式有很大差别。在制度设计上，不仅关注对涉嫌违法违规的相对人的经济制裁，还要尽可能兼顾对利益受损投资者的补偿，力争实现行政处罚执法和民事赔偿的有效融合。在机制上，和解采用协商行政的执法机制，监管机构及其工作人员在案件裁量方面，当事人在表达意见、诉求利益方面，都有较大空间，容易引发道德风险和利益冲突。因此，在证券期货监管中实行行政和解制度，必须对监管机构严格执法的能力水平、权力运行的制约监督、案件处理的公平公正等提出更高的要求。

综上所述，可以看出行政和解金兼具民事赔偿金与行政罚款的特征。笔者认为，行政和解金是否具有可保性，要一分为二地看。如果行政和解金最终被用来赔偿投资者损失，则具有民事赔偿金或者民事和解金的特征，具有可保性；如果行政和解金最终被用来上缴国库，则具有行政罚款的特征，不应成为董责险承保的损失范围。最终董责险对于行政和解金的赔偿责任应以行政和解金的实际使用用途为准。

五、总结与启示

首先，阿里巴巴董责险保单是否会因此次被行政处罚事件而启动，需要观察后续阿里巴巴股价波动情况，以及是否有股民因阿里巴巴在此次事件之前或之后的不当行为（如有信息披露不当等）而遭受损失并起诉阿里巴巴及其董监高个人。

其次，随着中国对反垄断违法行为加强监管与处罚，董责险保险人应注意评估投保企业的反垄断违法风险，因为反垄断执法行为会引发针对被保险公司及其董监高的证券集体诉讼，这一点在美国已处于上升趋势。

最后，根据《责任保险业务监管办法》，董责险不得承保行政罚款，保险人应及时调整有关保单措辞，以避免产生合规风险。

事件五 蚂蚁集团暂缓上市事件

一、事件回顾

据上交所 2020 年 11 月 3 日发布《关于暂缓蚂蚁科技集团股份有限公司科创板上市的决定》："蚂蚁科技集团股份有限公司：你公司原申请于 2020 年 11 月 5 日在上海证券交易所（以下简称本所）科创板上市。近日，发生你公司实际控制人及董事长、总经理被有关部门联合进行监管约谈，你公司也报告所处的金融科技监管环境发生变化等重大事项。该重大事项可能导致你公司不符合发行上市条件或者信息披露要求。根据《科创板首次公开发行股票注册管理办法（试行）》第二十六条和《上海证券交易所股票发行上市审核规则》第六十条等规定，并征询保荐机构的意见，本所决定你公司暂缓上市。你公司及保荐人应当依照规定做出公告，说明重大事项相关情况及你公司将暂缓上市。本所将与你公司及保荐人保持沟通。"蚂蚁集团立即做出反应，当晚在港交所发布公告，因为同一原因暂缓 H 股上市。

另据中国证监会消息，2020 年 11 月 2 日，中国人民银行、中国银保监会、中国证监会、国家外汇管理局对蚂蚁集团实际控制人马云、董事长井贤栋、总裁胡晓明进行了监管约谈。对此，蚂蚁集团回应表示：蚂蚁集团实际控制人与相关管理层接受了各主要监管部门的监管约谈。蚂蚁集团会深入落实约谈意见，继续沿着"稳妥创新、拥抱监管、服务实体、开放共赢"的十六字指导方针，继续提升普惠服务能力，助力经济和民生发展。与此同时，2020 年 11 月 3 日，据新华社消息，《中共中央关于制定国民经济和社会发展第十四个五年规划和二〇三五年远景目标的建议》提出：全面实行股票发行注册制，建立常态化退市机制，提高直接融资比重。

2020 年 11 月 3 日晚，注定成为一个可以被写入中国资本市场史册的夜晚。

二、监管约谈是否构成董责险保单中的"赔偿请求"

蚂蚁集团实控人、董事长与总裁被监管约谈以及被暂缓两地上市，从董监高责任保险（以下简称董责险）角度，这两天笔者一直在思考一个问题：监管约谈是否构成董责险保单中的"赔偿请求"？要回答这一问题，我们首先要搞清楚什么是"监管约谈"？

在银行业、保险业方面，根据《中华人民共和国银行业监督管理法》（2006 年修正）和《保险法》，监督管理机构根据履行职责的需要，可以与银行业金融机构董事、高级管理人员/保险公司董事、监事和高级管理人员进行监督管理谈话，要求其就公司的业务活动和风险管理的重大事项做出说明。证券业方面，《上市公司信息披露管理办法》明确，对违反信息披露的义务人及其董事、监事、高级管理人员，上市公司的股东、实际控制人、收购人及其董事、监事、高级管理人员，中国证监会可以采取进行监管谈话、出具监管警示函、责令改正、将其违规事实及所受到的处罚、不履行公开承诺等情况记入诚信档案并公布、认定为不适当人选等监管措施。

在《中国银监会办公厅关于银行业重大案件（风险）约谈告诫有关事项的通知》（以下简称《通知》）中，对"被约谈"对象进行了定义。该《通知》明确，被约谈告诫的发生重大案件（风险）银行业金融机构，主要包括以下情形：

1. 发生重大案件（风险）的；
2. 严重损害金融消费者权益且影响恶劣的；
3. 内控薄弱、案件频发的；
4. 责任追究不力、整改效果不明显的等。

《通知》要求，约谈告诫会议结束后将形成会议纪要，印发相关银行业金融机构落实整改意见，同时抄报会领导，抄送相关机构监管部门和相关银监局。

业内人士认为，除涉及国家秘密、商业秘密、个人隐私等事项外，约谈记录一般应及时公开，特别是对于涉及公共利益社会公众关心的内容，执法机关应当主动公开。如果当事人不按照约谈要求落实整改，且确有涉嫌违法行为的，执法机关应当依法启动调查程序，根据违法事实采取责令整改、检查、处罚、强制等措施。对此，上交所已经在公告中要求蚂蚁集团对监管约谈中谈到的"重大事项变化"做出公告。

那么，"监管约谈"与"行政指导"有何区别？

在2015年，国家工商行政管理总局曾通过官方网站发布《关于对阿里巴巴集团进行行政指导工作情况的白皮书》，目的是促使阿里巴巴集团正视和解决阿里系网络交易平台长期大量存在的违法经营问题。正是因为这一事件，当年阿里巴巴在美国上市前没有在招股说明书中披露而在上市后不久被提起证券集体诉讼，经过几年的诉讼，最终以支付3.25亿美元赔偿金而和解结案。

具体来看，约谈与行政指导二者之间有高度相似性，约谈往往被认为是行政指导的表现形式之一。业内人士表示，行政指导侧重于利益诱导，主要是通过建议、示范、奖励等方式引导当事人自愿采取行动。约谈侧重于警示、告诫，即使有指导性内容，但本质目的还是警告，有一定威慑性。行政指导既可以针对不特定人群，也可以针对特定个体，而约谈一般只针对特定当事人。

董责险保单启动的前提条件是被保险人在保险期间或延长报告期内首次被提起"赔偿请求"（Claim）。那么，什么是董责险保单中的赔偿请求呢？我们这里以参与蚂蚁集团本次招股说明书责任险与董责险业务报价的某家在华外资保险人的董责险保单条款为参考，赔偿请求包括：

1. 因第三方认为存在任何事实上的不当行为而送达或提出的要求获得经济赔偿或经济救济（包括强制救济）的书面请求；

2. 以送达索赔函、起诉书、信息或类似文书的回执或立案回执提起的民事、刑事、行政、监管法律程序或诉讼（包括反诉），以及仲裁/调解；

3. 在保险责任范围内针对被保险个人的调查，且调查机构书面认定可能对该被保险个人启动刑事、行政或监管程序；

4. 针对被保险公司发行证券的买卖或买卖要求进行的调查，但仅限于对被保险公司的该项调查也同时持续针对公司的董事、监事或高级管理人员时；

5. 证券类赔偿请求；

6. 雇佣行为赔偿请求；

7. 预调查事件（Pre-claim Event）。

赔偿请求定义中还有其他条款内容，因为与本案讨论相关性不大，在此不再赘述。另外，保单中对"调查"定义为：任何官方机构启动的任何正式的刑事、行政或监管调查、听证或质询。结合上下文，似乎本次蚂蚁集团实控人、董事长与总裁被"监管约谈"还不构成上述赔偿请求定义中的第三方书面请求、以送达为形式要件的监管法律程序或者特殊调查程序。那么，本次监管约谈是否属于上述定义中的"预调查事件"呢？

保单中对于预调查事件，是针对行使职务的被保险个人而言，是指：

1. 被保险公司或任何外部实体被官方机构突袭检查或现场检查，涉及出具、审核、复制或没收文件或者询问被保险人个人。

2. 官方机构收到被保险公司、外部实体或该被保险个人有关怀疑该被保险人严重违反法定或监管义务的正式书面通知。

3. 被保险个人直接因自查报告的结果而收到官方机构的通知，迫使该被保险个人向该官方机构出具文件、回答询问或参加谈话。

同时，预调查事件不应包括全行业或全产业性调查、听证、检查或质询，或任何理性或定期性监管审计、检查、稽核或审查。

从上述预调查事件的定义来看，结合已披露的有限事实，似乎本次监管约谈也不构成预调查事件，从而不属于董责险保单中承保的赔偿请求。但是，监管约谈属于行政指导的一种表现形式，蚂蚁集团应汲取之前阿里巴巴的教训，在其招股说明书中公开披露此次被监管约谈的重大事项。

根据《科创板首次公开发行股票注册管理办法（试行）》第5条规定，发行人作为信息披露第一责任人，应当诚实守信，依法充分披露投资者做出价值判断和投资决策所必需的信息，所披露信息必须真实、准确、完整，不得有虚假记载、误导性陈述或者重大遗漏。同时在信息披露专章第34条中规定，"凡是对投资者做出价值判断和投资决策有重大影响的信息，发行人均应当予以披露"。

最后提醒一下已经认购蚂蚁集团IPO董责险保单份额的保险公司，鉴于蚂蚁集团被监管约谈和暂缓上市这一最新重大风险变化，现在应该需要重新考虑一下当初的核保决定并根据蚂蚁集团后续披露的重要信息再做打算。

事件六　瑞幸咖啡财务造假事件

一、事件回顾

北京时间2020年4月2日晚，在美国纳斯达克上市的瑞幸咖啡发布公告称：自 2019 年第二季度起，公司的 COO、董事刘某，以及下属几名向其汇报的员工，参与进行了某些违规行为，包括伪造某些虚假交易。该内部调查初步发现，和这些虚增交易相关的 2019 年第二季度到第四季度的总销售额约为 22 亿元人民币，与这些虚增交易相关的成本和费用也被大量虚增。消息发布后，瑞幸咖啡在美股盘前询价即狂跌 84%，开盘后股价六次熔断，最终收于 6.4 美元，较前一日跌去 75.57%。

据悉，早在 2020 年 2 月美国著名做空机构浑水公司就发布了详细的针对瑞幸的做空报告，针对瑞幸的证券集体诉讼在美国早已开始。4 月 2 日晚瑞幸公告发布后，可以预计针对瑞幸发起的证券集体诉讼在美国会愈演愈烈。

二、董责险安排

瑞幸咖啡和其他赴美上市的中概股公司一样购买了董监事高管责任保险（Directors' and Officers' Liability Insurance，D&O 或简称董责险）。董责险提供的责任险保障，使董监事及其他高级管理人员免受在职责范围内因其所做的决策和行动而导致的索赔。D&O 保险不仅保障公司董事高管的个人责任（Side A/"董事和高级管理人员"保障），同时还适用于被保险公司代其管理者支付给第三方的索赔（Side B/"被保险公司补偿"保障）。就上市公司而言，D&O 保险的保障范围还包括针对公司在其股票交易方面的不当行为提出的索赔（Side C/"证券类索赔的被保险公司保险"保障）。

《中国经营报》记者从知情人士处独家获悉，瑞幸咖啡董责险保单组成的"共保体"一共有 4 层，总赔偿限额达到 2500 万美元，底层保单限额为 1000 万美元，"底层共保体"由 8 家中资公司组成。平安产险是"底层"首席承保方，承保底层份额达到 30%。超赔层保险人身份目前不详。瑞幸财务造假被曝光后，有关瑞幸造假事件的文章此起彼伏，成为当前的社会热点问题。其中，有多家媒体和自媒体在分析这次瑞幸造假事件是否属于董责险的承保范围这一关键问题。有人认为，瑞幸发布公告承认其 COO 参与财务造假，属于"被保险人及其代表的故意行为、不诚实行为、欺诈行为"，应属于董责险的除外责任，因财务造假导致的第三人索赔不属于董责险的承保范围。笔者认为，这是一个非常复杂的保险责任问题，需要根据有关保单具体条款并结合案件事实具体分析，不同的保单得出的结论也会不同。要想回答这个问题，首先必须了解董责险区别于其他传统保险的一大特点：可分割性。

三、董责险保单的可分割性

董责险的被保险人范围很宽，不仅包括公司过去、现在与未来的董事、董事会秘书、经理及其他高级管理人员个人（Side A、Side B 项下），还包括公司本身（Side C 项下），甚至还包括特殊情形下的雇员。考虑到董责险的被保险人数量很多，如果一个被保险人个人有未如实告知或者其他故意行为而使无辜的其他被保险人丧失保险保障，那么董责险的保障价值就会大打折扣。因此，国际通行董责险保单通常都会有有关的"可分割性条款"（Severability Clause），这一条款主要包含在董责险保单投保告知条款与不诚实行为除外责任条款中。

（一）投保告知的可分割性

董责险承保范围最常见的问题之一是，保险人是根据保单投保书中包含的欺诈性或欺骗性信息，还是基于申请书中引用的作为参考的文件中包含的欺诈性或欺骗性信息，撤销保单或拒绝理赔。大多数董责险投保申请都规定，保险人依靠其进行承保和签发保单的申请材料不仅包括申请中提供的信息，还包括（并通过引用并入）公司的财务报表，包括公开文件，例如年度报告以及向 SEC 提交的季度报表。因此，当基于公司财务报表中的虚假陈述或欺诈向公司及其董事和高级管理人员提出证券赔偿或其他索偿时，保险人可能会寻求撤销董责险保单，或拒绝理赔。理由是该保单是由于保险人在同意签发保险时所依赖的信息中存在重大陈述错误，因此该索赔无效或拒绝理赔。

为了限制或防止保险人基于申请材料中的虚假陈述而撤销保单或拒绝承保，大多数国际市场董责险保单都将包含一个"可分割性条款"（有时称为"非归咎"条款，Non-imputation Clause）。该条款规定，不得基于保单的虚假陈述而拒绝或撤销保障，以将一个被保险人的知识推算给任何其他被保险人。该保单通常肯定地声明，允许保险人基于虚假陈述或未能在申请材料中披露重大信息而撤销或拒绝保障。但是，为了保护不知道虚假陈述的董事和管理人员，董责险保单应附有完整的可分割性条款，明确规定保险人不能撤销或拒绝对任何不了解虚假陈述的个人进行承保。

（二）不诚实行为除外责任的可分割性

所有标准的董责险保单均不承保被保险人的某些不良行为，例如欺诈、不诚实、违反法律以及非法的个人利润或报酬。但是，我们必须仔细检查此类除外责任条款措辞，因为这些除外条款往往涉及大多数针对董事及高管人员的索赔。不诚实行为除外条款通常也会包含一个"可分割性条款"，规定与一个被保险人董事或高级管理人员有关的事实和拥有的知识将不归咎于或归因于任何其他被保险人，以致一名高管人员的不良行为不会损害该保单所投保的其余无辜董事和高管人员的保险责任。

许多标准的董责险保单都包含这样的术语——有时也称非归咎或可分割性除外责任（Non‐imputation or Severability of Exclusions Clause）。但是，许多保单都会规定，某些公司高管的不良行为可能会归咎于公司，以确定 Side B（补偿董事和高级职员的责任）还是 Side C（公司保障）保障同样适用不诚实行为除外责任。保险公司几乎总是坚持认为，可以将首席执行官（CEO）和首席财务官（CFO）的知识归咎于公司，但保险公司通常也希望总法律顾问和其他高级职员也列入名单。显然，限制被保险人可以将其知识归咎于公司的高管范围对于被保险人来说更为有利。这需要保险人与投保人及其保险经纪人协商确定。另外，最好明确地说，只有保单中"名义被保险人"（Named Insured）（与保单中每个子公司或关联公司有所区别）的首席执行官或首席财务官及其他人员拥有的实际知识可以被归咎于公司，以适用不诚实行为除外责任。

四、瑞幸案件中的可分割性问题

从参与瑞幸董责险的某国内大型财险公司官网，笔者找到两款董责险条款做参考，其分别在 2009 年与 2010 年被报备。其中，2009 年款比较适合本地市场（笔者注意到有些媒体采用此版本来分析本案），2010 年款比较适合国际市场，考虑到瑞幸在美国上市，才用 2010 年款出单可能性较大。通过阅读该 2010 年款董责险条款，我们发现了与上文所提道相似的不可分割性条款，摘录如下：

不关联原则——明知的推定

"就本保险单第 8 条的除外责任条款而言，在确定承保范围时，与一个被保险个人有关的事实或一个被保险个人所知道的信息，不应被认为是与其他任何被保险个人有关的事实或其他任何被保险个人所知道的信息。就本保险单第 9 条的除外责任条款而言，只有与机构的董事长、首席执行官、公司法务总监、董事会秘书、首席财务官或在任何法律管辖区担任类似职务的人有关的事实或其所知道的信息，可以在确定承保范围时认定是与机构有关的事实或机构所知道的事实。"

投保申请书——不接触

"本公司依赖投保申请书内的陈述、说明及信息而签发本保险单。投保申请书应视为每一被保险个人单独投保的申请书。个别被保险个人在投保申请书内提供的陈述、说明或信息或其所知的信息，在确定是否履行如实告知义务时，不应被认为是其他被保险个人所提供的陈述、说明或信息，或其他被保险个人所知的信息。针对投保申请书内因故意或重大过失所致的错误陈述，或隐瞒事实，本公司不应解除本保险合同或针对被保险人行使任何权利。然而，如果本公司因为前述错误陈述或隐瞒事实而有权解除本保险单或针对一个或多个被保险人行使任何权利，①如果某一被保险个人在以本保险单证明的保险合同成立时，知道投保申请书内包括对本公司错误陈述的事实或事件的真实情况，或知道任何被隐瞒的事实，则对基于、起因于或由于真实情况或被隐瞒的事实提出的索赔所致该被保险个人的损失，本公司有权解除本保险单对该被保险个人及机构（在机构可以补偿该被保险个人的范围内）提供的保障；②如果机构的任何董事长、首席执行官、法务总监、董事会秘书或在任何法律管辖权担任类似职务的人知道投保申请书内包括对本公司错误陈述的事实或事件的真实情况，或知道任何被隐瞒的事实，则因为基于、起因于或由于真实情况或被隐瞒的事实提出的索赔所导致该机构的损失，本公司有权解除本保险单对机构提供的保障。本公司在合同订立时已经知道投保人未如实告知的情况的，不得解除保障；发生索赔的，本公司应当承担给付相关损失的责任。"

上述条款很长，简单总结一下保单大意：

当判断投保时是否如实告知与是否能适用 Side A 欺诈行为除外责任时，与一个被保险人有关的事实或一个被保险人所知道的信息不应被认为是与其他任何被保险人个人有关的事实或者其他被保险个人所知道的信息。当判断投保时是否如实告知与是否能适用 Side C 欺诈行为除外责任时，只有与公司董事长、CEO、CFO、董秘或"类似职务人"有关的事实或者其所知道的信息才能被认为是与公司有关的事实或者其知道的信息，或者因未如实告知而被解除保障。

五、结论

结合目前瑞幸财务造假事件中披露的有限事实，我们还不能简单地认为瑞幸董责险保单不会赔偿财务造假导致的索赔，因为董责险保单中的"可分割性"条款将对保险责任有着非常重要的影响。瑞幸咖啡 COO 刘某是否属于上述"类似职务人"？针对刘某的最终裁决是否能够及何时认定其欺诈事实？瑞幸董事长 CEO、CFO、董秘是否参与财务造假或者在投保时知情？

上述问题的答案将对后续案件进展起到关键作用，但美国证券集体诉讼很多最终是以原被告双方和解结案，也许未来我们也很难找到这些问题的真正答案，让我们一起拭目以待。不管如何，从事美国中概股董责险业务的保险人需要事先考虑清楚董责险保单中的可分割性条款带来的高风险问题。

事件七 瑞幸咖啡退市事件

一、事件回顾

2020 年 5 月 19 日，瑞幸咖啡发布公告称，公司在 5 月 15 日收到了美国证券交易委员会（SEC）的书面通知，纳斯达克决定将公司摘牌。投资者纷纷再度开启抛售狂潮，5 月 20 日复牌的瑞幸咖啡，盘前一度大跌 50%，当日最终收跌 35.76%。5 月 23 日消息，瑞幸咖啡复盘第三日，收盘股价再度大跌 30.85%，复牌后连跌三日，累计下跌 68.34%。周五收盘，瑞幸咖啡收报 1.39 美元，总市值仅为 3.5 亿美元。值得一提的是，瑞幸咖啡股价曾在 1 月最高上涨至 51.38 美元，市值最高一度超过 120 亿美元。

瑞幸咖啡成立仅 18 个月完成上市，成为纳斯达克速度最快的上市公司。但万万没想到，仅仅 12 个月之后就被纳斯达克劝退，这很有可能也是纳斯达克上市之后最快的退市纪录。2020 年 6 月 27 日，瑞幸咖啡官微发表声明称，公司将于 6 月 29 日在纳斯达克停牌，并进行退市备案。瑞幸咖啡表示，在国内消费市场方面，瑞幸咖啡全国 4000 多家门店将正常运营，近 3 万名员工仍将一如既往地为用户提供优质产品和服务。退市之后，2021 年 9 月瑞幸咖啡宣布公司与美国集体诉讼的原告代表签署了 1.875 亿美元（约合人民币 12.1228 亿元）的和解意向书。

针对瑞幸咖啡的证券集体诉讼早日开始，并不会因为瑞幸咖啡退市而结束，有律师推算瑞幸咖啡及其董监高可能面临高达 112 亿美元的巨额索赔。据了解，瑞幸咖啡有购买总保单限额 2500 万美元的董责险，面对巨额索赔，瑞幸董责险的保额显得杯水车薪，后续很大一部分赔偿责任很有可能需要瑞幸咖啡及其董监高个人资产来承担。如果瑞幸咖啡退市后，其董监高因为被发现在退市前有任何不当行为而被提起新的索赔，有没有保险产品可以承保这一风险呢？答案是肯定的。以往中概股在美国退市之前，一般都会购买一份"退市保险"以保障董监高在退市之前的不当行为在退市后引起的索赔而依法应承担的赔偿责任。

二、什么是退市保险

退市保险，海外市场简称"Run-Off Insurance"，是一种专门为退市公司的前董监高个人设计的董责险，其旨在为前董事和高级管理人员就其在退市之前任职期间发生但尚未实现或尚未向保险公司报告的过往不当行为提出的索赔提供保障。Run-Off Insurance 也常见于公司发生并购或控制权发生变化后保障董监高在并购交易完成前或控制权变化前的不当行为引起的索赔。董责险保单一般都是索赔提出制保单，因此在索赔和/或通知索赔时必须有有效保单。如果保单已经失效或者没有有效保单，它将不会对索赔做出回应，无论不当行为是何时发生的。因此，拟退市的上市公司会在退市前购买一份长期的退市保险，保险期间根据上市地点的诉讼时效确定，一般中概股在美国退市会购买一份长达 10 年的 Run-Off 保险，澳大利亚的上市公司一般会购买不短于 7 年的保险。

Run-Off Insurance 与索赔提出制保单中的 Extended Reporting Period（ERP，延长报告期）看上去有点像，但两者是有区别的，主要有两点不同：

首先，ERP 通常是作为续保的一部分，作为到期保单的短期延期，通常只有 60~90 天（不额外收费）或 1 年（额外收费）的选择权，而 Run-Off 通常涵盖多年。ERP 条款允许投保人在延长报告期内可以继续向原保险公司报告索赔，而 Run-Off 保险可能由原保险人或者新的保险人提供。

其次，当被保险人选择从一个提供索赔提出制保障的保险人变更为另一个提供索赔提出制保障的保险人或其原保险人没有提供续保保障时，经常购买 Run-Off 保障。同时，在一个被保险人被另一个被保险人收购或与另一个被保险人合并或退市的情况下，购买 Run-Off 保障。

那么，保险人是如何对 Run-Off 保险进行定价的呢？一般情况下，Run-Off 保费是按原董责险年保费的倍数计算的。例如，保险人可以将一个系数（如 2.5X 或 4X）乘以 D&O 保险单的年度保险费，该系数适用于整个 Run-Off 保险期间。Run-Off 保险既可以每年单独购买，也可以连续购买数年。如果是多年期保单，定价通常会随着时间的推移而降低，因为随着交易日期或者退市后时间的延长，索赔发生的风险也会逐年降低。

三、A 股退市保险的发展前景

2013 年 12 月，《国务院办公厅关于进一步加强资本市场中小投资者合法权益保护工作的意见》（简称《新国九条》）首次提出：上市公司退市引入保险机制，在有关责任保险中增加退市保险附加条款。自 2002 年中国 A 股第一张董责险面世以来，A 股董责险的投保率一直处于低位，市场普遍认为投保率不足 10%。因此，退市保险作为一种独特的董责险，市场认知度更小，这与 A 股曾经"能上不能下"的特殊情况有关。

但是近年来，A 股退市公司越来越多，尤其是 2020 年 3 月 1 日实施的新《证券法》对于中国股市将会有着非常深远的影响，这其中最核心的关键就是很多之前迟迟无法退市的股票，开始有了退市的可能性，这实际上也给中国的各家上市公司敲响了警钟，如果各家公司不好好经营，面临持续性亏损的话，上市不再是一个"护身符"，而是有可能让你随时有退市的可能性。例如，2020 年 5 月 14 日，乐视网信息技术（北京）股份有限公司（乐视网，300104）公告称，该公司当天收到深圳证券交易所下发的《关于乐视网信息技术（北京）股份有限公司股票终止上市的决定》（深证上〔2020〕405 号），深圳证券交易所决定终止公司股票上市。随着乐视网的正式退市，我们可以预计 A 股将迎来一轮新的退市潮，"能上也能下"这本身也是中国资本市场健康发展的标志。在这一过程中，为了保护广大中小投资者的合法权益，希望退市保险可以发挥更多积极作用。

事件八　祥源文化与赵薇等证券虚假陈述案

一、案件回顾

2017 年，祥源文化，也就是当时名为万家文化的上市公司，及赵薇控股的龙薇传媒，因在控股权转让过程中，信息披露违法被证监会立案调查并予以行政处罚。2018 年 1 月，一起普通投资者诉祥源文化、赵薇索赔案诉至杭州中院。近日，这起案件有了新的进展。2019 年 1 月 17 日，杭州中院一审判决：祥源文化支付投资者赔偿款、利息合计 54535.83 元，赵薇属于其他做出虚假陈述行为的自然人，对上述债务承担连带赔偿责任。一审判决后，祥源文化、赵薇不服判决，提起上诉。7 月 16 日，浙江省高院二审判决：驳回上诉，维持原判。祥源文化诉讼公告显示，截至 2019 年 5 月 18 日，公司共计收到 544 起证券虚假陈述责任纠纷案件，诉讼金额共计 5700 多万元。据了解，目前还有数百位投资者起诉材料已提交杭州中院，目前处于诉前调解阶段。

实际上，赵薇和祥源文化如今官司缠身，正是源于一场收购风波。这场风波最早要追溯至 2016 年底，让我们一起还原此案件的始末。

● 2016 年 12 月 23 日

万家文化发布公告，赵薇旗下公司龙薇传媒拟以 30.6 亿元收购万家文化 29.14%的股份。然而，该方案中龙薇传媒自有资金仅 6000 万元，其余均为借入资金，杠杆比例高达 51 倍。

● 2017 年 2 月 27 日

龙薇传媒收购万家文化股份"涉嫌违反证券法律法规"，万家文化被证监会立案调查。

● 2017 年 4 月 1 日

万家文化发布公告宣布该股份转让事项终止。

● 2017 年 9 月 26 日

万家文化更名为"祥源文化"。从公告收购到收购失败，祥源文化股价从 18 元一度冲高至 25 元，最终跌到了 13 元附近，区间最大跌幅近五成。而截至 2019 年 7 月 23 日收盘，祥源文化股价报 4.18 元，较最高点跌去超过 80%，市值蒸发超百亿元。

● 2018 年 4 月 11 日

因龙薇传媒通过祥源文化公告披露的信息存在虚假记载、误导性陈述及重大遗漏，证监会发布《行政处罚决定书》，决定对祥源文化、龙薇传媒责令改正，给予警告，并各处 60 万元罚款；对涉及此次收购的当事人孔德永、黄有龙、赵薇、赵政给予警告，并处以 30 万元罚款；对孔德永、黄有龙、赵薇分别采取 5 年证券市场禁入措施。

2018—2019 年，1100 余名投资者陆续向浙江省杭州市中级人民法院提起证券虚假陈述责任纠纷诉讼，要求祥源文化、龙薇传媒、赵薇等赔偿股票投资损失，标的额共计 9600 余万元。杭州中院经审理，判决祥源文化公司承担赔偿责任，龙薇传媒、赵薇等承担连带责任。为促成群体性纠纷高效化解，杭州中院通过示范判决开展集中调解。截至 2019 年底，该系列案件由投保基金集中调解 309 件，由人民法院审结 581 件，累计赔付金额 8400 余万元。

二、董责险相关问题

根据浙江省高级人民法院的二审判决书，赵薇属于"其他做出虚假陈述行为的自然人"，对于投资人的损失应与祥源文化一起承担连带赔偿责任。因虚假陈述导致的证券民事赔偿责任一般属于董责险的保障范围，那么赵薇是否属于董责险保单中的被保险人，其对投资人应承担的连带赔偿责任能否由董责险保险人承担呢？要回答这一问题，我们首先来看看有关法律规定。

对于 A 股上市公司来说，董责险中的高管一般是指符合《公司法》第二百一十七条规定的人员："高级管理人员，是指公司的经理、副经理、财务负责人，上市公司董事会秘书和公司章程规定的其他人员。"这里的"经理、副经理"，在实际中，就是公司的总经理、副总经理。经理由董事会决定聘任或者解聘，对董事会负责；副经理由经理提请董事会决定聘任或者解聘。这里的"财务负责人"是指由经理提请董事会决定聘任或者解聘的财务负责人员。这里的"上市公司董事会秘书"是公司法规定的上市公司必设的机构，负责上市公司股东大会和董事会会议的筹备、文件保管以及公司股东资料的管理，办理信息披露等事务。至于"公司章程规定的其他人员"则是为了赋予公司自治的权利，允许公司自己选择管理方式，聘任高级管理人员，但是，这些人员（职位）必须在公司章程中明文加以规定。上述高级管理人员应当符合《公司法》第六章关于公司高级管理人员任职资格的规定，并履行法律和章程规定的义务。

实际上，很多董责险保单中的被保险人定义要比公司法中的高管定义宽泛很多。董责险没有市场标准条款，各家保险人条款皆有差异，但主要的承保人以外资保险人为主，我们就以某外资保险公司在中国报备的具有一定代表性的董责险条款举例，其对被保险人"董事"的定义如下：

"董事"指下列人士，但若其于保险期间开始前已遭被保险公司解任、解雇或免职的，则非本保险合同所称的董事：

1. 任何于过去、现在，或保险期间内担任下列职位的自然人（但未担任外部审计人员或破产管理人）：

（1）被保险公司的董事、高级管理人员或监事。

（2）与董事有相同职责的被保险公司其他高级管理人员。

（3）虽无董事头衔却实质上行使被保险公司董事职权的人员，包含"影子董事"。

（4）符合下列任一条件的雇员：

　　a. 担任被保险公司经理职务的；

　　b. 仅与针对该雇员提出的不当雇佣行为赔偿请求有关时；或

　　c. 在不当雇佣行为赔偿请求中与其他董事并列为被告的。

2. 董事的合法配偶，但仅限于对该董事所提起之不当管理行为赔偿请求或不当雇佣行为赔偿请求。

3. 如董事死亡、丧失行为能力、无偿债能力或破产，则为其法定继承人、遗产管理人或遗嘱执行人、法定代理人或破产管理人，但仅限于对该董事所提起的不当管理行为赔偿请求或不当雇佣行为赔偿请求。

4. 托管人。

5. 非执行董事。

那么，赵薇是否符合以上董事或高管的定义呢？

在回答这一问题之前，我们首先要明确，因为龙薇传媒未能成功收购祥源文化（万家文化），所以首先可以明确：赵薇并不是祥源文化的董事或高管，即使祥源文化购买了董责险，赵薇也不是其被保险人之一。那么，赵薇是否为龙薇传媒的董事、监事或高管呢？通过查看天眼查披露的龙薇传媒企业图谱，我们可以看出，赵薇是龙薇传媒的控股大股东（占股95%），但目前她并没担任龙薇传媒的董事或监事职务，值得注意的是，赵薇曾经为该公司法人（执行董事）。

通过以上分析，我们可以推断赵薇在下列两种情形下可能成为董责险保单中的被保险人：第一，赵薇曾经担任过龙薇传媒的董事或监事职务，且在龙薇传媒发起收购万家文化期间有虚假陈述行为；第二，赵薇虽无董事头衔却是实质上行使龙薇传媒董事职权的人员，即"影子董事"，她主导了针对万家文化的收购活动。

据了解，无论是祥源文化还是龙薇传媒可能都没有购买董责险，与此次收购有关的证券虚假陈述赔偿责任将由这两家公司及赵薇个人一起向投资者承担连带赔偿责任，让我们一起关注后续案件的进展。

三、专家点评

信息披露制度是证券市场健康稳定发展的重要基石，也是我国证券法的核心制度。而虚假陈述行为则是信息披露制度的天敌，最高人民法院《关于审理证券市场因虚假陈述引发的民事赔偿案件的若干规定》，从民事责任的角度对虚假陈述行为予以规制与打击。对于侵害投资者利益的违法违规行为，司法机关应加大审理力度，严肃市场纪律，切实提高违法成本，让违规者付出沉重代价。

本案中，杭州中院将上市公司控股权意向收购方龙薇传媒公司及其时任法定代表人、控股股东赵薇认定为虚假陈述行为人，系对证券法和相关司法解释列举的责任主体范围做出司法回应，给证券市场参与者以强烈警示，对潜在违规者形成有效震慑。此类纠纷因涉及影视界名人，社会影响大、涉众范围广、投资者维权成本高，杭州中院通过"在线平台+示范判决+集中调解"工作机制的运行，帮助投资者降低维权成本、快速获得损失补偿，为证券市场虚假陈述侵权纠纷高效化解提供了成功经验，也为证券市场如何严厉处置违法违规信息披露，提供了一个标杆性案例。

事件九　华为前员工被拘 251 天事件

一、事件回顾

2018 年 3 月，华为公司前员工李洪元过去所在部门的秘书，通过私人账户向其转款 304742.98 元（税后金额，交易摘要为"离职金额补偿"）。同年 12 月 16 日，李洪元因涉嫌敲诈勒索罪被深圳市公安局刑事拘留，并于次年 1 月 22 日被逮捕。举报其敲诈勒索的系华为公司部门主管。2019 年 8 月 23 日，李洪元在被羁押 251 天后重获自由。深圳市龙岗区人民检察院认为，犯罪事实不清、证据不足，不符合起诉条件，决定对李洪元不起诉。同年 10 月 24 日，李洪元以"批捕后证据不足被终止追究刑事责任"为由，要求龙岗区检察院为其消除影响、恢复名誉、赔礼道歉，同时赔偿人身自由损害赔偿金 78985 元、精神损害抚慰金 5 万元。11 月 25 日，龙岗区检察院决定对李洪元予以赔偿，其中人身自由损害赔偿金 79300.94 元、精神损害抚慰金 27755 元，并向李洪元原工作单位（华为技术有限公司）、其父所在工作单位发函，为其消除影响、恢复名誉。

二、保险视角

如果李洪元决定起诉华为，要求华为承担因涉嫌诬告而依法应负有关民事赔偿责任，如果法院支持李洪元的诉讼请求，是否有可能导致相应的保险赔偿责任呢？如果有，那是什么险种呢？答案是：非常有可能启动"雇佣行为责任保险"（如果有）。雇佣行为责任保险（Employment Practice Liability Insurance，EPLI），它起源并主要发展在美国保险市场，现在几乎是每一家美国大公司的标配保险保障。EPLI 既可以单独购买，也可以包含在董监高责任保险（D&O）中。据了解，EPLI 早在十几年前就被外资保险公司引入中国市场，但一直没有被市场广泛接受并认可，笔者认为其主要原因是与中国劳动合同纠纷处理机制与雇员的维权意识总体比较低有关。笔者就以某外资保险公司在中国报备的一款"雇佣行为责任条款"为基础，结合此次华为事件，来简单地分析一下。

（一）保险责任

"对任何由于不当雇佣行为而在保险期间内单独或集体向被保险人提出且通知保险人的赔偿请求，保险人对被保险人依法所应当承担的损失负责赔偿。在赔偿请求获最终解决前，保险人将依据本保险合同的规定，向被保险人预付抗辩费用。"

这里的赔偿请求不限于民事诉讼，而且包括劳动仲裁。无论李洪元针对华为提起民事诉讼还是劳动仲裁，都可能属于启动 EPLI 保单的条件。此外，如果华为购买了 EPLI 保单，其因此预付的抗辩费用也将由保险人支付。

（二）雇员的范围

"雇员"指任何过去、现在或将来受雇于被保险公司的自然人，包括任何全职、兼职或临时员工。但雇员不包括被保险公司的顾问、独立签约人、借调人员或代理人以及他们各自的员工（包括劳务中介机构的员工）。

虽然李洪元已经离开华为，与华为解除了劳动关系，但其曾受雇于华为，属于上述定义中的"过去受雇于被保险公司的自然人"，其符合 EPLI 保单定义中的雇员。

（三）不当雇佣行为

"不当雇佣行为"指被保险人于雇员过去、现在或未来受其雇佣期间，针对雇员实施的或被指称实施的任何下列行为：

1. 事实上存在或推定存在的不公正的、苛刻的、无理的、不公平的或非法的解雇或终止雇佣合同，且据此实际可获得或声称可获得法律救济；

2. 违反劳动合同；

3. 与雇佣有关的误导性的或欺骗性的陈述或广告；

4. 不予雇佣或提升、不公平地剥夺工作机会、不公平的处罚、不予保证雇用期间、对雇员的评估有疏误；

5. 在工作场所的性骚扰，包括性冒犯、性要求或其他与性有关的语言或举动，且以此作为雇佣的条件、作为做出雇佣决定的基础或引致妨碍工作的不良工作环境；

6. 任何形式的工作场所骚扰，包括被指称引致或放纵有性骚扰的工作环境；

7. 与雇佣行为相关的：

（1）否定自然公正；

（2）非法干涉个人隐私；

（3）诽谤；

（4）非法施加情绪压力、精神痛苦或屈辱；

（5）非法歧视；

（6）非法迫害。

从上面的定义可以看出，EPLI 承保的不当雇佣行为范围相当宽泛，包括了不当解除劳动合同、不公平对待、骚扰、非法歧视、非法干涉个人隐私等多种情形。李洪元的遭遇主要是因为其劳动合同解除问题而产生，很有可能符合上述定义中第一种不当情形。当然，华为在解除李洪元劳动合同过程中是否存在"不公正的、苛刻的、无理的、不公平的或非法行为"还有待进一步的调查取证。

（四）损失的范围

"损失"是指与本保险合同承保的赔偿请求相关的：

（1）判决或裁决应由被保险人承担的损害赔偿金；和

（2）经保险人事先书面同意的和解金；和

（3）判决或裁决应由被保险人承担的诉讼/仲裁费用，但仅以与本保险合同承保的赔偿请求相关的判决、裁决或和解相关的费用为限；

（4）抗辩费用。

"损失"不包括以下内容：

（1）被保险公司根据法院判决或仲裁庭裁决恢复赔偿请求人的雇员身份时产生的欠薪，或者任何因为欠薪引致的补偿或损害赔偿；

（2）被保险公司根据法院判决或仲裁裁决恢复赔偿请求人的雇员身份，但因某种理由而拒绝或者无法执行时产生之预付薪资、未来损失、未来赔偿金、未来补偿金或者未来经济救助（上述项目均从应恢复雇员身份时起算)；

（3）任何雇佣相关福利或者可归因于雇佣相关福利之金额；

（4）被保险公司改建建筑物或房屋或提供任何服务，使之更加适合或有利于伤残人士而发生的任何费用；

（5）被保险公司就雇佣行为不当而举办或制订任何教育性的、矫正性的、感受性的培训活动、制度或研讨会所发生的费用；

（6）民事或刑事的罚金或罚款；非补偿性的损害赔偿金（包括惩罚性赔偿金，但不包括因损害名誉权所致的损害赔偿金)；税金以及被保险人非依法必须承担的金额或依法不得承保的事故。

"雇佣相关福利"指：

（1）非货币福利，包括但不限于配备或支付公司汽车、出差补贴、移动和固定电话、医疗和人寿保险、教育和培训津贴和技能津贴；

（2）股份、股票、股份期权、股票期权或任何基于股权计划产生或存有的权益或权利；

（3）任何股份、股票、股份期权、股票期权计划或股权计划的分红；

（4）被保险人因终止或解除劳动合同或裁员而向雇员支付的经济补偿；

（5）任何与有薪或无薪休假有关的福利、给付或权利；

（6）红利或奖金，或其他基于红利或奖金计划产生或存有的权益或权利（该红利或奖金计划不包括任何基于佣金制度的给付、权益或权利)；

（7）任何基于公积金、福利金、养老金、退休金的给付或缴款；

（8）或与任何其他完全或部分为雇员退休、达到特定年龄或发生特定事件情形下，以为雇员提供福利为目的而设立的账户、基金、方案或计划有关的给付或缴款。

从上述条款可以看出，EPLI 承保的损失范围包括损害赔偿金、和解金、诉讼仲裁费用与抗辩费用。损害赔偿金可以包括因损害名誉权所致的损害赔偿金，但不包括裁员而应支付的经济补偿金。因此，李洪元如果向华为主张因华为涉嫌诬告而致其名誉权受损而产生的损害赔偿金，这属于 EPLI 保单承保的损失范围，但华为因裁员而依法应支付的经济补偿金则不在保障范围内。

（五）结语

随着经济转型，我国对于劳动者权利保护的进一步加强，雇员维权意识也不断增强，可以预见未来我国劳动争议纠纷数量将不断上升，国内雇主所面临的雇佣行为责任风险也将随之不断上升。雇佣行为责任保险在中国市场不瘟不火十几年后，在不久的将来也许会迎来发展的良机。

事件十　阿里巴巴在美证券集体诉讼案

一、案件背景

● 2014 年 9 月 19 日

阿里巴巴在美国纽约证券交易所挂牌上市，股票代码"BABA"。

● 2015 年 1 月 27 日

淘宝官方微博转发了一条题为"一个'80 后'淘宝网运营小二心声"的长微博，质疑 1 月 23 日工商总局发布的 2014 年下半年网络交易商品定向监测的采样、抽检程序存在问题。上述监测结果显示，淘宝网正品率最低，仅为 37.25%。国家工商行政管理总局新闻发言人表示，"网络交易商品定向监测是评估市场风险、警示违法经营的重要工作方式"，工商总局网监司一直秉承依法行政的原则开展网络市场监管执法。

● 2015 年 1 月 28 日

国家工商行政管理总局官网发布一份对阿里巴巴行政指导的"白皮

书", 指出其存在五大问题。随后, 淘宝发表声明, 称工商总局网监司司长刘红亮"情绪执法", 决定向工商总局正式投诉。"白皮书"当晚被撤。

● 2015 年 1 月 30 日

工商总局称上述"白皮书"实质是行政指导座谈会会议记录, 不具有法律效力。国家工商行政管理总局局长张茅会见阿里巴巴董事局主席马云, 马云表示, 阿里巴巴将配合政府打假, 加强日常线上巡查和抽检。中国律师郝俊波公开发布阿里巴巴投资者的集体诉讼征集令。郝俊波对《新京报》记者表示, 工商总局没有权力决定"白皮书"无法律效力, 核心问题是淘宝售假等问题是不是事实。他认为, 阿里涉嫌"未向投资者披露不利信息"。

● 2015 年 2 月 2 日

外媒报道阿里巴巴在美国遭到集体诉讼, 被指控发布误导性声明并隐瞒受到监管调查的情况。美国律师事务所 Robbins Geller Rudman & Dowd LLP 宣布以涉嫌违反证券法为由将阿里巴巴及其部分高管告上纽约联邦法院。

之后, 淘宝售假事件愈演愈烈, 更多的美国律师事务所加入对阿里巴巴提起证券集体诉讼的行动。

二、案件和解

2018 年的最后一天, 即 12 月 31 日, 阿里巴巴发表公告同意支付 7500 万美元, 就一场持续 3 年多的证券集体诉讼与相关方达成和解。可能很多人都不记得了, 阿里巴巴在美国加州还涉及这么一场集体诉讼。那是 2015 年 10 月, 美国一家证券诉讼律师事务所对阿里巴巴集团在加州提起集体诉讼, 诉讼内容为该事务所宣称, 阿里巴巴的业务运营、财务状况等存在严重虚假和误导性的陈述, 这欺骗了投资者, 违反了《美国 1933 年证券法》。3 年多时间过去了, 这场集体诉讼几乎被人遗忘, 但在 2018 年的最后一天有了实质性的进展。对于和解的结果, 阿里巴巴表示, 这是一个公平的结果, 结束这场诉讼, 可以更加专注于业务的发展, 也可以保障股东的利益和价值。

阿里巴巴对于这个和解在给美国证监会的报告中表示:"和解金额 7500 万美元绝大部分将由阿里巴巴的董责险保险人支付, 其他一小部分将由阿里巴巴公司支付, 包括马云在内的阿里高管将不承担这笔和解金分摊。虽然我们付了和解金, 但不代表我们承认了指控事实。虽然加州这个案子和解了，但是这并不能解决阿里巴巴在纽约州还在进展中的涉嫌违反《美国1934 年证券法》的证券集体诉讼。"

2019 年 4 月 29 日，美国证券交易委员会发布公告，阿里巴巴就美国联邦证券法集体诉讼案支付 2.5 亿美元与原告达成和解。这场鏖战 4 年的诉讼案最终以和解结束，加上之前加州集体诉讼达成的 7500 万美元，总金额达3.25 亿美元，这也创下了中概股在美国集体诉讼案至今实际赔偿的最新纪录。

三、史上最高董责险赔款

据了解，阿里巴巴当年在美国上市购买的首次公开发行证券保险 POSI的全部保单限额是 1 亿美元，由很多国内外保险人与再保人共同承保，考虑到阿里巴巴两次证券集体诉讼的和解金额已达 3.25 亿美元，当年的保单限额 1 亿美元应该已被消耗完毕，这一赔款成为当时中国历史上最高金额的董责险赔款，这个案件再次给承保中概股上市保险与董责险的保险人和再保险人敲响了警钟。

参考文献

［1］王伟．董事责任保险制度研究［M］．北京：知识产权出版社，2016.

［2］孙宏涛．董事责任保险合同研究［M］．北京：中国法制出版社，2011.

［3］李玉泉．保险法［M］．北京：法律出版社，2019.

后　记

2021 年 5 月 24 日，我正式加入了上海市建纬律师事务所，带着 17 年保险行业从业经验选择转换赛道重新出发，开始了从一名保险人转型为法律人的探索之路。同年 7 月，我通过了法国尼斯大学工商管理博士学位论文答辩，我的博士学位论文题目是"董事责任保险需求动因实证研究——来自中国上市公司的证据"。回顾博士学习期间，一开始我就确立了以董事责任保险作为我的研究方向，在顺利通过论文答辩获得博士学位后，我就萌生了继续深入研究董责险问题并在博士论文的基础上撰写自己的第一本个人专著的想法。

在过去一年多的时间里，我一方面在从事律师工作的转型道路上学习与探索，同时总是想方设法地利用工作之余继续本书的创作。虽然创作时间不短，但是过去两年 A 股董责险市场也在快速发展，这为我提供了理论与实践相结合的良机，一边撰写一边补正，希望能够慢工出细活。尽管如此，本书的完成只是我不断求知过程中的一个阶段性学习总结，未来还需要不断实践与总结完善。

回首往昔，需要感谢的人有很多。

在全书完成之际，我想感谢我的博士论文中方指导老师丁宁教授在研究方法和论文写作阶段给予的宝贵指导与鼓励；感谢我的博士论文法方指导老师 Mohamed AROURI 教授在疫情防控期间多次用邮件阐述细致而重要的指导意见；感谢所有帮助与指导过我的教授、老师、同学与朋友们，这一切都让我受益匪浅。

最后要特别感谢我的家人，特别是我的夫人王函，三年的博士学习与近两年的专著创作让我陪伴家人的时间变少，感谢你的理解与支持。

书山有路勤为径，学海无涯苦作舟。与各位共勉！

王　民
2023 年 2 月于上海